रवीन्द्र-साहित्य के हिन्दी अनुवादों का अनुशीलन

रवीन्द्र-साहित्य के हिन्दी अनुवादों का अनुशीलन

(विश्वभारती द्वारा पीएच.डी. उपाधि के लिए स्वीकृत शोध-प्रबन्ध)

डॉ. शकुन्तला मिश्र

वाणी प्रकाशन

वाणी प्रकाशन
4695, 21-ए, दरियागंज, नयी दिल्ली 110 002
फ़ोन : +91 11 23273167 फ़ैक्स : +91 11 23275710

शाखाएँ
अशोक राजपथ, पटना 800 004, बिहार
कॉफ़ी हाउस कैम्पस, महात्मा गांधी मार्ग, इलाहाबाद 211 001, उत्तर प्रदेश
महात्मा गांधी अन्तरराष्ट्रीय हिन्दी विश्वविद्यालय, वर्धा 442 001, महाराष्ट्र
सुल्तानिया रोड, मोतिया पार्क, भोपाल 462 001, मध्य प्रदेश

www.vaniprakashan.in
marketing@vaniprakashan.in
sales@vaniprakashan.in

RAVINDRA-SAHITYA KE HINDI ANUVADON KA ANUSHEELAN
by Dr. Shakuntala Mishra

ISBN : 978-81-7055-612-1
Criticism

प्रथम संस्करण 1998
आवृत्ति 2019

मूल्य : ₹ 500

सिटी प्रेस, दिल्ली-110 095 में मुद्रित

वाणी प्रकाशन का लोगो मक़बूल फ़िदा हुसेन की कूची से

भूमिका

सम्पूर्ण भारतीय भाषाओं में अनुवाद की दिशा में हिन्दी अग्रणी है । मात्रा तथा स्तर दोनों ही दृष्टियों से हिन्दी आगे बढ़ी हुई है। आधुनिक हिन्दी के प्रारम्भिक काल भारतेन्दु काल से ही हिन्दी में अनुवाद होने लगे । इस अनुवाद की तीन दिशाएँ थीं - संस्कृत, अंग्रेजी तथा भारतीय भाषाएँ । भारतीय भाषाओं में सर्वाधिक हिन्दी अनुवाद बंगला से ही हुए । प्रारम्भिक अनुवादों में माइकल मधुसूदन दत्त, स्वर्णकुमारी देवी, गिरीशचन्द्र घोष, द्विजेन्द्रलाल राय, बंकिमचन्द्र चट्टोपाध्याय, हरप्रसाद शास्त्री आदि की रचनाओं के हिन्दी अनुवाद हैं । बंकिमचन्द्र, शरत्चन्द्र तथा रवीन्द्रनाथ की लगभग सम्पूर्ण रचनाओं का हिन्दी अनुवाद हुआ ।

प्रस्तुत शोधकार्य में रवीन्द्र-साहित्य के सम्पूर्ण हिन्दी अनुवादों का सर्वेक्षण एवं उनकी समीक्षा करते हुए निष्कर्ष पर पहुँचने का प्रयास किया गया है । इस अध्ययन में निम्न बिंदुओं पर विचार किया गया है – रवीन्द्रनाथ की किन-किन रचनाओं के अनुवाद हुए; अनुवाद सम्पूर्ण हैं अथवा संक्षिप्त, उपयुक्त हैं या सामान्य, बंगला वाक्यविन्यास तथा शब्दावली से मुक्त हो कर हिन्दी की प्रकृति का ध्यान रखा गया है या नहीं । इन सभी दृष्टियों से उपलब्ध अनुवादों की समीक्षा कर श्रेष्ठ अनुवादों को रेखांकित किया गया है।

रवीन्द्र-साहित्य के अनुवाद संसार की सम्पूर्ण भाषाओं में हुए हैं । किन्तु सर्वाधिक अनुवाद अंग्रेजी तथा हिन्दी में हुए हैं । अंग्रेजी तथा हिन्दी में रवीन्द्रनाथ की सभी महत्वपूर्ण रचनाओं के एकाधिक अनुवाद हुए हैं तथा अब भी यह प्रक्रिया जारी है । रवीन्द्रनाथ जैसे महान् साहित्यकार के अनुवाद में जिस सतर्कता, समर्पण और निष्ठा की आवश्यकता थी वह बहुत कम अनुवादों में

परिलक्षित होती है । कुछ ऐसे अनुवाद भी हैं जिनमें ये गुण पर्याप्त मात्रा में हैं । रवीन्द्र-साहित्य के हिन्दी अनुवादों के अधिकांश प्रकाशकों तथा अनुवादकों ने विशुद्धता और प्रामाणिकता का दावा किया है । इस अध्ययन का औचित्य इस दृष्टि से है कि इसमें एक ओर रवीन्द्र-साहित्य के सम्पूर्ण हिन्दी अनुवाद का सर्वेक्षण प्रस्तुत किया गया है, दूसरी ओर उनकी समीक्षा की गई है तथा भ्रष्ट, सामान्य, उपयुक्त तथा उत्कृष्ट चार प्रकार के अनुवादों का उल्लेख किया गया है । रवीन्द्रनाथ जैसे महान् साहित्यकार के हिन्दी अनुवादों के आकलन की विशेष आवश्यकता थी । इस दृष्टि से यह प्रथम प्रयास है । आशा है, भविष्य में हिन्दी में सम्पूर्ण रवीन्द्र-रचनावली प्रकाशित करने की योजना में इस अध्ययन से कुछ सहायता मिल सकेगी ।

प्रस्तुत शोधकार्य का मूल शीर्षक था 'रवीन्द्र-साहित्य के हिन्दी अनुवादों का आलोचनात्मक सर्वेक्षण' । शोधप्रबंध के परीक्षकों के सुझाव के अनुसार इसका शीर्षक 'रवीन्द्र-साहित्य के हिन्दी अनुवादों का अनुशीलन' रखा गया । प्रस्तुत शोधकार्य में आठ अध्याय हैं । पहले अध्याय में रवीन्द्र-साहित्य के विदेशी एवं भारतीय अनुवादों की परंपरा पर विचार किया गया है । नोबेल पुरस्कार की प्राप्ति (१९१३ ई.) के पश्चात् देश-विदेश में रवीन्द्रनाथ की ख्याति में वृद्धि हुई तथा संसार की सभी प्रमुख भाषाओं में उनके साहित्य का अनुवाद हुआ । रवीन्द्रनाथ की जन्मशती के अवसर पर ललितकला अकादमी ने 'टैगोर सेंटेनरी एग्जिबिशन' के नाम से १९६१ में एक ऐसा संग्रह प्रस्तुत किया जिसमें संसार की सभी भाषाओं में प्रकाशित रवीन्द्र-साहित्य के अनुवादों की सूची प्रस्तुत की गई है । इस सूची से ज्ञात होता है कि *गीतांजलि* के अतिरिक्त रवीन्द्रनाथ की अन्यान्य रचनाओं के अनुवाद भी विश्व की प्रमुख भाषाओं में हुए ।

दूसरे अध्याय में हिन्दी साहित्य पर रवीन्द्रनाथ के प्रभाव के संदर्भ में हिन्दी अनुवादों की भूमिका की चर्चा की गई है । १९१४ से १९१८ के बीच रवीन्द्रनाथ तथा रवीन्द्र-साहित्य से हिन्दीभाषी साहित्यकारों का पूर्ण परिचय हो चुका था । समग्र रवीन्द्र-साहित्य का हिन्दी में अनुवाद होने लगा तथा हिन्दी के

साहित्यकार रवीन्द्र-साहित्य से प्रभावित भी हुए । शोध का यह अलग विषय है । छायावादी कवियों - प्रसाद, पन्त, निराला, महादेवी के अतिरिक्त मैथिलीशरण गुप्त,बालकृष्ण शर्मा 'नवीन', सियारामशरण गुप्त, रामधारीसिंह 'दिनकर' के काव्य तथा जैनेन्द्र कुमार के उपन्यासों पर रवीन्द्र-साहित्य का प्रभाव देखा जा सकता है । इसी प्रकार भारत की सभी भाषाओं के साहित्य पर अनुवाद के माध्यम से रवीन्द्र-साहित्य का प्रभाव पड़ा ।

तीसरे अध्याय में *गीतांजलि* के हिन्दी अनुवाद तथा चौथे अध्याय में अन्यान्य कविताओं के हिन्दी अनुवाद की चर्चा है । पाँचवें अध्याय में नाटक, छठे में उपन्यास तथा सातवें अध्याय में कहानियों के अनुवाद की चर्चा है । आठवें अध्याय में रवीन्द्रनाथ के निबन्धों, यात्रा-विवरणों, पत्र तथा संस्मरण आदि की चर्चा है ।

अंत में उपसंहार में इस शोध का निष्कर्ष प्रस्तुत किया गया है । रवीन्द्रनाथ की लगभग सम्पूर्ण रचनाओं का हिन्दी अनुवाद हुआ है, किन्तु इस दिशा में अभी बहुत कार्य बाकी है । एक तो रवीन्द्रनाथ की सम्पूर्ण कविताओं तथा अन्यान्य गद्यविधाओं की ओर विशेष ध्यान देने की जरूरत है तथा दूसरी बात यह है कि विश्वभारती तथा साहित्य अकादमी के अनुवाद के अतिरिक्त अधिकांश अनुवाद सामान्य पाठक को ध्यान में रख कर किए गए हैं । विश्वभारती और साहित्य अकादमी के अनुवाद प्रामाणिक हैं । उच्च अध्ययन तथा शोध को ध्यान में रखते हुए रवीन्द्रनाथ के सम्पूर्ण साहित्य के प्रामाणिक अनुवाद की जरूरत है ।

प्रस्तुत शोधकार्य की अपनी सीमाएँ भी हैं । एक तो रवीन्द्र-साहित्य अपने में विशाल है, दूसरे रवीन्द्रनाथ की अधिकांश रचनाओं के कई अनुवाद हुए हैं तथा तीसरे १९१० से आज तक ये अनुवाद हो रहे हैं । इस प्रभूत सामग्री का संकलन करना भी दुष्कर कार्य है । बहुत से पुराने अनुवाद अब उपलब्ध भी नहीं हैं । उनकी केवल सूचना प्राप्त है । फिर भी यथासंभव प्रत्येक अनुवाद के संबंध में जानकारी प्राप्त करने की पूरी कोशिश की गई है तथा उपलब्ध अनुवादों का मूल से मिलान कर निष्कर्ष पर पहुँचने का प्रयास किया गया है ।

रवीन्द्र-साहित्य के अधिकांश अनुवाद विश्वभारती, शांतिनिकेतन के

रवीन्द्रभवन तथा हिन्दीभवन में संरक्षित हैं, इससे मुझे पूरी सुविधा रही तथा अन्यत्र नहीं भटकना पड़ा ।

प्रस्तुत शोध-विषय की अधिकारी विद्वान प्रोफेसर श्रीमती कणिका तोमर ने मेरा मार्गदर्शन करना स्वीकार किया, इसके लिए उनके प्रति मैं अपनी हार्दिक कृतज्ञता ज्ञापित करती हूँ । इस दिशा में उनके दीर्घकालीन अनुभव का लाभ मुझे मिला । प्रोफेसर रामसिंह तोमर, पूर्व अध्यक्ष, हिन्दी विभाग, विश्वभारती, शांतिनिकेतन, प्रोफेसर भूदेव चौधुरी, पूर्व अध्यक्ष, बंगला विभाग, विश्वभारती, शांतिनिकेतन, प्रोफेसर शंख घोष, पूर्व अध्यक्ष, तुलनात्मक साहित्य विभाग, जादवपुर विश्वविद्यालय, कलकत्ता, प्रोफेसर दिनेश्वर प्रसाद, पूर्व अध्यक्ष,हिन्दी विभाग, राँची विश्वविद्यालय, राँची, प्रोफेसर रामेश्वर प्रसाद सिंह, पूर्व अध्यक्ष, हिन्दी विभाग, भागलपुर विश्वविद्यालय, भागलपुर, प्रोफेसर जी. गोपीनाथन, पूर्व अध्यक्ष, हिन्दी विभाग, कालीकट विश्वविद्यालय, कालीकट, प्रोफेसर राजमणि शर्मा, हिन्दी विभाग, काशी हिन्दू विश्वविद्यालय, वाराणसी तथा प्रोफेसर विमल,हिन्दी विभाग, वर्द्धमान विश्वविद्यालय, वर्द्धमान के प्रति भी अपनी कृतज्ञता ज्ञापित करती हूँ जिनके सुझावों से मैं लाभान्वित हुई ।

विश्वभारती के रवीन्द्र-भवन पुस्तकालय, केन्द्रीय पुस्तकालय तथा हिन्दी भवन पुस्तकालय के अधिकारियों के प्रति भी सहयोग के लिए धन्यवाद प्रकट करती हूँ ।

रवीन्द्रजयन्ती — शकुन्तला मिश्र

९ मई, १९९८

विषय-सूची

अध्याय १

रवीन्द्र-साहित्य के विदेशी एवं भारतीय अनुवादों की परंपरा

नोबेल पुरस्कार की प्राप्ति के पश्चात् देश-विदेश में रवीन्द्रनाथ की ख्याति में वृद्धि हुई तथा संसार की सभी प्रमुख भाषाओं में उनके साहित्य का अनुवाद हुआ ।

विदेशी अनुवाद

एशिया तथा यूरोप की सभी भाषाओं में रवीन्द्र-साहित्य का अनुवाद हुआ । रवीन्द्रनाथ समस्त एशिया के लिए 'पूर्व के गौरव' बने तो यूरोप के लिए उत्सुकता तथा जिज्ञासा का केन्द्र। समस्त यूरोप ने पूर्व के इस महान् कवि को समझना चाहा । आजकल यूरोप की अधिकांश भाषाओं में सीधे बंगला से रवीन्द्र-साहित्य के अनुवाद की परंपरा चल पड़ी है । विद्वान् नए सिरे से इसमें रुचि ले रहे हैं । लेकिन प्रारंभ में एशिया तथा यूरोप की भाषाओं में रवीन्द्र-सहित्य का अनुवाद अंग्रेजी के माध्यम से हुआ ।

अंग्रेजी - रवीन्द्रनाथ ने अंग्रेजी में *गीतांजलि* के अतिरिक्त अपनी कुछ अन्य रचनाओं का भी स्वयं अनुवाद किया । *गीतांजलि* के कारण रवीन्द्रनाथ को नोबेल पुरस्कार मिलने पर उनकी *गीतांजलि* तथा उस काल की अन्य रचनाओं को ही अधिक ख्याति मिली । देश-विदेश में *गीतांजलि* के कवि के रूप में उन्हें एक विशेष दृष्टि से अर्थात् मर्मी कवि के रूप में देखा जाने लगा जो रवीन्द्रनाथ को मनःपूत नहीं हुआ । रवीन्द्रनाथ को ऐसा लगने लगा कि इस प्रकार के प्रचार से उनके कवि रूप की अपेक्षा साधक रूप की ख्याति ही अधिक हो रही है, अतः

उन्होंने *द गार्डनर* तथा *द क्रेसेन्ट मून* के रूप में अपनी ऐसी कविताओं के अंग्रेजी अनुवाद प्रस्तुत किए जिनमें उनका कवि रूप अधिक निखर कर आया है। *गीतांजलि* के अतिरिक्त रवीन्द्रनाथ की इन दो रचनाओं के अनुवाद भी संसार की प्रमुख भाषाओं में हुए। रवीन्द्रनाथ की जन्मशती के अवसर पर ललितकला अकादमी ने 'टैगोर सेंटेनरी एग्जिबिशन' के नाम से १९६१ में एक ऐसा संग्रह प्रकाशित किया जिसमें संसार की सभी भाषाओं में प्रकाशित रवीन्द्र-सहित्य के प्राप्त अनुवादों की सूची प्रस्तुत की गई है। इस सूची से ज्ञात होता है कि *गीतांजलि* के अतिरिक्त रवीन्द्रनाथ की अन्यान्य रचनाओं के अनुवाद भी विश्व की प्रमुख भाषाओं में हुए। अंग्रेजी में *गीतांजलि*, *द क्रेसेन्ट मून*, *गार्डनर* के अतिरिक्त *चित्रा* के रूप में *चित्रांगदा*, *द किंग आव डार्क चेम्बर* के रूप में *राजा*, *द पोस्ट आफिस* के रूप में *डाकघर*, *फ्रुट-गेदरिंग* के रूप में *गीतांजलि*, *गीतिमाल्य* तथा *बलाका* की कविताओं का, *हंगरी स्टोन्स एण्ड अदर स्टोरीज* के रूप में कहानियों और *गोरा*, *रक्तकरबी* तथा *सोनारतरी* का अनुवाद भी हुआ। इस बीच रवीन्द्रनाथ की कविताओं तथा अन्यान्य रचनाओं के कई संग्रह भी अंग्रेजी में प्रकाशित हुए। अंग्रेजी अनुवादों का महत्त्व यह है कि इन्हीं के माध्यम से रवीन्द्रनाथ की रचनाओं का संसार की सभी भाषाओं में अनुवाद हुआ। रवीन्द्रनाथ की अधिकांश अंग्रेजी पुस्तकें इंडिया हाउस, लंदन तथा मैकमिलन,लदंन से प्रकाशित हुईं। अंग्रेजी में प्रकाशित रवीन्द्र-साहित्य तथा उनके अनुवाद इस प्रकार हैं –

गीतांजलि १९१२, चित्रा १९१३, द क्रेसेंट मून १९१३, गार्डनर १९१३, साधना (अंग्रेजी में लिखित) *१९१३, राजा : द किंग आव डार्क चेंबर १९१४, वन हंड्रेड पोयम्स आव कबीर १९१४, डाकघर : द पोस्ट आफिस १९१४, फ्रुट-गेदरिंग १९१६, हंगरी स्टोन्स एंड अदर स्टोरीज १९१६, स्ट्रेबर्ड्स १९१६, फाल्गुनी : द साइकिल आव स्प्रिंग १९१७, जीवनस्मृति : माइ रेमिनिसेस १९१७, पर्सनाल्टी* (अंग्रेजी में लिखित) *१९१७, राजा ओ रानी : सेक्रिफाइस एंड अदर प्लेज १९१७, कहानी-संकलन : स्टोरीज फ्राम टैगोर १९१८, घरे-बाइरे १९१९, छिन्नपत्र : ग्लिंपसेस आव बेंगाल १९२१, नौकाडुबि : द रेक १९२१, क्रियेटिव युनिटी १९२२, विदाय अभिशाप १९२४,द कर्स आव फेयरवेल, गोरा १९२४, सोनारतरी : द*

गोल्डेन बोट १९३२, छेलेबेला : माइ बॉयहुड डेज १९४०, दुइ बोन : टू सिस्टर्स १९४५, बाँशरि १९४७, शेषेर कविता : फेयरवेल माइ फ्रेंड १९४८, चार अध्याय : फोर चेप्टर्स १९५०, श्यामली १९५५, चोखेर बालि १९५९, लेटर्स फ्राम राशिया १९६०, रोगशय्याय : विंग्स आव डेथ १९६० । इनके अतिरिक्त अंग्रेजी में रवीन्द्र-साहित्य के अनेक संग्रह-ग्रंथ तथा रवीन्द्रविषयक आलोचना एवं जीवनीग्रंथ प्रकाशित हुए । विलियम रेडिच, केतकी कुशारी डायसन, कृष्णा दत्त तथा एण्ड्रू रॉविन्सन नए सिरे से रवीन्द्र-साहित्य के अंग्रेजी अनुवाद में लगे हैं ।

फ्रांसीसी – फ्रांसीसी भाषा में रवीन्द्रनाथ की निम्नलिखित रचनाओं के अतिरिक्त कई संकलन-ग्रंथ एवं आलोचना-ग्रंथ भी प्रकाशित हुए - *गीतांजलि १९१४, गार्डनर १९१९, डाकघर १९४७, कहानीसंकलन १९२५, चित्रा १९५०, फ्रुटगेदरिंग १९२०, फाल्गुनी १९२६, बलाका १९२३, छेलेबेला १९५०, फ्युजिटिव १९२२, गोरा १९६१, पत्र संग्रह १९३१, मुक्तधारा १९१९, घरे-बाइरे १९२१, नौकाडुबि १९२९, पोयम्स आव कबीर १९५५, लिपिका १९५६, रिलिजन आव मैन १९३३, राजा १९५२, साधना १९४०, जीवनस्मृति १९२४* ।

जर्मन – *गीतांजलि १९१४, १९५८, गल्पगुच्छ १९३०, चित्रांगदा, फ्रुट गेदरिंग, फाल्गुनी १९२१, गार्डनर १९१९, जापान यात्रीर डायरी, घरे-बाइरे १९२०, पोयम्स आव कबीर, राजा १९१५, शेषेर कविता १९४७, लिपिका, जीवनस्मृति १९३०, राजा ओ रानी १९२०, मालिनी १९२०, डाकघर १९२२, साधना १९६०, नौकाडुबि, १९२१, क्रेसेंट मून १९१५* । इसके अतिरिक्त अनेक संग्रह एवं आलोचनात्मक ग्रंथ भी प्रकाशित हुए ।

इतालवी – *गीतांजलि १९१४, घरे-बाइरे १९२४, चित्रांगदा १९१६, गार्डनर १९४७, गोरा १९३५, पोयम्स आव कबीर, पत्र १९२७, लिपिका १९३४, क्रेसेंट मून १९१५, मुक्तधारा १९३२, गल्पगुच्छ १९२०, रक्तकरबी १९२६, राजा १९१६, रिलिजन आव मैन १९६१, जीवनस्मृति १९२८, साधना १९१५, डाकघर १९१७, छिन्नपत्र १९३८* । इनके अतिरिक्त अनेक संग्रह एवं आलोचनात्मक ग्रंथ ।

अरबी – *क्रेसेंट मून १९४८, डाकघर १९५६, फ्रुट गेदरिंग १९५८, घरे-बाइरे १९२५, गीतांजलि १९५५, गोल्डेन बोट, रक्तकरबी १९५२, साधना* । तीन-चार संग्रह-ग्रंथ भी प्रकाशित हुए हैं । टैगोर-दर्शन पर महीबूद्दीन अल खातिब का ग्रंथ (१९२८) भी प्रकाशित हुआ है ।

चीनी – *गीतांजलि १९१४, १९५५, छेलेबेला १९५४, क्रेसेन्ट मून १९५४, साइकिल आव स्प्रिंग १९३२, गार्डनर १९५७, गोरा १९५८* । नाटक -कहानियों के अनेक संग्रह-ग्रंथ ।

जापानी – *गीतांजलि १९१५, पोस्ट आफिस १९२९, साधना १९१५* । जापानी भाषा में सम्पूर्ण रवीन्द्र-रचनावली के प्रकाशन की योजना चल रही है ।

इनके अतिरिक्त निम्नलिखित विदेशी भाषाओं में भी रवीन्द्र-साहित्य के अनुवाद प्रकाशित हुए – बर्मी, नेपाली, सिंहली, इडोनेशियाई, फारसी, तिब्बती, वियतनामी, आर्मेनियाई, अजरबैजानी, बुल्गारी, चेक, डेनिश, डच, एस्टोनियाई, फिनिश, जर्जियाई, ग्रीक, हंगेरियाई, हिब्रू, पोलिश, नार्वेजियन, पोर्तगीज, रोमानियन, स्पेनिश, सर्वो-क्रोटियन, स्लोवाक, स्वीडिश, ताजिक, उजबेक, तातारी आदि ।

भारतीय भाषाओं में अनुवाद

विदेशी भाषाओं की भाँति भारतीय भाषाओं में भी रवीन्द्रनाथ के अधिकांश प्रारंभिक अनुवाद अंग्रेजी के माध्यम से ही हुए। धीरे-धीरे भारत की सभी प्रमुख भाषाओं में अनुवादकों ने सीधे बंगला से रवीन्द्र-साहित्य के अनुवाद किए। समस्त भारतीय भाषाओं में हिन्दी, गुजराती, मराठी तथा मलयालम में रवीन्द्र-साहित्य के अधिक अनुवाद हुए हैं । हिन्दी अनुवादों की परंपरा का उल्लेख अगले अध्यायों मे किया जाएगा । यहाँ हिन्दीतर अन्य भाषाओं के अनुवाद की चर्चा की जा रही है ।

गुजराती – शांतिनिकेतन में गुजराती छात्र हमेशा आते रहते थे । महात्मा गाँधी भी दक्षिण अफ्रीका से फिनिक्स विद्यालय के छात्रों को लेकर शान्तिनिकेतन आए

थे । रवीन्द्रनाथ ने गुजरात की यात्रा की थी । काका साहब कालेलकर तथा महादेव देसाई ने सर्वप्रथम रवीन्द्र-साहित्य के गुजराती अनुवाद प्रस्तुत किए। इन अनुवादों के माध्यम से गुजराती साहित्य पर रवीन्द्र-साहित्य का प्रभाव भी पड़ा । गुजराती में रवीन्द्र-साहित्य के निम्नलिखित अनुवाद प्राप्त हैं -

गीतांजलि १९१८, १९१९, १९२३, १९२८, १९५०, १९५६, १९५८, अचलायतन १९२४, बउ-ठाकुरानीर हाट १९४६, १९५४, विसर्जन १९३०, विश्व-परिचय १९४४, चार अध्याय १९५२, चतुरंग १९५९, छेलेबेला १९४८, चित्रा १९२७, चित्रांगदा १९४९, चोखेर बालि १९५५, गल्पसल्प १९५०, घरे-बाइरे १९२२, १९३५, गोरा १९२१, १९४७, हास्यकौतुक १९५५, कथा ओ काहिनी १९३१, लिपिका १९५९, मालिनी १९२४, नौकाडुबि १९५६, प्राचीन साहित्य १९४९, प्रजापतिर निर्बन्ध १९६०, राजा १९५६, राजर्षि १९५२, राशियार चिठी, साधना १९३०, साहित्य १९४०, समाज १९१६, शेषेर कविता १९५२, तासेर देश १९३३, उत्सर्ग १९३३, योगायोग १९५५ । इसके अतिरिक्त अनेक संग्रह-ग्रंथ प्रकाशित हैं । मुख्य अनुवादकों में हैं - गिरिधारी कृपलानी, बच्चूभाई शुक्ला, नगीनदास पारीख, रमणिक लाल जयचंद दलाल, महादेव हरीभाई देसाई, रमनलाल सोनी, कर्सनदास मानेक आदि ।

मराठी - महाराष्ट्र से रवीन्द्रनाथ का बाल्यावस्था से ही संबंध था । इनके बड़े भाई सत्येन्द्रनाथ ठाकुर महाराष्ट्र में प्रशासनिक अधिकारी थे । रवीन्द्रनाथ उनके पास गए थे । उनकी सहायता से रवीन्द्रनाथ ने तुकाराम के अभंगों का बंगला में अनुवाद किया था । मराठी साहित्यकार रवीन्द्र-साहित्य में विशेष अभिरुचि रखते थे । रवीन्द्रनाथ को नोबेल पुरस्कार मिलते ही मराठी पत्र-पत्रिकाओं में रवीन्द्रनाथ और रवीन्द्र-साहित्य की चर्चा होने लगी । हरिनारायण आप्टे ने मराठी में *गीतांजलि* का प्रथम अनुवाद किया । मराठी में रवीन्द्र-साहित्य के निम्नलिखित अनुवाद प्राप्त हैं -

गीतांजलि १९१७, १९२५, १९२८,१८३१, १९६१, बउ-ठाकुरानीर हाट १९१४, विसर्जन १९४४, चतुरंग १९४५, चित्रा १९२६, चोखेर बालि १९५८, १९६०, क्रेसेंट मून १९५१, डाकघर १९३७, घरे-बाइरे, गोरा १९५४, १९१६,

जीवनस्मृति १९२०, *काबुलीवाला* १९५७, *लिपिका* १९५५, *मालंच* १९५२, *मुक्तधारा* १९६१, *मुकुट* १९२४, *नष्टनीड़* १९५८, *नौकाडुबि* १९५२, *प्राचीन साहित्य* १९४४, *राजर्षि* १९१६, *साधना* १९६०, *शिशु* १९४३, *शान्तिनिकेतन* १९२३ । रवीन्द्र-साहित्य के प्रमुख मराठी अनुवादकों में उल्लेखनीय हैं - हरिनारायण आप्टे, दत्तात्रेय बालकृष्ण कालेलकर, गोविन्द वासुदेव कानीटकर, देवीदास लक्ष्मण महाजन, दत्तात्रेय माधव कुलकर्णी, ए.एस. केलुस्कर, शिवराम गोविन्द भावे, हेमंत गोरे, श्रीपाद सखाराम गोखले, रामचन्द्र अठावले आदि ।

असमिया - भाषागत दृष्टि से असमिया और बंगला में साम्य है, अतः अधिकांश शिक्षित व्यक्ति रवीन्द्र-साहित्य को मूल में समझ सकते हैं । अतः अनुवाद अधिक मात्रा में नहीं हुए । *गीतांजलि* के अतिरिक्त तीन अनुवाद विशेष रुप से उल्लेखनीय हैं -

गल्पगुच्छ १९५०, अनुवादक हेमसनाथ भट्टाचार्य, *नटीर पूजा* १९६१, अनुवादक राम गोस्वामी, *राजर्षि* १९५१, अनुवादक उमाकान्त शर्मा । तरुण उदीयमान असमिया साहित्यकारों पर रवीन्द्र-साहित्य का प्रभाव पड़ा, जिनमें हेमचन्द्र बरुआ, लक्ष्मीनाथ बैजबरुआ, दिव्यप्रभा भोराली, देवकान्त बरुआ, कमलेश्वर चालिहा, पद्मनाथ गोहाई के नाम उल्लेखनीय हैं ।

ओड़िया - असमिया की भाँति ओड़िया-भाषी भी रवीन्द्र-साहित्य को मूल में समझ सकते हैं, अतः अनुवाद की समृद्ध परंपरा नहीं है । अन्य विधाओं की अपेक्षा ओड़िया काव्य पर रवीन्द्र-काव्य का विशेष प्रभाव पड़ा । सर्वप्रथम लक्ष्मीकान्त महापात्र की कविताओं पर 'रवीन्द्रप्रभाव दिखाई पड़ता है । उनके *जीवनसंगीत* (१९३२) काव्यग्रंथ में यह प्रभाव विशेष रूप से परिलक्षित होता है । उनकी *सबूज गोष्ठी* की कविताओं पर रवीन्द्र-काव्य का प्रभाव विशेष रुप से देखा जा सकता है । सबूज गोष्ठी के मुख्य कवियों में अन्नदाशंकर राय, बैकुंठनाथ पट्टनायक, कालिन्दी चरण पाणिग्राही, हरिशंकर महापात्र तथा

शरत्चन्द्र मुखोपाध्याय का नाम उल्लेखनीय है । अन्यान्य कवियों में कुन्तलाकुमारी, मायाधर मानसिंह, राधामोहन गड़नायक, गोदावरीश महापात्र, गोपबन्धु दास, शचि राउतराय, रमाकांत रथ आदि के साहित्य पर भी रवीन्द्रप्रभाव देखा जा सकता है । ओड़िया भाषा में प्राप्त रवीन्द्र-साहित्य के कुछ अनुवाद इस प्रकार हैं -

चार अध्याय १९६१ अशोक राव, *चित्रांगदा* १९६१ प्रभातकुमार मुखोपाध्याय, *दुइ बोन* १९५० चित्तरंजन दास, *गीतांजलि* १९६१ गोपालचन्द्र मिश्र, *गीतांजलि* १९५७ प्रफुल्लचन्द्र पट्टनायक, *राशियार चिठी* १९५१ चित्तरंजन दास । रवीन्द्रनारायण महापात्र ने कुछ कविताओं तथा चित्तरंजन दास ने कुछ कहानियों का अनुवाद किया । रघुनाथ महापात्र तथा सरला देवी ने रवीन्द्र विषयक आलोचनात्मक ग्रंथ लिखे ।

पंजाबी - पंजाब से रवीन्द्रनाथ का संबंध बाल्यावस्था से ही था । पिता महर्षि देवेन्द्रनाथ के साथ वे स्वर्ण-मन्दिर, अमृतसर गए थे । गुरु नानक के कुछ पदों का उन्होंने बंगला रूपान्तर भी किया था । आधुनिक पंजाबी साहित्य पर भी रवीन्द्र-साहित्य का प्रभाव पड़ा । पूरण सिंह, गुरुबख्श सिंह, हीरा सिंह दाउद, गुरुमुख सिंह मुसाफिर, भाई नानक सिंह, त्रिलोचन सिंह की रचनाओं पर रवीन्द्र-साहित्य का प्रभाव देखा जा सकता है । पंजाबी में अनुवादित कुछ रवीन्द्र-साहित्य निम्नलिखित हैं -

छेलेबेला १९६१, डाकघर १९४४, दुइबोन १९६१, टैगोर दे गीत, गीतांजलि १९५८, १९४१, गोरा १९४७, १९६१, नष्टनीड़ १९४९, नौकाडुबि १८४१, योगायोग १९६१, कहानियाँ १९४४ । रवीन्द्र-साहित्य के प्रमुख पंजाबी अनुवादक हैं - बलवंत सिंह, कुलदीप सिंह, बलवंत गार्गी, उजागर सिंह, नरेन्द्र सिंह, नवतेज सिंह, करतार सिंह सूरी, हरकिशन सिंह, गुरनेक सिंह आदि।

सिन्धी - राम पंजवानी तथा हासू केवल रमानी ने सिन्धी भाषा में रवीन्द्र-साहित्य की विशेष चर्चा की है । सिन्धी में अनुवादित रवीन्द्र-साहित्य निम्नलिखित हैं -

बउ-ठाकुरानीर हाट १९४६, चोखेर बालि १९५८, क्रेसेन्ट मून १९४०, डाकघर, गार्डनर, घरे-बाइरे १९५६, गीतांजलि १९४२, १९५६, गोरा १९३८, नौकाडुबि १९५६ आदि । प्रमुख अनुवादकों में हैं - मंगतराम मेलाराम, लक्ष्मण सेठी, अर्जुन हसरानी, मंगतराम मलकानी, गुली कृपलानी आदि ।

कश्मीरी - दीनानाथ नादिम, नूर मुहम्मद रोशन, अमीना कामिल, अली मुहम्मद लोम आदि ने रवीन्द्र-साहित्य के कश्मीरी में अनुवाद किए ।

उर्दू - रवीन्द्रनाथ की कविताओं, उपन्यास तथा कहानियों के अनुवाद उर्दू में हुए - *बउठाकुरानीर हाट, चार अध्याय, चतुरंग, छेलेबेला, चोखेर बालि १९४३, क्रेसेन्ट मून १९२६, डाकघर १९४२, गार्डनर १९४४, गीतांजलि १९१४, १९४७, गोरा १९४१, मास्टरमशाय, मुकुट, नष्टनीड़ १९५७, नौकाडुबि १९१९, १९४३, राजर्षि १९४३, योगायोग १९४२* आदि । प्रमुख अनुवादकों में हैं - पृथ्वीराज नश्तर, प्रेमचंद, जी.एम. खान,मुनीराम दिवाना, याजदानी जालंधरी, अब्दुल मजीद खान, नियाज फतहपुरी, शान्तिनारायण शाद, गौरीशंकर अख्तर. रौशनलाल गुप्ता, कमर जलालाबादी, जियाउद्दीन आदि ।

तमिल - रवीन्द्रनाथ १९१८ में तमिलनाडु की यात्रा पर गए थे । इसके पूर्व *गीतांजलि* तथा नोबेल पुरस्कार के कारण तमिल साहित्यकार रवीन्द्रनाथ से प्रभावित हो चुके थे । कवि सुब्रह्मण्यम भारती ने स्वयं रवीन्द्रनाथ की रचनाओं का अंग्रेजी से तमिल अनुवाद किया । टी.एन. कुमारस्वामी ने रवीन्द्रजीवनी लिखी । तमिल में अनुवादित रवीन्द्र-साहित्य इस प्रकार हैं -

बउ-ठाकुरानीर हाट, चंडालिका १९४७, चार अध्याय, चतुरंग, छेलबेला १९५१, चिठीपत्र १९५५, चित्रांगदा १९४८, चोखेर बालि १९६१, क्रेसेन्ट मून १९५३, दुइ बोन १९४३, फ्रुट गेदरिंग १९४७, गीतांजलि १९१५, १९४५, गोरा १९५२, जापानयात्री १९५२, काबुलीवाला १९३७, मालंच, मालिनी १९४४, मुक्तिर उपाय १९३६, मुकुट १९६०, नैवेद्य १९५७, नष्टनीड़ १९५७, नटीर पूजा १९५६,

साधना १९५८, तिनसंगी १९४७, योगायोग १९५५, नाट्यसंग्रह १९६१, काव्यसंग्रह १९५६, कहानीसंग्रह १९२५ आदि । रवीन्द्र-साहित्य के प्रमुख तमिल अनुवादकों में हैं - राजकुमारी विभा, टी.एन. कुमारस्वामी, टी.एन. सेनापति, एस. ललिता, वी.एम. चेट्टियार, सी. अरुणाचलम, टी. एस. पार्थसारथी, ए. कंडारस्वामी, रंगनायकी, सुब्रह्मण्यम भारती आदि । के. चन्द्रशेखरन, वी. डोराइस्वामी, आर. कृष्णमूर्ति, सी. मुरुगेशन आदि ने रवीन्द्र विषयक आलोचनात्मक ग्रंथ लिखे ।

तेलुगु - शान्तिनिकेतन में आंध्र के कई प्रसिद्ध छात्र थे, जिनमे सुब्बाराव तथा डॉ. गोपाल रेड्डी के नाम विशेष रूप से उल्लेखनीय हैं । तेलुगु साहित्यकारों पर भी रवीन्द्र-साहित्य का प्रभाव पड़ा । रवीन्द्रनाथ की निम्न रचनाओं के तेलुगु में अनुवाद हुए -

बउ-ठाकुरानीर हाट १९५१, विदाय अभिशाप १९५३, विसर्जन १९५३, चार अध्याय १९६१, चतुरंग १९५५, चित्रांगदा १९४७, चोखेर बालि १९६०, डाकघर १९५६, दुइबोन १९५८, गल्पगुच्छ, गांधारीर आवेदन १९५०, गार्डनर १९६१, घरे-बाइरे १९५९, गीतांजलि १९१५, १९५४, १९५५, १९६१, गोरा १९६१, हास्यकौतुक १९६१, जीवनस्मृति १९६१, कथा ओ काहिनी १९४७, मालंच १९५९, मालिनी १९५३, मुक्तधारा १९२३, नष्टनीड़ १९५५,.नटीर पूजा १९६१, नौकाडुबि १९५९, प्रकृतिर प्रतिशोध १९५३, राजर्षि, शेषेर कविता १९५८, योगायोग १९६१, निबंधसंग्रह १९३८, १९५९, नाट्यसंग्रह १९६१, काव्यसंग्रह १९५४ तथा अन्य अनेक संग्रह । रवीन्द्र-साहित्य के प्रमुख तेलुगु अनुवादकों में हैं - कारुमुरी बैकुंठराव, वेजवाड़ा गोपाल रेड्डी, बेलामकोंडा रामदासु, मल्लावरपु विश्वेश्वर राव, एण्डामुरि वेंकटरमना, वेदालु सत्यनारायण शास्त्री, अप्पा राव, मेदुरी सीताराम शर्मा, के. रमेश, श्रीनिवास चक्रवर्ती, श्री हरिराव, वासुदेव राव आदि ।

मलयालय - केरल के तीन महत्त्वपूर्ण रोमांटिक कवि - कुमारान आसान, वल्लतोल तथा उल्लूर रवीन्द्र-अनुरागी थे । मलयालम में अनूदित कुछ रवीन्द्र-साहित्य इस प्रकार हैं -

चार अध्याय १९५१, *चित्रांगदा* १९५३,१९५७, १९६१, *चोखेर बालि* १९५५, *क्रेसेन्ट मून* १९६१, *डाकघर* १९३५, *गांधारीर आवेदन* १९५४, *घरे-बाइरे* १९५९, *गीतांजलि* १९१९, १९२६, १९५०, १९५६,१९५९, *हास्यकौतुक* १९६१,*जीवनस्मृति* १९४६, *काबुलीवाला* १९६१, *नटीर पूजा* १९४२,*नौकाडुबि* १९५५, १९५०, *प्राचीन साहित्य* १९५०, *राजर्षि* १९५६,*योगायोग* १९६१ तथा अनेक संकलन एवं आलोचना-ग्रंथ । रवीन्द्र-साहित्य के प्रमुख मलयालम अनुवादक हैं - रामा मेनन, चेरियान, रामकृष्ण पिल्लाइ, उन्निकृष्णन नायर, के.सी. पिल्लाइ, कल्याणी अम्मा, माधवन नायर, जी. शंकर कुरुप, एजुकोन शिवशंकर, एल.एम. थोमर, ए.पी. नंपुतिरी, के.एम. जोर्ज, परमेश्वरन पिल्लाइ, वासुदेव उन्नीत्तन, नंपयार दामोदरन, के. रामचन्द्रन नायर आदि ।

कन्नड़ - कन्नड़ में अनूदित रवीन्द्र-साहित्य इस प्रकार हैं -

वसंत १९४६, *बउ-ठाकुरानीर हाट, विसर्जन* १९२७, १९५७, *चंडालिका* १९५८, *चार अध्याय* १९५३, *चतुरंग, छेलेबेला* १९५७, १९५६, *चित्रांगदा* १९४५, *चोखेर बालि* १९५६, *क्रेसेन्ट मून* १९५६, *डाकघर* १९२४, १९५६, १९६१, *घरे-बाइरे* १९५५, *गीतांजलि* १९४४, १९५२, १९५६, *गोरा* १९५६, *जीवनस्मृति* १९५७ आदि । प्रमुख अनुवादक हैं - होयसला, अंबुजाक्षि, हलसंगी चेन्नमाल्लप्पा, विश्वनाथ, न.अ. धनवंत, सरस्वती शंकरानन्द, अहोवाला शंकरा, मस्ती व्यंकटेश आयंगर, मायावती प्रतिभा, आर. गणेश शर्मा, एम.एन. कामथ, प्रह्लाद राव आदि ।

अध्याय २

हिन्दी साहित्य पर रवीन्द्रनाथ का प्रभाव एवं अनुवादों की शुरुआत

हिन्दी में बंगला से अनुवाद की बड़ी पुरानी परंपरा है जिसकी शुरुआत भारतेन्दु युग से ही होती है । द्विवेदी युग में अनुवाद की यह परंपरा अत्यंत समृद्ध हुई । प्रारंभिक अनुवादों में मधुसूदन दत्त, स्वर्ण कुमारी देवी, गिरीशचन्द्र घोष, द्विजेन्द्रलाल राय, बंकिमचन्द्र चट्टोपाध्याय तथा हरप्रसाद शास्त्री की रचनाओं के हिन्दी अनुवाद मिलते हैं । सरस्वती के प्रकाशन के साथ-साथ उसमें रवीन्द्रनाथ की कहानियों के अनुवाद छपने लगे । नोबेल पुरस्कार की प्राप्ति के पश्चात् रवीन्द्रनाथ की *गीतांजलि* अथवा *सांग ऑफरिंग* का अनुवाद भारत की प्रमुख भाषाओं में हुआ । *गीतांजलि* के भारतीय भाषाओं में प्रारंभिक अनुवाद अंग्रेजी *गीतांजलि* से हुए, किन्तु धीरे-धीरे *गीतांजलि* तथा रवीन्द्राथ की अन्य रचनाओं के अनुवाद भारतीय भाषाओं में सीधे बंगला से होने लगे । भारतीय भाषाओं में रवीन्द्रनाथ के अनुवादों की शुरुआत हिन्दी से होती है, इसी प्रकार मात्रा की दृष्टि से भी हिन्दी ही अग्रणी है । *गीतांजलि* तथा नोबेल पुरस्कार के कारण रवीन्द्रनाथ सम्पूर्ण भारतवर्ष तथा विश्व में ख्यात हो चुके थे, किन्तु हिन्दी जगत् इसके पूर्व ही उनके महत्त्व से परिचित हो चुका था । इंडियन प्रेस द्वारा संचालित *सरस्वती* पत्रिका में १९०१ से ही उनकी रचनाओं के अनुवाद छपने लगे थे । नोबेल पुरस्कार की प्राप्ति के पश्चात् रवीन्द्रनाथ की ख्याति में वृद्धि हुई तथा उनकी सम्पूर्ण रचनाओं का अनुवाद हिन्दी में होने लगा । इन अनुवादों के साथ-साथ हिन्दी साहित्य पर रवीन्द्रनाथ के साहित्य एवं विचारों का प्रभाव पड़ने लगा । हिन्दी के आधुनिक साहित्य की शुरुआत भारतेन्दु युग से होती है, किन्तु द्विवेदीयुगीन एवं विशेषकर छायावादी काव्य को ही वास्तविक अर्थों में आधुनिक कहा जा

सकता है । भाव, विचार, भाषा-शैली सभी दृष्टियों से छायावादी काव्य हिन्दी में नवीन युग लेकर उपस्थित होता है तथा इस छायावादी काव्य पर ही रवीन्द्र-प्रभाव सर्वाधिक है । इसके पूर्व द्विवेदीयुगीन साहित्यकारों पर भी रवीन्द्र-प्रभाव देखा जा सकता है। द्विवेदीयुगीन कवियों में मैथिलीशरण गुप्त रवीन्द्रनाथ से विशेष रूप से प्रभावित हुए। महावीर प्रसाद द्विवेदी ने रवीन्द्रनाथ की 'काव्येर उपेक्षिता' को 'कवियों की उर्मिला विषयक उदासीनता' शीर्षक से हिन्दी में प्रस्तुत किया । मैथिलीशरण गुप्त स्वयं भी बंगला भाषा के जानकार थे । उन्होंने मधुसूदन दत्त के *मेघनादवध* काव्य तथा अन्य ग्रंथों का हिन्दी अनुवाद किया था । मैथिलीशरण गुप्त ने रवीन्द्रकाव्य का हिन्दी अनुवाद तो नहीं किया, किन्तु वे उनके भावों-विचारों से प्रभावित हुए । 'काव्येर उपेक्षिता' के विचारों को ग्रहण करते हुए उन्होंने कई काव्य लिखे, जिनमें उर्मिला, कैकेयी, यशोधरा, विष्णुप्रिया आदि नारी-चरित्रों को प्रस्तुत किया ।

हिन्दी का छायावादी काव्य रवीन्द्र-साहित्य से विशेष रूप से प्रभावित हुआ । आचार्य रामचन्द्र शुक्ल जैसे आलोचकों ने इस प्रभाव का विरोध किया तथा इसे हिन्दी की प्रकृति के विरुद्ध माना । किन्तु छायावादी काव्य के भीतर रवीन्द्र-प्रभाव अन्तर्निहित प्रेरणा की भाँति कार्य करता रहा । ऐसा नहीं है कि छायावादी कवि पूरी तरह रवीन्द्र से ही प्रभावित हो कर काव्य-रचना करते रहे अथवा छायावादी काव्य रवीन्द्र-साहित्य का ही प्रतिरूप है, वरन् रवीन्द्रकाव्य ने भारतीय काव्य के समक्ष एक ऐसा आदर्श प्रस्तुत किया जिससे सम्पूर्ण भारतीय काव्य जाने-अनजाने प्रेरणा ग्रहण करता रहा । इस संबंध में आचार्य हजारी-प्रसाद द्विवेदी ने लिखा है – "*गीतांजलि* में जो मरमी भाव है, जिसे पश्चिम में मिस्टिसिज्म कहा गया था और उसी के तोल पर हिन्दी में उसके लिए रहस्यवाद शब्द चला दिया गया, उसने हिन्दी के कवियों को प्रभावित किया था । कितने ही नौसिखुओं ने कलम संभाली । फिर एक ऐसा भी जामाना गया है, जब छायावाद के नाम पर ऐसी कविताएँ लिखी गई हैं, जो नितान्त उथले विचारों की उपज थीं और जिनके लिखनेवालों में से बहुतेरे अनुभवहीन व्यक्ति थे । इन कविताओं को लेकर हिन्दी में काफी आन्दोलन चला । पक्ष और विपक्ष में नाना प्रकार के तर्कजाल उपस्थित किए गए । कभी इन असंबद्ध उथले विचारों के

समर्थक अपने पक्ष के समर्थन के लिए रवीन्द्रनाथ का नाम लेते थे और कभी-कभी तो कविता में अस्पष्टता को एक आवश्यक गुण कह कर भी विज्ञापित किया गया था । ... तो प्रकृत बात यह है कि रवीन्द्रनाथ के नाम और काव्य तथा अन्य लेखों ने एक जमाने में हिन्दी साहित्य के तर्क-युद्ध को काफी सजग और गर्म बना रखा था, और कौन कह सकता है कि इन सबका सम्मिलित फल साहित्य के नवीन वेग को और अधिक गतिमान नहीं बना गया है ?"[१] छायावादी काव्य में यही गतिमानता विद्यमान है । प्रसाद, पन्त, निराला और महादेवी वर्मा के काव्य ने हिन्दी साहित्य को प्राणवान और गतिशील बनाया । प्रसाद, पन्त और महादेवी की अपेक्षा निराला का ही रवीन्द्र-साहित्य से प्रत्यक्ष परिचय था। रवीन्द्रनाथ तथा उनके पूर्व के बंगला साहित्य से उनका पूर्ण परिचय था । उन्होंने *रवीन्द्रकविता कानन* शीर्षक एक पुस्तक भी लिखी जिसमें उन्होंने रवीन्द्र-साहित्य की विशेषताओं का वर्णन किया । पंत ने भी रवीन्द्रकाव्य की विशेषताओं को समझने की कोशिश की । इस संबंध में आचार्य हजारीप्रसाद द्विवेदी ने लिखा है - "पन्त ने रवीन्द्रनाथ को ठीक-ठीक समझने की कोशिश की । उन्होंने बंगला और हिन्दी भाषा की प्रवृत्ति का सूक्ष्म विवेचन किया और बड़ी अद्भुत सफलता के साथ हिन्दी-छन्दों की प्रकृति को पहचान लिया । पन्त ने प्रथमबार निर्भीकता-पूर्वक घोषणा की, न तो वर्णिकवृत्त ही और न संस्कृत और बंगला के अनुकरण पर लिखे हुए अतुकान्त पद्य ही हिन्दी की प्रकृति से सामंजस्य बनाए रख सकते हैं । निस्सन्देह पन्त के निष्कर्ष चरम और निर्भ्रान्त नहीं थे, पर वे अधिकांश में ठीक और युक्तियुक्त थे । जो लोग बंगला छन्दों के अनुकरण पर हिन्दी में छन्द संस्कार करने पर तुले हुए थे, उनका प्रभाव जाता रहा । यह बहुत बड़ा कार्य था । जब आधुनिक कविता का स्वरूप स्थिर हो जाएगा, तो भावी समालोचक पन्त के इस महान् कार्य की अधिक न्यायपूर्वक प्रशंसा कर सकेगा ।"[२] छन्द की दृष्टि से निराला पर रवीन्द्रनाथ का प्रत्यक्ष तथा प्रसाद पर अप्रत्यक्ष प्रभाव है । निराला ने रवीन्द्रनाथ के छन्द के आधार पर *गीतिका* में सात, बारह, सोलह आदि मात्राओं के गान लिखे । *गीतांजलि* को नोबेल पुरस्कार मिलने के पश्चात् प्रसाद ने भी अपने काव्य के विषय एवं मात्रा में कुछ परिवर्तन किया । उनके *अजातशत्रु* पर रवीन्द्रनाथ के नाटक *नटीर पूजा* का प्रभाव देखा जा सकता

है। *गीतांजलि* की विषयवस्तु की दृष्टि से छायावादी कवियों में महादेवी वर्मा का काव्य उनके अधिक निकट है। आत्मार्पण की व्यग्र व्याकुलता, परमतत्त्व के प्रति पूर्ण समर्पण, उत्सुकता तथा एकान्त तन्मयता की दृष्टि से महादेवी की कविताएँ *गीतांजलि* की जाति की ही हैं। *गीतांजलि* की कविताओं से प्रभावित होकर उसके अनुकरण पर रायकृष्ण दास ने *साधना* शीर्षक गद्यगीत की रचना की। आचार्य रामचन्द्र शुक्ल तक ने इस रचना की प्रशंसा की। इसी प्रकार *गीतांजलि* के अनुकरण पर वियोगी हरि ने *अन्तर्नाद* की रचना की। इनके अतिरिक्त बालकृष्ण शर्मा 'नवीन', सियारामशरण गुप्त, रामधारीसिंह 'दिनकर' के काव्य तथा जैनेन्द्र कुमार के उपन्यासों पर भी रवीन्द्र-प्रभाव को देखा जा सकता है। निष्कर्षस्वरुप आचार्य हजारीप्रसाद द्विवेदी के शब्दों में कह सकते हैं – "रवीन्द्रनाथ के महिमाशाली व्यक्तित्व ने हिन्दी के साहित्य को दबा नहीं दिया, बल्कि उसके निर्माताओं में आत्म-गौरव और आत्म-चेतना का भाव जाग्रत कर दिया। हिन्दी आज भारतवर्ष की उन्नत भाषाओं में गिनी जाती है, एक दिन आएगा - जो बहुत दूर नहीं है – जब संसार की उन्नत भाषाओं में गिनी जाएगी, उस दिन का आलोचक यह निश्चय ही लक्ष्य करेगा कि इस साहित्य के आदि-निर्माताओं को दृप्त और साहसी बनाने में रवीन्द्रनाथ की प्रतिभा का जबर्दस्त हाथ है।"[३]

संदर्भ

१. रवीन्द्रनाथ और आधुनिक हिन्दी-साहित्य, *मृत्युंजय रवीन्द्रनाथ* — पृ. २२२।

२. वही, पृ. २२३।

३. वही, पृ. २२७।

अध्याय ३

गीतांजलि के हिन्दी अनुवाद

गीतांजलि के लगभग २० अनुवाद हिन्दी में हुए हैं । इनमें कुछ अनुवाद अंग्रेजी *गीतांजलि* के हैं तथा कुछ बंगला *गीतांजलि* के । कुछ ऐसे भी अनुवाद हैं जिनमें क्रम तो अंग्रेजी *गीतांजलि* का है, किन्तु अनुवाद बंगला गीतों के हैं । बंगला *गीतांजलि* का प्रकाशन सितंबर, १९१० में हुआ । वस्तुतः बंगला *गीतांजलि* १५७ गीतों और कविताओं का एक संकलन ग्रंथ है । बंगला *गीतांजलि* तथा *गीतिमाल्य, नैवेद्य, खेया, शिशु* आदि काव्य रचनाओं से चुन कर रवीन्द्रनाथ ने १०३ कविताओं का अंग्रेजी अनुवाद *गीतांजलि (सांग ऑफरिंग)* के रूप में प्रस्तुत किया जो इंडिया सोसाइटी, लंदन से नवंबर, १९१२ में प्रकाशित हुआ । १९१३ में इस पर उन्हें नोबेल पुरस्कार प्रदान किया गया तथा समस्त विश्व में उनकी ख्याति हुई । नोबेल पुरस्कार की घोषणा के पश्चात् ही पत्र-पत्रिकाओं में *गीतांजलि* की कविताओं के हिन्दी अनुवाद प्रकाशित होने लगे । प्रारंभिक अनुवाद अंग्रेजी से थे, किन्तु धीरे-धीरे मूल बंगला *गीतांजलि* से हिन्दी अनुवाद होने लगे । कुछ अनुवादों में बंगला *गीतांजलि* की भाँति १५७ कविताएँ हैं तो कुछ अनुवादों में अंग्रेजी *गीतांजलि* की तरह १०३ कविताएँ । उपलब्ध प्रमुख अनुवादों की चर्चा की जा रही है –

१. संपूर्ण *गीतांजलि* का प्रथम उपलब्ध अनुवाद १९१५ का है । इसके अनुवादक काशीनाथ हैं जिसका प्रकाशन गणेशशंकर विद्यार्थी द्वारा प्रताप प्रेस, कानपुर से हुआ । इसका तीसरा संस्करण प्रकाश पुस्तकालय, कानपुर से १९३६ में प्रकाशित हुआ । यह संपूर्ण अंग्रेजी *गीतांजलि* का हिन्दी गद्यानुवाद है । अनुवादक ने प्रयत्न किया है कि पाठकों को गीतों के भाव समझ में आ जाएँ । मूल *गीतांजलि* में गीतों के शीर्षक नहीं हैं, लेकिन अनुवादक ने

हर गीत के उपयुक्त शीर्षक दिए हैं जो गीतों के आन्तरिक भाव को प्रकट करते हैं । अनुवाद सरल हैं । अनुवाद के संबंध में प्रस्तावना में अनुवादक ने लिखा है – "यह पुस्तक अंग्रेजी *गीतांजलि* का ही अनुवाद है । रवीन्द्रबाबू बंगाली हैं और बंगला साहित्यसेवी हैं । पर आपकी अंग्रेजी बड़ी अलंकृत और चमत्कारिक है । उसे देखकर आप नहीं कह सकते कि वह एक बड़े अंग्रेज लेखक की भाषा नहीं है । ऐसी भाषा का हिन्दी उल्था करना सहज नहीं । एक तो सूक्ष्म भावों के लिए हिन्दी में शब्द कठिनता से मिलते हैं और दूसरे वर्तमान लेखक भाषा पर प्रभुत्व रखने का दावा नहीं कर सकता ।

अन्य महाकवियों की तरह रवीन्द्र ने भी अलंकार, उपमा और रूपकों का बहुतायत से प्रयोग किया है । इनको साधारणतः समझ लेना तो किसी साहित्यप्रेमी के लिए कठिन न होगा पर इनके गूढ़ अभिप्राय का ठीक-ठीक पता लगाना टेढ़ी खीर है । रवीन्द्र की मानसिक अवस्था तक पहुँचना सबके लिए संभव नहीं है ।

यह कहने की आवश्यकता नहीं कि इन सब बातों के कारण अनुवाद करने में बड़ी कठिनाइयाँ पड़ी हैं । हमने प्रयत्न किया है कि पाठकों को गीतों के भाव समझ में आ जाएँ । ... जहाँ अंग्रेजी भाषा बहुत क्लिष्ट थी वहाँ हिन्दी को सरल बनाने का प्रयत्न किया गया है । कुछ भाव और विचार और संकेत, जो अंग्रेजी में अंग्रेजों के लिए ही उपयुक्त हैं, बदल दिए गए हैं । उदाहरणार्थ, ग्रीष्म-समर के लिए वसंत, जुलाई के लिए श्रावण लिखा है ।"

२. *गीतांजलि* का दूसरा चर्चित अनुवाद गिरिधर शर्मा 'नवरत्न' द्वारा है । यह होल्कर हिन्दी ग्रंथमाला, बम्बई से १९२४ में प्रकाशित हुआ । यह छन्दानुवाद है । यह अनुवाद प्राप्त नहीं हो सका ।

३. श्रीधर शास्त्री ने *गीतांजलि* का हिन्दी अनुवाद किया जो साहित्य प्रकाशन मंडल, दिल्ली से १९४१ में प्रकाशित हुआ । यह अनुवाद भी उपलब्ध नहीं हो सका ।

४. इंडियन प्रेस, इलाहाबाद ने सूर्यनारायण चौबे द्वारा अनूदित *गीतांजलि* का प्रकाशन १९४२ में किया । यह अनुवाद भी उपलब्ध नहीं हो सका ।

५. श्री गाँधी ग्रन्थागार, बलिया द्वारा अंग्रेजी *गीतांजलि* का सरल

शब्दों में हिन्दी गद्यानुवाद १९४५ में प्रकाशित हुआ । इस अनुवाद के संबंध में प्रकाशकीय वक्तव्य में लिखा गया है – "पुरस्कृत होने के बाद संसार इस ग्रंथ की उत्तमता पर एक साथ मोहित हुआ और सभी प्रमुख भाषाओं में इसके अनुवाद प्रकाशित होने लगे । तब भला भारत की राष्ट्रभाषा में ही भारत के महान कवि की महान कृति का अनुवाद क्यों न होता । फलतः अनेक अनुवाद हुए, इनमें अनेक उत्तम हैं, पर इस युद्धकाल में अप्राप्य हैं, जो मिलते हैं उनमें और मौलिक रचना में महान अन्तर है । इस कमी को दूर करने के लिए ही यह सुबोध अनुवाद प्रकाशित किया गया है । इसमें मूल ग्रंथ के भावों को अक्षुण्ण रखने का पूर्ण प्रयास किया गया है । अनुवादक कहाँ तक सफल हुए हैं, इसका निर्णय विज्ञ पाठकों पर ही है ।"

६. *गीतांजलि* का एक महत्त्वपूर्ण अनुवाद १९४६ में काशी पुस्तक भंडार, वाराणसी से प्रकाशित हुआ । यह गीतात्मक अनुवाद लालधर त्रिपाठी 'प्रवासी' ने किया, जिसके 'दो शब्द' निराला ने लिखे हैं - "मैंने पं. लालधर त्रिपाठी 'प्रवासी' जी का किया हुआ *गीतांजलि* का अनुवाद देखा । मुझको अनुवाद सरस और प्रांजल लगा । सुन्दर निर्वाह किया गया है । कवि का आदर होगा, लोगों को रचनाएँ रुचिकर होंगी ।" यह मूल बंगला *गीतांजलि* का अनुवाद है । *गीतांजलि* के अतिरिक्त इसमें रवीन्द्रनाथ की अन्य कविताओं के अनुवाद भी हैं । कुल अनुवादित कविताओं की संख्या २१० है । प्रस्तुत अनुवाद में अनुवादक ने भाषा के विषय में कहीं-कहीं स्वच्छन्दता से काम लिया है । जैसे 'प्रात' शब्द का प्रयोग स्त्रीलिंग में ही किया है, किन्तु 'प्रभात' का नहीं । साथ ही जिन कविताओं में स्त्री-सुलभ मार्दव का भाव हुआ, उसे स्त्री की प्रार्थना के रूप में कर दिया है, मानो कोई साध्वी अपने पति से प्रार्थना कर रही है । बंगला के क्रियापदों में स्त्रीलिंग के लिए कोई भेद नहीं । अनुवाद बहुत सटीक नहीं है। यथासंभव मूल शब्द नहीं रखे जा सके हैं । कहीं-कहीं अतिरिक्त शब्द अथवा भाव भी जुड़ गए हैं । अतः अनुवाद प्रवाहपूर्ण नहीं हैं । एक उदाहरण से यह देखा जा सकता है -

मूल - जाचि हे तोमार चरम शान्ति,
पराने तोमार परम कान्ति,

आमारे आड़ाल करिया दाँड़ाओ
हृदयपद्मदले ।

गीतांजलि १

इसका अनुवाद इस प्रकार है -

दो निज चरम शान्ति *लोकोत्तर*,
परम कान्ति प्राणों में दो भर,
मेरे हृदय-पद्म-दल में बस
मुझको छाया *उज्ज्वलतर* दो !

यहाँ *लोकोत्तर*, *उज्ज्वलतर* आदि अतिरिक्त शब्द हैं । मूल कविता से भाव कुछ बढ़े हुए प्रतीत होते हैं । 'आमारे आड़ाल करिया दाँड़ाओ' का भाव नहीं आ पाया है । इसी प्रकार स्त्रीलिंग का प्रयोग कहीं-कहीं उचित नहीं प्रतीत होता । जैसे, निम्नलिखित कविता में –

आसनतलेर माटिर परे लुटिये रबो,
तोमार चरण-धुलाय धुलाय धूसर हबो ।

गीतांजलि ४६

मूल *गीतांजलि* में इस कविता में कवि के आत्मनिवेदन की बड़ी मार्मिक अभिव्यक्ति हुई है । इस कविता का आत्मनिवेदन स्त्रीलिंग में उचित नहीं प्रतीत होता । इसका अनुवाद इस प्रकार है –

आसन-तल की धूल उसी में मैं मिल जाऊँगी,
धूसर हूँगी चरण-धूलि में हर्ष मनाऊँगी !

इस कविता का काव्यानुवाद किसी भी हिन्दी अनुवाद में माधुर्यपूर्ण नहीं हो पाया है । हंसकुमार तिवारी कृत *गीतांजलि* का काव्यानुवाद सर्वाधिक महत्त्वपूर्ण है । वहाँ भी इस कविता के अनुवाद में लोच नहीं है, जैसे -

पड़ा रहूँगा आसन के नीचे माटी के ऊपर;
लोट तुम्हारे चरणों की रज में होऊँगा धूसर ।

प्रवासी का अनुवाद हर जगह सटीक भी नहीं हो पाया है । जैसे इसी कविता में देखें –

मूल – असम्माने आनो टेने पाये तव
तोमार चरण-धुलाय धुलाय धूसर हबो !

अनुवाद – आसमान से खींचो, चरणों में मैं आऊँगी
उसी में मैं मिल जाऊँगी !

हंसकुमार तिवारी के अनुवाद में यह अंश भी कम-से-कम अर्थ की दृष्टि से सही रूप में अनूदित हुआ है –

अपमानित कर खींच मँगाओ अपने उन चरणों पर
लोट तुम्हारे चरणों की रज में होऊँगी धूसर ।

प्रवासी के अनुवाद में छंदपूर्ति की दृष्टि से भी अतिरिक्त शब्द आ जाते हैं। प्रस्तुत कविता में भी इस प्रकार की प्रवृत्ति दिखाई पड़ती है –

मूल - आमि तोमार यात्रीदलेर रबो पिछे
स्थान दियो हे आमाय तुमि सबार नीचे ।

गीतांजलि ४६

अनुवाद - यात्री-दल में सब से पीछे चली चलूँगी नाथ,
मुझको बैठाना सबसे नीचे *मेरा धर हाथ*

यहाँ 'मेरा धर हाथ' अतिरिक्त शब्दयोजना है । हंसकुमार तिवारी के अनुवाद में इस प्रकार के अतिरिक्त अथवा भरती के शब्द नहीं आए हैं, जैसे –

मैं हूँगा तुम तक जाने वालों के दल के पीछे
मुझे स्थान देना हे स्वामी, सबसे नीचे, नीचे

प्रवासी के अनुवाद में कहीं-कहीं इस प्रकार के शब्द भी आ गए हैं जिनके कारण मूल गान के माधुर्य तथा अर्थ दोनों को वे नहीं बाँध पाते, जैसे –

मूल - रुप-सागरे डुब दियेछि
अरूप-रतन आशा करि *गीतांजलि* ४७

अनुवाद - अरूप-रतन की आशा में
रुप-सागर में कूदूँगा ।

यहाँ 'कूदूँगा' के स्थान पर कम-से-कम 'डूबूँगा' होता तो भी इतना असमीचीन

नहीं होता । हंसकुमार तिवारी ने इसका अनुवाद इस प्रकार किया है –

बैठा हूँ इस रूप-उदधि में
कुछ अरूप धन की आशा कर

७. १९४७ में भारत प्रकाशन, जबलपुर से भवानीप्रसाद तिवारी द्वारा अनूदित अंग्रेजी *गीतांजलि* का गीतात्मक हिन्दी अनुवाद प्रकाशित हुआ । अनुवादक ने प्राक्कथन में बताया है कि श्री हरिविष्णु कामथ की प्रेरणा से १९४२ ई. में कारावास के दौरान ये समस्त अनुवाद किए गए । इन अनुवादों में मूल अंग्रेजी से भाव ग्रहण करते हुए अनुवादक ने गीतों की सृष्टि की है । गीतों में प्रवाह है तथा मूल भाव से दूर भी नहीं गए हैं । मूल *गीतांजलि* का माधुर्य यहाँ सुरक्षित है । कहीं-कहीं अतिरिक्त शब्द अवश्य आए हैं, किन्तु वे मूल अर्थ से दूर नहीं हैं, इसलिए खटकते नहीं । इस संकलन को अनुवाद न कहकर रूपान्तर कहना ही समीचीन होगा । कवि ने *गीतांजलि* से भाव ग्रहण करते हुए नूतन सृष्टि की है । एक उदाहरण से इसे समझा जा सकता है। मूल *गीतांजलि* में इस कविता में बारह पंक्तियाँ हैं, जबकि अनुवाद में छब्बीस -

तुमि केमन करे गान करो जे, गुणी,
अवाक हये शुनि, केवल शुनि ।
सुरेर आलो भुवन फेले छेये,
सुरेर हावा चले गगन बेये,
पाषाण टुटे व्याकुल बेगे धेये,
बहिया जाय सुरेर सुरधुनी ।
मने करि अमनि सुरे गाइ,
कंठे आमार सुर खुँजे ना पाइ ।
कइते की चाइ, कइते कथा बाधे -
हार मेने जे परान आमार काँदे -
आमाय तुमि फेलेछो कोन् फाँदे
चौदिके मोर सुरेर जाल बुनि !

गीतांजलि २२

अनुवाद -

मैं तो ना जानूँ मीत,
कि तुम कैसे गाते हो मधुर गीत !
मैं विस्मित सा सुन चलता हूँ -
मैं बिन बोले सुन चलता हूँ,
हे मीत,
कि तुम कैसे गाते हो मधुर गीत !
तेरे स्वर की झिलमिल झिलमिल
आलोक लोक में भरती है
तेरे स्वर की वह अमर साँस
इस अम्बर से उस अम्बर तक
फिर आती है - फिर जाती है ।
तेरे ही स्वर की सुर-सरिता
बाधक शैलों का हृदय चीर
रे, आरपार बह चलती है ।
मन होता है यह खेल करूँ
तेरे गीतों की लहरों में -
अपने भी स्वर का मेल करूँ ;
पर ऐसा कभी न कर पाया -
यह क्षुद्र-कंठ, अपने बूते
तेरे स्वर कभी न भर पाया !
बोलूँ ? तो गीत नहीं बनते
ये बोल विफल
रे, रो उठते हैं प्राण विकल;
तुमने ऐसा छलछन्द किया -
अपने असीम स्वर बंधन में
मेरा बन्दी उर बन्द किया ।

८. नोबेल पुरस्कार विजेता ग्रन्थमाला १ के अन्तर्गत प्रभात प्रकाशन, मथुरा से अंग्रेजी *गीतांजलि* का हिन्दी गद्यानुवाद प्रकाशित हुआ । अनुवादक हैं

पृथ्वीनाथ शास्त्री । इसका दूसरा संस्करण १९५७ ई. में प्रकाशित हुआ। प्रथम संस्करण संभवतः १९५३ में प्रकाशित हुआ था । इसमें अंग्रेजी *गीतांजलि* का मूल बंगला रूप तथा हिन्दी गद्यानुवाद साथ-साथ दिए गए हैं । आमुख में अनुवाद के संबंध में लेखक ने लिखा है - "अभी तक अंग्रेजी और बंगला गीतांजलि के अनेक अनुवाद निकल चुके हैं । प्रायः सभी में भाषा और भाव में तोड़-मरोड़ कर देने और गीतों पर मौलिक शीर्षकों के अतिरिक्त शीर्षक लगा देने से बहुत कुछ हेर-फेर हो गया है । यों तो सभी के अपने-अपने गुण-दोष होते ही हैं ।

इस अनुवाद में अंग्रेजी *गीतांजलि* के क्रम का अनुकरण कर केवल १०३ गीत ही लिए गए हैं । इन १०३ गीतों का अंग्रेजी अनुवाद सर्वाधिक प्रामाणिक है ही । इनका मौलिक रूप अभी तक एकत्र नहीं किया गया था । इस प्रयास द्वारा यह संभव हो सकेगा कि हिन्दी लिपि के पाठक मौलिक गीतों को पढ़ सकें और उनका अंग्रेजी और हिन्दी अनुवाद पढ़ कर वास्तविक भाव हृदयंगम कर सकें ! ... जहाँ तक संभव है गद्य की भाषा को मौलिक गीतों की भाषा से सरल और हिन्दी के मुहावरों में रखने की चेष्टा की गई है । अपनी ओर से कुछ भी घटाने बढ़ाने की हिमाकत नहीं की गई । कहीं उच्चारण और कहीं लेखन की प्रतिलिपि करने और पढ़ने में भ्रम होने के कारण जो भूलें रह गई थीं उन सबका संशोधन इस नए संस्करण में हो गया है ।" यह अनुवाद बढ़िया है । गद्यानुवाद होने के कारण भ्रम की गुंजाइस नहीं है । एक उदाहरण प्रस्तुत है -

मूल -

आमार ए गान छेड़ेछे तार
सकल अलंकार,
तोमार काछे राखे नि आर
साजेर अहंकार ।
अलंकार जे माझे पड़े
मिलनेते आड़ाल करे,
तोमार कथा ढाके जे तार
मुखर झंकार ।
तोमार काछे खाटे ना मोर
कविर गरब करा,
महाकवि, तोमार पाये

दिते चाइ जे धरा ।
जीवन लये जतन करि
यदि सरल बाँशि गड़ि,
आपन सुरे दिबे भरि
सकल छिद्र तार ।

गीतांजलि : १२५

अनुवाद - मेरे इस गीत ने अपने सभी अलंकार उतार दिए हैं । अब इसे तुम्हारे सम्मुख अपनी साज-सज्जा का कोई अहंकार नहीं रहा है । ये अलंकार बीच में पड़कर पूर्ण मिलन नहीं होने देते । उनकी रुनझुन से तुम्हारी बातें दब जाती हैं ।

तुम्हारे समक्ष मेरे कवित्व का गर्व भी नहीं ठहरता । हे महाकवि ! मैंने तुम्हारे चरणों की शरण ले ली है । तुम अपनी मुरली के समान मेरे जीवन को सीधा और सरल बना दो । इसके सब छिद्रों में तुम अपने स्वर भर दो ।

९. हिन्द पॉकेट बुक्स तथा राजपाल एण्ड सन्स द्वारा सत्यकाम विद्यालंकार कृत *गीतांजलि* का अनुवाद प्रकाशित है । हिन्द पॉकेट बुक्स, दिल्ली से मार्च १९५९ में इसका प्रथम संस्करण प्रकाशित हुआ । इसमें क्रम अंग्रेजी *गीतांजलि* का है किन्तु अनुवाद मूल बंगला से है । बंगला *गीतांजलि* तथा रवीन्द्रनाथ की कुछ अन्य कविताओं के अनुवाद भी इसमें हैं । यह *गीतांजलि* का पूरी तरह से अनुवाद न होकर भावार्थ है । हर प्रकार के भाव इसमें नहीं आ पाए हैं । यह जरूर है कि इसमें सरल गद्य में *गीतांजलि* का अनुवाद प्रस्तुत किया गया है । रवीन्द्रनाथ की १२५वीं जयन्ती के उपलक्ष्य पर विश्वभारती तथा साहित्य अकादमी के तत्त्वावधान में यह अनुवाद पुनः सरस्वती सीरीज के अन्तर्गत इन्दु जैन के संपादकत्व में हिन्द पॉकेट बुक्स द्वारा प्रकाशित हुआ । प्रथम संस्करण में 'परिचय' के अन्तर्गत अनुवाद के संबंध में अनुवादक ने लिखा है - "...... मैंने पुस्तक में रवीन्द्र की मौलिक गीतांजलि के गीतों का समावेश करने के साथ-साथ कुछ उन गीतों का भी समावेश कर लिया है जिनका चुनाव रवीन्द्र ने अंग्रेजी की *गीतांजलि* के लिए अपने अन्य दो गीत संग्रहों - *खेया* और *नैवेद्य* से स्वयं किया

था । जहाँ तक मुझे मालूम है रवीन्द्र की मूल *गीतांजलि* का हिन्दी रूपान्तर अभी तक नहीं हुआ है । अतएव इस दिशा में इस पुस्तक को प्रथम प्रयास कहा जा सकता है ।

अनुवाद में वह प्रवाह, माधुर्य और सरसता कभी नहीं आ सकती जो मौलिक रचना में होती है । मूल गीत छन्दोबद्ध हैं, उनमें संगीत है, स्वर-प्रवाह है और शब्दों का मधुर विन्यास है। अनुवाद में न संगीत, न स्वर-प्रवाह और न शब्दों का वैसा विन्यास ही संभव है। ......

इतनी विवशताओं के होते हुए भी मैंने गीतों का यथार्थ अनुभव करने का प्रयत्न किया है। और मेरा विश्वास है कि अब भी इन गीतों में जो माधुर्य अवशिष्ट रह गया है वह भी इतना पर्याप्त है कि इन अनुवादित गीतों का स्थान भी संसार के अन्य गीतों से बहुत ऊँचा रहता है।" इस अनुवाद से एक उदाहरण प्रस्तुत है -

मूल - वज्रे तोमार बाजे बाँशि,
से कि सहज गान ।
सेइ सुरेते जागबो आमि
दाओ मोरे सेइ कान ।
भुलबो ना आर सहजेते,
सेइ प्राणे मन उठबे मेते
मृत्यु -माझे ढाका आछे
जे अन्त-हीन प्राण ।
से झड़ जेनो सइ आनन्दे
चित्र-वीणार तारे
सप्त-सिन्धु दश-दिगन्त
नाचाओ जे झंकारे ।
आराम हते छिन्न करे
सेइ गभीरे लओ गो मोरे
अशान्तिर अन्तरे जेथाय
शान्ति सुगहान। *गीतांजलि* ७४

अनुवाद - तेरे वज्रों में भी बाँसुरी का स्वर सुनाई देता है,
ये स्वर कितने सुन्दर हैं !
जो प्राण मृत्यु में से झाँक रहे हैं, जो झंकार वज्रों में से
निकल रही है, उसे आज के बाद कभी भूल नहीं सकूँगा;
उस झंकार में मन उन्मत्त हो जाता है !
उस झंकार पर सातों समुद्र, दशों दिशायें नाचेंगी !
उस झंकार के बादल हृदय-वीणा की तारों पर आनन्द
की वर्षा करेंगे !
मुझे विश्रान्ति-पथ से दूर कर -
अशान्ति के गर्भ में ही अथाह शान्ति का वास है,
वहीं जाकर शान्ति उपलब्ध होगी !

१०. १९६० में प्रयाग प्रकाशन, इलाहाबाद से कैलाश कल्पित द्वारा अनूदित गीतात्मक हिन्दी अनुवाद प्रकाशित हुआ । इसमें अंग्रेजी में निराला द्वारा लिखित प्रस्तावना है । इसमें कुल १०१ गीत हैं, हर गीत का शीर्षक दिया हुआ है । भूमिका में अनुवादक ने लिखा है - "प्रस्तुत पद्यानुवाद के प्रणयन की प्रेरणा का श्रेय मैं गुरुवर निराला जी को देना चाहता हूँ । रवीन्द्रनाथ जी के गीतों का आनन्द क्या है मैं कभी भी नहीं जान पाता यदि गुरुवर निराला ने अपनी ओजपूर्ण वाणी में सस्वर उनका काव्य और संगीत मुझे प्रायः न सुनाया होता । ...... मेरे मस्तिष्क में एक बात यह भी आई कि ११वीं सदी की रुबाइयों का २०वीं सदी में यदि १८ रूपों में अकेले हिन्दी में अनुवाद हो सकता है तो २०वीं सदी की अमर कृति गीतांजलि का एक और अनुवाद क्यों नहीं हो सकता ? ...... प्रस्तुत अनुवाद में गीतों को गेय करने के लिए और भाषा में अधिक लोच लाने के लिए मैंने यदा-कदा रियायती अधिकारों का साधिकार प्रयोग किया है और जो भावों की गुरुता तथा अनुवाद की सीमा की दृष्टि से अनिवार्य भी लगे । इस रियायती अधिकार में 'ए' के दीर्घ उच्चारण को कहीं-कहीं पर लघु करके एक का 'इक' अथवा मेरा का उच्चारण 'म्रेरा' के रूप में प्रयुक्त किया है । गीत संख्या दो में 'अलसाई'को संक्षिप्त कर 'अलसई' शब्द बनाया है और गीत संख्या तीन में 'और न मुझको कहीं कोई भी रोक सकेगा' - में *कोई* का

उच्चारण 'कोइ' हो रहा है । ये कुछ प्रयोग जान बूझकर किए गए हैं । वैसे यह सारी खटकन थोड़े परिवर्तन से ही दूर हो सकती थी, जैसे उपर्युक्त पंक्ति को यदि यों लिख दिया जाए - 'और न कोई मुझको पथ पर रोक सकेगा' ? तो पंक्ति बिल्कुल गतिमय हो जाती है और पाठकों को इस छोटे से परिवर्तन से जो अर्थान्तर उपस्थित होता है वह पकड़ में भी नहीं आता । बंगला की मूल पंक्ति है -

तोमार जानिले नाहि के हो पर
नाहि कोनो माना, नाहि कोनो डर

'नाहि कोनो माना' का परिवर्तन हुआ है - 'और न मुझको कहीं कोई भी रोक सकेगा' । यह बात तो हुई अनुवाद करने की, ... बंगला भाषा की क्रिया में लिंगभेद नहीं है इस कारण प्रायः कवि की अन्तरवाणी को समझना कठिन हो जाता है ...... इस अनुवाद में गीतों के भावों को इस रूप में हिन्दी कविता में लाने का प्रयास किया गया है कि कोई भी भाव यथासंभव मूल गीत से न तो वंचित हो और न अपनी ओर से जोड़ा हुआ हो । इस विशेषता को ध्यान में रखने के लिये भिन्न मात्राओं के विभिन्न छन्द प्रयुक्त किये गए हैं । कुछ ऐसे छन्द भी हैं जो अपने ढंग के नए प्रयोग हैं ।"

इस अनुवाद का क्रम न तो अंग्रेजी *गीतांजलि* का है और न बंगला *गीतांजलि* का । शुरुआत बंगला *गीतांजलि* से है, लेकिन बाद में दानों में से किसी के भी क्रम का अनुसरण नहीं किया गया । अनुवाद भी समुचित नहीं है । कहीं-कहीं तो अनुवादक मूल भावों को समझ नहीं पाया है । उदाहरण के लिए *गीतांजलि* की प्रथम कविता 'आमार माथा नत करे दाओ हे तोमार चरण धुलार तले' का अनुवाद देखा जा सकता है -

मूल - आमारे ना जेनो करि प्रचार
आमार आपन काजे -
तोमार इच्छा करो हे पूर्ण
आमार जीवन माझे

अनुवाद - व्यक्त नहीं कर पाता निज को
संसारी कामों में फँस कर

मेरी दिनचर्या में ही, प्रभु,
तू अपनी इच्छा पूरी कर

यहाँ 'आमारे ना जेनो करि प्रचार,
आमार आपन काजे' - का अनुवाद किया गया है -
'व्यक्त नहीं कर पाता निज को
संसारी कामों में फँस कर'

इसी प्रकार इसी कविता में देखें -

मूल - आमारे आड़ाल करिया दाँड़ाओ
हृदय पद्मदले ।

अनुवाद - मेरे हृदय-कमल की छाया में, प्रहरी !
तुम वास बना लो ।

यहाँ 'आड़ाल करिया' का अर्थ अभिव्यक्त नहीं हो पाया है। हंसकुमार तिवारी के अनुवाद से तुलना करने पर और स्पष्ट हो जाएगा -

पहला अंश - आमारे ना जेनो करि प्रचार
आमार आपन काजे

अनुवाद (हंसकुमार तिवारी) - अपने कामों में न करूँ मैं
आत्मप्रचार प्रभो !

दूसरा अंश - आमारे आड़ाल करिया दाँड़ाओ
हृदय पद्मदले

अनुवाद - आप खड़े हो मुझे ओट दे
हृदय-कमल के दल में ।

११. *गीतांजलि* का एक और हिन्दी काव्यानुवाद कलाकार प्रकाशन, पटना से १९६० में प्रकाशित हुआ । इसके अनुवादक मुरलीधर श्रीवास्तव हैं । अनुवादक ने अनुवाद के संबंध में 'निवेदन' में लिखा है - "एक दिन *गीतांजलि* के गीतों के रस में ऐसा डूब गया कि आनन्द के क्षणों में ही उस रस को अनुवाद के पात्र में ढालने का संकल्प कर बैठा । न अपनी अपात्रता का ध्यान रहा, न अपनी अल्पज्ञता का । जब दो-चार गीतों के अनुगान या अनुवाद को सहृदय मित्रों को सुनाया या छपाया तो हौंसला और भी बढ़ा । बस, अनुवाद में लग

गया । इस रूपान्तर की प्रक्रिया में मेरे हृदय ने अलौकिक काव्यानन्द का अनुभव किया । यदि मूल के रस का किंचित् आस्वाद हिन्दी के सहृदयों को मिल सके तो अपना श्रमफल पा जाऊँगा ।

यों तो हिन्दी में कई अनुवाद देखने को मिले - गद्य में ही नहीं, पद्य में भी - पर सन्तोष किसी से नहीं हुआ । उनमें कुछ अंग्रेजी के आधार पर, कुछ मूल से दूर और कुछ 'परम स्वतन्त्र' थे । यह भी ज्ञात हुआ कि कुछ निकलने वाले भी हैं । फिर भी, मुझे अपने अनुवाद में विश्वास रहा - कदाचित् यह अपनी चीज के प्रति मोह ही हो - पर मैंने मूल के शब्द संगीत, लय और तुक के निर्वाह की यथासाध्य रक्षा की और समचरण अनुवाद करने का प्रयास किया । जहाँ तक हो सका, गेय छन्दों को ही लिया, बंगला के कुछ शब्दों को चलाने का मोह न छोड़ सका । ख़ैयाम और मेघदूत के कई अनुवादों को देखकर मन ने सोचा कि हर्ज ही क्या है, कई अनुवादों के रहते भी अपना अनुवाद दे जाओ । जो पत्थर गिरजाघर में लगाने योग्य है, वह सड़क पर पड़ा नहीं रह सकता । शायद किसी पारखी की दृष्टि में यही मूल्यवान् हो ।
...... यह सच है कि कविता का अनुवाद करना हँसी-खेल नहीं है, और किसी रससिद्ध कवि की वाणी के मर्म को व्यक्त करना तो तलवार की धार पर चलना है। पर केवल हिन्दी के जानने वालों को विश्व के महाकवियों का परिचय भी तो मिलना चाहिए । इसके लिए पद्यानुवाद छोड़कर दूसरा चारा क्या ? कविता का अनुवाद पद्य में होने से अधिक प्रभविष्णु हो सकता है।" इस अनुवाद में क्रम अंग्रेजी *गीतांजलि* का है पर अनुवाद मूल बंगला से है । काफी यत्न एवं सतर्कतापूर्वक यह काव्यानुवाद किया गया है । अनुगान के साथ-साथ अनुवादक ने भावों की ओर विशेष ध्यान रखा है। उदाहरणस्वरूप मूल सहित एक अनुवाद को देखा जा सकता है -

मूल - तुमि केमन करे गान करो जे गुणी,
अवाक हये शुनि, केवल शुनि ।
सुरेर आलो भुवन फेले छेये,
सुरेर हावा चले गगन बेये,
पाषाण टुटे व्याकुल बेगे धेये

बहिया जाय सुरेर सुरधनी ।

गीतांजलि २२

अनुवाद - गाते कैसा गान गुणी तुम, गाते कैसा गान ?
मैं अवाक् हो कर सुनता हूँ, सुनता हूँ बस तान !
सुर-भरता आलोक भुवन में,
सुर-समीर बह रहा गगन में,
तोड़ शिला को निकल वेग से
सुर सुरधुनी समान !

१२. रवीन्द्रनाथ की जन्मशती के अवसर पर १९६१ में , मानसरोवर प्रकाशन, गया से हंसकुमार तिवारी द्वारा अनूदित हिन्दी *गीतांजलि* का प्रकाशन हुआ । यह मूल बंगला *गीतांजलि* का सम्पूर्ण अनुवाद है । *गीतांजलि* का यह अनुवाद विशुद्ध अनुवाद का आदर्श प्रस्तुत करता है। यह न केवल पद्यानुवाद है, न सिर्फ इसमें तुक-अंतस्तुक, यति-गति की ही रक्षा की कोशिश है, बल्कि छंद भी करीब-करीब वही हैं । अनुवादक ने यथासंभव मूल शब्दों को रखने का प्रयास किया है । इस अनुवाद में 'शब्द' और 'भाव' दोनों सुन्दर रूप में अवतरित हैं । जैसे -

मूल - आजि वारि झरे झर झर
भरा बादरे ।
आकाश- भांगा आकुल धारा
कोथाओ ना धरे ।

गीतांजलि २७

अनुवाद - आज भरी भादो की बदरी
बरस रही है झर-झर
थमती नहीं अकाश उजाड़ी
आकुल धारा पल भर ।

३९ संख्यक गीत का अनुवाद विशुद्ध भावानुवाद का सुन्दर उदाहरण है । एक अंश देंखे -

मूल -

शुधु आसन पाता होलो आमार
सारादि दिन धरे -
घरे हय नि प्रदीप ज्वाला, तारे
डाकबो केमन करे ।
आछि पाबार आशा निये, तारे
हयनि आमार पावा ।

अनुवाद -

बीत गया सारा दिन, आसन
उसके लिये बिछाते,
दीप जलाया नहीं जा सका
कैसे बने बुलाते ।
आशा लिए मिलन की बैठा
मिला न वह छविमान ।

इस अनुवाद में अनुवादक ने कहीं-कहीं भावों को सुरक्षित रखने के लिए अथवा छंदपूर्ति के लिए लोक भाषा के शब्दों को भी ग्रहण किया है, जैसे -

मूल -

मने करि अम्नि सुरे गाइ,
कण्ठे आमार सुर खुँजे ना पाइ
कइते की चाइ, कइते कथा बाधे
हार मेने जे परान आमार काँदे;
आमाय तुमि फेलेछो कोन् फाँदे
चौदिके मोर सुरेर जाल बुनि ।

गीतांजली २२

अनुवाद -

जी में होता गाऊँ उसी लहर में
नहीं कण्ठ में पाता वह स्वर पर मैं
कहा चाहते प्राण न *फुरती* वाणी
रोते हैं हर बार हार अभिमानी ।
किस फंदे में डाला गुणी गुमानी
चहुँ दिशि मेरे स्वर का जाला तान ।

यहाँ 'कइते कथा बाधे' के लिए अनुवादक ने 'न फुरती वाणी' का प्रयोग किया है। वृहत् हिन्दी कोश में 'फुरना' का अर्थ स्फुटित होना, उद्भूत होना, निकलना आदि दिया हुआ है। अर्थ की दृष्टि से अनुवाद ठीक होने पर भी 'फुरती' शब्द अप्रचलित है। अनुवाद की लयात्मकता तथा माधुर्य में भी कमी आ गई है। लेकिन कहीं-कहीं लोकभाषा के शब्दों से माधुर्य की वृद्धि हुई है, जैसे - २६ संख्यक कविता के अनुवाद में *बाट, राही, उछाही* शब्द से, देंखे -

मूल - एखन विजन पथे करे ना केउ
आसा-जावा-
ओरे प्रेम-नदीते उठेछे ढेउ,
उतल हावा ।

अनुवाद - *बाट* पड़ी है सूनी, कोई
चले न *राही* ;
प्रेम-नदी लहराई, मचला
पवन *उछाही*

इसी प्रकार हंसकुमार तिवारी ने अपने अनुवाद में *हुमकना, अगोरना, खेदना* आदि लोकशब्दों का व्यवहार किया है। इस अनुवाद की विशेषता यह है कि छन्द और तुक को भी एक रखने का यथासंभव प्रयास किया गया है। जैसे मूल *गीतांजलि* के अनुरूप २८ संख्यक कविता के अनुवाद में पंक्तियों के अंत में *जागे, लागे, द्वारे, हारे, अनुरागे* तथा ३१ संखयक कविता में *गान, स्थान, प्राण, राजन्, मान* आदि शब्दों की तुकबंदी की गई है। इस प्रकार शब्द-योजना, छंदयोजना, भाव, लयात्मकता, गेयत्व आदि सभी दृष्टियों से हंसकुमार तिवारी द्वारा प्रस्तुत गीतांजलि का अनुवाद सर्वश्रेष्ठ अनुवाद है।

१३. श्रीकृष्ण प्रकाशन, वाराणसी से श्यामलाल द्वारा अनूदित अंग्रेजी *गीतांजलि* का पद्यात्मक अनुवाद १९८२ में प्रकाशित हुआ। अनुवाद के संबंध में अनुवादक ने प्राक्कथन में लिखा है - "प्रस्तुत पुस्तिका, कवि सम्राट रवीन्द्रनाथ ठाकुर द्वारा बंगला भाषा में विरचित एवं स्वयं उन्हीं द्वारा इंग्लिश भाषा में अनूदित तथा नोबेल पुरस्कार से पुरस्कृत, विश्व-विख्यात गीतकाव्य, *गीतांजलि* का सरस हरिगीतिका छन्दों में अविकल अनुवाद है। ...... यद्यपि किसी एक की

भाषा के रहस्यात्मक काव्य-ग्रन्थ को किसी दूसरी भाषा में इस प्रकार छन्दबद्ध करना कि मूल काव्य की मौलिकता, मर्यादा एवं गूढ़ार्थ पूर्ण-रूपेण अपरिवर्तित और सुरक्षित रहे, एक अत्यन्त क्लिष्ट एवं कष्ट-साध्य कार्य है, जिसे भुक्तभोगी अनुवादक ही अनुभव कर सकते हैं, तथापि मैंने इस अत्यन्त गूढ़ार्थक, गम्भीर भावात्मक एवं अद्‌भुत आध्यात्मिक, सामाजिक, नैतिक एवं मौलिक रहस्यों से प्रपूरित गीत-काव्य *गीतांजलि* का राष्ट्रभाषा हिन्दी में छन्द-बद्ध करने में मूल काव्य की मौलिकता को सर्वांग एवं् सर्वत्र अखण्डित तथा अक्षुण्ण रखने में पूर्ण सावधानी और सतर्कता वर्ती है । फिर भी इसके गुण-दोष के विचारक तो विज्ञ पाठक ही हैं ।" प्रस्तुत अनुवाद सामान्यतः ठीक है । मूल भावों का रूपान्तर सही रूप में हो सका है। उदाहरण स्वरूप एक अनुवाद द्रष्टव्य है -

मूल -

तुमि केमन करे गान कर जे गुणी,
अवाक हये शुनि, केवल शुनि ।
सुरेर आलो भुवन फेले छेये,
सुरेर हावा चले गगन बेये,
पाषाण टुटे व्याकुल बेगे धेये
बहिया जाय सुरेर सुरधुनि ।
मने करि अम्‌नि सुरे गाइ,
कंठे आमार सुर खुँजे ना पाइ।
कइते की चाइ, कइते कथा बाधे -
हार मेने जे परान आमार काँदे -
आमाय तुमि फेलेछो कोन् फाँदे
चौदिके मोर सुरेर जाल बुनि ।

गीतांजलि २२

अनुवाद -

हे स्वामी ! गाते आप किस अद्‌भुत अलौकिक रीति से !
विस्मय चकित चुपचाप मैं सुनता सदा अति प्रीति से ।।
है लोक आलोकित तेरे इस गान के आलोक से ।
है व्योम सारा व्याप्त तेरे गान वायु विशोक से ।।
संगीत स्वर लहरी तेरी पावन प्रवाह पसारती -

है तीव्र गति से बह रही अवरोध प्रस्तर टारती ।।
'गावे मिला सुर में तेरे सुर' हृदय मेरा चाहता ।
पर मूक है वाणी, नहीं स्वर कण्ठ ऊपर लाँघता ।।
हूँ चाहता मैं बोलना, वाणी विवश पर है पड़ी -
नहिं प्रगटती स्वर गीत में, है हार यह मेरी बड़ी ।।
मेरे हृदय को स्वामि अपने गान रूपी जाल के -
निस्सीम छिद्रों का बनाया बन्दि उसमें डाल के ।।

गीतांजलि के उपलब्ध अनुवादों में सत्यकाम विद्यालंकार, पृथ्वीनाथ शास्त्री, लालधर त्रिपाठी प्रवासी, कैलाश कल्पित, हंसकुमार तिवारी, भवानी प्रसाद तिवारी तथा मुरलीधर श्रीवास्तव के अनुवादों का विशेष महत्त्व है । सत्यकाम विद्यालंकार का अनुवाद गद्यकाव्य में है तथा पृथ्वीनाथ शास्त्री का अनुवाद विशुद्ध गद्य में । सत्यकाम विद्यालंकार का अनुवाद बंगला *गीतांजलि* के आधार पर है । पृथ्वीनाथ शास्त्री के अनुवाद में क्रम अंग्रेजी *गीतांजलि* का है, किन्तु अनुवाद मूल बंगला से है तथा विशेषता यह है कि मूल कविता भी देवनागरी लिपि में दी गई है । लालधर त्रिपाठी प्रवासी,मुरलीधर श्रीवास्तव तथा हंसकुमार तिवारी का अनुवाद पद्य में गेय रूप में है । ये तीनों अनुवाद बंगला *गीतांजलि* के आधार पर हैं। कैलाश कल्पित, भवानी प्रसाद तिवारी तथा श्यामलाल के अनुवाद अंग्रेजी *गीतांजलि* के आधार पर हैं । इनमें क्रम भी अंग्रेजी *गीतांजलि* का है । किसी-किसी ने मूल बंगला गीतों का भी आश्रय लिया है । यहाँ *गीतांजलि* के दो गीतों के अनुवादों की समीक्षा की जा रही है। *गीतांजलि* की एक कविता है -

"कथा छिलो एक-तरीते केवल तुमि आमि ।"

अंग्रेजी *गीतांजलि* में इसकी संख्या ४२ तथा बंगला *गीतांजलि* में ८३ है। मूल कविता का प्रथम अंश इस प्रकार है -

मूल - कथा छिलो एक तरीते केवल तुमि आमि
जाबो अकारणे भेसे केवल भेसे ;
त्रिभुवने जानबे ना केउ आमरा तीर्थगामी
कोथाय जेतेछि कोन् देशे से कोन् देशे !

पृथ्वीनाथ शास्त्री ने इसका गद्यानुवाद इस प्रकार किया है -

यह निश्चय हुआ था कि केवल तुम और मैं - एक नौका में बैठकर निरुद्देश्य चल पड़ेंगे - तथा त्रैलोक्य में किसी को भी यह ज्ञान न हो सकेगा कि हम तीर्थयात्री कहाँ और किस देश को जा रहे हैं !

श्री शास्त्री ने इस अंश के भाव को सही रुप में प्रस्तुत किया है । सत्यकाम विद्यालंकार ने इस कविता का शीर्षक दिया है *जल-विहार* । उपर्युक्त अंश को वे इस रुप में प्रस्तुत करते हैं -

हम दोनों के बीच गुप्त मंत्रणा हुई थी कि एक नौका पर केवल
तू और मैं बैठकर स्वच्छन्द जल-विहार करेंगे ;
हमारी तीर्थयात्रा किस देश और किस लक्ष्य के लिये होगी,
इसका भेद विश्व भर में किसी को ज्ञात नहीं होगा !

श्री विद्यालंकार ने इस अंश में मूल भाव को सही रुप में अवश्य प्रस्तुत किया है, किन्तु दो-एक शब्दों का अनुवाद समुचित नहीं हो पाया है । अनुवादक ने 'कथा छिलो' के लिए 'गुप्त मंत्रणा' तथा 'अकारणे भेसे' के लिये 'स्वच्छन्द जल-विहार' शब्द रखा है जो समुचित नहीं है ।

मुरलीधर श्रीवास्तव ने इस अंश का सही काव्यानुवाद प्रस्तुत किया है -

यह बात तय थी, हम तुम संग एक ही तरी पर,
बहते हुए अकारण, बहते हुए चलेंगे ।
त्रिभुवन न जान पायेगा, कौन तीर्थगामी
किस देश को चले हैं, कुछ जान न सकेंगे ।

भवानी प्रसाद तिवारी ने भी अपने काव्यानुवाद में भावार्थ सही रुप में प्रस्तुत किया है, किन्तु उन्होंने दो-एक शब्द अपनी ओर से जोड़ दिए हैं - *सुबह, सजेगी, सुभग, कौन गली* आदि । 'अकारणे भेसे', 'आमरा तीर्थगामी' आदि शब्दों का अर्थ अनुवाद में नहीं आ पाया है -

रे सुबह सुबह यह बात चली,
जिस पर हम तुम ही जायेंगे
वह आज सजेगी सुभग तरी

कोई भी कभी न जानेगा
वह कौन गली जिस ओर चली
वह तरी भली !

लालधर त्रिपाठी प्रवासी ने कम, किन्तु उपयुक्त शब्दों के द्वारा इस अंश के सम्पूर्ण भाव को हिन्दी काव्यानुवाद में प्रस्तुत कर दिया है, केवल 'तीर्थगामी' शब्द का भाव नहीं आ पाया है तथा 'देव' शब्द अतिरिक्त आ गया है -

बात थी, एक नाव से, देव,
चलेंगे हम अनजाने देश,
अकारण यात्रा होगी किन्तु
न जानेंगे ये भुवन अशेष !

हंसकुमार तिवारी के अनुवाद में भाव अपने सम्पूर्ण रूप में प्रस्तुत है । 'अकारणे भेसे' के लिए 'बहते ही केवल' का प्रयोग किया गया है। *कथा छिलो, त्रिभुवन, तीर्थगामी, कोन् देशे* सभी के अर्थ आ गए हैं -

तै था, एक तरी में हम-तुम दो जन
बहते जाएँगे, बहते ही केवल
त्रिभुवन में कोई पाएगा जान न
किस तीरथ को कहाँ रहे हैं हम चल ।

श्यामलाल ने इस अंश का रुपान्तर हरिगीतिका छन्द में इस प्रकार किया है -

ठीक प्रातःकाल हम दोनों किये निश्चय यही -
कि मैं तथा तू बैठ एक नौका में चल देंगे कहीं ।।
रहित लक्ष्योद्येश्य यह यात्रा रहेगी मनचही -
जिसका पता संसार में होगा किसी को भी नहीं ।।

आलोच्य कविता का दूसरा अंश तथा इसके अनुवाद इस प्रकार हैं -

मूल - कूल-हारा सेइ समुद्र-माझखाने
शोनाबो गान एकला तोमार काने
ढेउयेर मतन भाषा - बाँधन - हारा
आमार सेइ रागिणी सुनबे नीरव हेसे ।

पृथ्वीनाथ शास्त्री ने इस अंश का गद्यानुवाद इस प्रकार किया है -

उस तट-विहीन समुद्र के बीच में केवल तुम्हें ही गीत सुनाऊँगा, और तुम लहरों के समान बन्धनहीन उन्मुक्त रागिनी को चुपचाप हँसते हुए सुनते रहोगे ।

मूल भाव के साथ जो विशेषण हैं उनका अर्थ भी इस अनुवाद में समुचित रूप से आ गया है, जैसे - *कूल-हारा* (तट-विहीन), *बाँधन-हारा* (बन्धनहीन), *नीरव* (चुपचाप) आदि । सत्यकाम विद्यालंकार ने आलोच्य अंश का अनुवाद इस प्रकार किया है -

उस तटहीन सागर में बहते हुए मैं तेरे श्रवणोत्सुक कानों में गीत कहूँगा । वह गीत सागर की उत्ताल तरंगों के समान फूट पड़ेगा और शब्दों के बंधन से मुक्त होकर केवल स्वर-लहरी बन जाएगा !

मूल कविता में *श्रवणोत्सुक* का भाव नहीं है, यह अनुवादक ने अपनी ओर से जोड़ दिया है तथा *नीरव हेसे* का अर्थ नहीं आ पाया है । मुरलीधर श्रीवास्तव के अनुवाद में सम्पूर्ण भाव आ गए हैं, केवल 'सुनहला' शब्द छंदपूर्ति के लिए अतिरिक्त आ गया है -

प्रिय उस अकूल सागर में गान निज सुनहला
कानों में हम सुनाया तुमको सदा करेंगे ।
बंधन-विमुक्त भाषा में जल-तरंग जैसी
चुपचाप रागिनी वह हँसते हुए सुनोगे ।

भवानी प्रसाद तिवारी के अनुवाद को अनुवाद न कहकर रूपान्तर कहना ज्यादा ठीक है, क्योंकि उन्होंने मूल कविता से भावग्रहण करते हुए कविता की सृष्टि की है । इस अंश में भी उन्होंने *गुनगुन, मीत, मधुरिम* आदि अतिरिक्त शब्दयोजना की है -

उस कूल-हीन जल-सिन्धु बीच
तुम विहँस रहोगे सुन सुन कर,
मेरी गुन गुन में, मीत, कि तब
उभरेंगे मधुरिम मधुरिम स्वर;
जिनकी होगी निर्बाध तान.
स्वच्छन्द तरंगों के समान ।

प्रवासी के अनुवाद में *एकला, नीरव* आदि शब्दों के भाव नहीं आ पाए हैं, वैसे अनुवाद ठीक है -

सुनाऊँगी मैं स्वर्णिम गान
अकूल जलधि में लग प्रिय-कान,
सुनोगे शब्द-बन्ध निर्मुक्त
रागिनी लहरों-सी अनिमेष !

हंसकुमार तिवारी के अनुवाद में सम्पूर्ण भाव आ गए हैं, किन्तु 'कानों तुम्हें सुनाऊँगा मैं गीत' जैसा वाक्यगठन खटकता है -

उस अपार सागर के बीचोबीच
कानों तुम्हें सुनाऊँगा मैं गीत
लहरों जैसी भाषा बंधनहीन
वह रागिनी सुनोगे चुप हँस निर्मल ।

श्यामलाल के अनुवाद में मूल कविता की छायामात्र है -

सागर अपार अनन्त में तब शान्त श्रवण प्रभाव से
जो मुस्कराहट हो प्रगट, मुख पर तेरे सुठिभाव से -
तब हो प्रभावित गीत मेरे मधुर रस से युक्त हो -
वे हों तरंग स्वतन्त्र से, ध्वनि शब्द बन्धन मुक्त हों ।।

आलोच्य कविता का तीसरा अंश तथा इसके अनुवाद इस प्रकार हैं -

मूल - आजओ समय हय नि कि तार, काज कि आछे बाकि ?
ओगो ओइ - जे सन्ध्या नामे सागरतीरे ।
मलिन आलोय पाखा मेले सिन्धु-पारेर पाखि
आपन कुलाय - माझे सबाइ एलो फिरे ।

पृथ्वीनाथ शास्त्री ने इस अंश का गद्यानुवाद इस प्रकार किया है -

क्या वह समय अभी नहीं आया ? क्या अब भी कोइ कार्य शेष रह गया है ? देखो, समुद्र के तट पर सन्ध्या घिर आई है तथा इस मलिन प्रकाश में समुद्र के पार गये हुए सभी पक्षी अपने घोंसलों में लौट आये हैं ।

इस अनुवाद में मूल अपने सम्पूर्ण रूप में सुरक्षित है । सत्यकाम विद्यालंकार ने इस अंश का अनुवाद गद्यकाव्य के रूप में इस प्रकार किया है -

क्या अभी वह बेला नहीं आई ?
अब भी क्या कुछ कर्तव्य-कर्म शेष है ?
देखो ! सन्ध्या समुद्र के तट पर उतर आई है और
धुँधले प्रकाश में समुद्र-विहारी पक्षी पंख फड़फड़ाते
हुए अपने घोंसलों में लौट रहे हैं ।

उपर्युक्त अनुवाद में भी मूल भाव अपनी सम्पूर्णता में उपस्थित है । मुरलीधर श्रीवास्तव के काव्यानुवाद में उपर्युक्त भाव पूर्णतः आ गया है । मूल 'काज' शब्द के लिए हिन्दी का 'काम' ही उपयुक्त होता, *काज* हिन्दी का अप्रचलित शब्द है -

अब भी समय न आया, कुछ काज क्या है बाकी ?
सागर के तीर पर लो सन्ध्या उतर रही है,
वे सिन्धु पार की सब चिड़ियाँ पसार पाँखें
धुँधले प्रकाश में निज नीड़ों में जा रही हैं ।

भवानी प्रसाद तिवारी ने मूलभाव का अनुसरण करते हुए अपने ढंग से काव्यानुवाद किया है । उनके अनुवाद में अतिरिक्त भाव को व्यक्त करने वाले शब्द आ ही जाते हैं -

क्या अभी नहीं आया अवसर ?
क्या काम काज है शेष अभी
रह गई कहीं कुछ कोर कसर ?
देखो देखो सागर तट पर
आये उतरे सन्ध्या-विमान
आलोक-तिमिर में विहगों ने
निज-नीड़-मुखी भर ली उड़ान ।

प्रवासी का अनुवाद संक्षिप्त है । सम्पूर्ण भाव नहीं आ पाए हैं 'काज कि आछे बाकि' का अर्थ नहीं आ पाया है -

नहीं क्या अवसर आया, अरे,
साँझ झुक गई सिन्धु के तीर ?
मार धूमिल प्रकाश में पंख

आ गये विहग, बस गये नीड़ !

हंसकुमार तिवारी के अनुवाद में भाव अपनी सम्पूर्णता में हैं, किन्तु *सागर तीरे* और *पाखी* शब्द हिन्दी की प्रकृति के अनुरूप नहीं हैं -

समय नहीं क्या हुआ आज भी
काम पड़ा है बाकी;
अरे, संध्या उतर रही है सागर तीरे;
खोल पंख धुंधली किरणों में
सिन्धु पार के पाखी
पहुँचे अपने-अपने सभी बसेरे ।

श्यामलाल ने हरिगीतिका छन्द में प्रस्तुत अंश का अनुवाद इस प्रकार किया है -

क्या वह समय आया न अब तक ! काम क्या कुछ बच रहा !
अब तो सरित-पति तीर पर, देखो अन्धेरा बढ़ रहा ।।
पा कर प्रदोष प्रभा प्रभाकर क्षीण क्षण क्षण हो रही ।
वारिधि-विहंगम अवलि उड़तीं नीड़ निज निज जा रहीं ।।

आलोच्य कविता का अंतिम अंश तथा इसके अनुवाद इस प्रकार हैं -

मूल - कखन तुमि आसबे घाटेर परे
बाँधनटुकु केटे देबार तरे ।
अस्त-रविर शेष आलोटिर मतो
तरी निशीथ-माझे जाबे निरुद्देशे ।

पृथ्वीनाथ शास्त्री ने इसका गद्यानुवाद इस प्रकार किया है -

क्या पता तुम कब घाट के किनारे आकर इस नौका के बन्धन काटोगे तथा अस्ताचलगामी सूर्य की किरणों के समान यह नाव रात्रि के अन्धकार में कब अपनी निरुद्देश यात्रा के लिये प्रस्थान करेगी ?

इस अनुवाद में आलोच्य अंश का पूरा अर्थ आ गया है । सत्यकाम विद्यालंकार के अनुवाद में कविता के भाव आ गए हैं, 'कखन तुमि आसबे घाटेर परे' तथा 'निरुद्देशे' का अर्थ नहीं आ पाया है -

कौन जाने, यह लंगर की जंजीर कब उड़ेगी और अस्त होते
सूर्य की अन्तिम किरणों के समान हमारी नाव भी रात में

स्वतन्त्र जल-विहार को कब प्रस्थान करेगी !

मुरलीधर श्रीवास्तव का अनुवाद काव्यानुवाद होने पर भी इसमें आलोच्य अंश के सूक्ष्म भाव भी आ गए हैं -

आओगे घाट पर कब ? मैं बाट जोहता हूँ
बंधन को काट दोगे, कब नाव खुल पड़ेगी ?
ज्यों अस्त रवि की किरणें छिपती निशीथ में हैं
निरुद्देश यात्रा में मेरी तरी चलेगी ।

भवानी प्रसाद तिवारी के अनुवाद में अर्थ की छायामात्र ही आ पाई है -

क्या जाने लंगर कब टूटे
अस्तमित किरण की भाँति तरी
रजनी के अन्तर में छूटे ।

प्रवासी के अनुवाद में भी कवितांश का पूरा भाव नहीं आ पाया है । छंदपूर्ति के लिए *भगवन्* अतिरिक्त शब्द आया है, 'निरुद्देशे' का अर्थ नहीं आया है -

घाट कब आओगे भगवन्
काटने ये मेरे बन्धन,
अस्त रवि-अन्तिम-किरण-समान
नाव छिप जाएगी, प्राणेश !

हंसकुमार तिवारी के अनुवाद में सम्पूर्ण अर्थ आया है, किन्तु एक तो इस अंश के काव्यानुवाद में प्रवाह नहीं है, दूसरे वाक्यगठन भी हिन्दी की प्रकृति के अनुकुल नहीं है -

कब तुम आओगे नौका के घाट
मेरा यह बंधन देने को काट
डूबे सूरज की अंतिम आभा सी
निरुद्देश नौका निशीथ में दे चल ।

श्यामलाल के अनुवाद में अर्थ की छाया मात्र ही है -

क्या ज्ञात ! कब नौका-निगड़ खुल जाय आये यामिनी !
सूर्यास्त की अन्तिम प्रभा सी हो विलीन तपस्विनी ।।

उपर्युक्त समीक्षा से यह निष्कर्ष निकलता है कि *गीतांजलि* के उपलब्ध

समस्त हिन्दी अनुवादों में पृथ्वीनाथ शास्त्री का गद्यानुवाद संतुलित है । सत्यकाम विद्यालंकार की भाषा अलंकृत है, किन्तु कहीं-कहीं मूल अर्थ से वे दूर चले गए हैं । काव्यानुवादों में मुरलीधर श्रीवास्तव तथा हंसकुमार तिवारी के अनुवाद क्रमशः श्रेष्ठ हैं । मुरलीधर श्रीवास्तव का अनुवाद काव्य की लयात्मकता की दृष्टि से हंसकुमार तिवारी के अनुवाद की अपेक्षा ज्यादा समुचित बन पड़ा है । हंसकुमार तिवारी के अनुवाद की विशेषता यह है कि इसमें मूल अर्थ के साथ-साथ मूल शब्द को भी यथासाध्य यथावत् रखने का प्रयास किया गया है ।

अध्याय ४

रवीन्द्रनाथ की अन्यान्य कविताओं के हिन्दी अनुवाद

गीतांजलि के अतिरिक्त रवीन्द्रनाथ की अन्यान्य कविताओं में *माली* (*गार्डनर* का अनुवाद) १९३१, *रविबाबू के कुछ गीत १९५०*, *रवीन्द्रसंगीत १९५८*, *नैवेद्य १९६२*, *रवीन्द्ररत्नाकर १९६४*,*वनवाणी १९६५*, *रवीन्द्रनाथ की कविताएँ* १९६७ आदि के रूप में लगभग २० अनुवाद उपलब्ध हैं । इनके अतिरिक्त भी कई संकलन ग्रंथों में रवीन्द्रनाथ की अन्यान्य कविताओं के अनुवाद मिलते हैं । इस अध्याय में *गीतांजलि* से इतर रवीन्द्रनाथ की अन्यान्य कविताओं के हिन्दी अनुवाद की चर्चा की जा रही है -

रविबाबू के कुछ गीत

रघुवंशलाल गुप्त ने 'रविबाबू के कुछ गीत' के रूप में रवीन्द्रनाथ की कविताओं का पद्यानुवाद प्रस्तुत किया जो इंडियन प्रेस, प्रयाग से १९५० में प्रकाशित हुआ, जिसकी भूमिका हजारीप्रसाद द्विवेदी ने लिखी । इसमें कुल ६१ गीत हैं जिनमें *गीतांजलि* से २२, *गीतवितान* से ३८ तथा *नैवेद्य* से १ गीत का अनुवाद है । इस पुस्तक को भारत सरकार ने कविता-अनुवाद की श्रेणी में श्रेष्ठ पुस्तकों में रखा था और अनुवादक को एक हजार रुपये भेंट कर सम्मानित किया था । अनुवादक ने यह राशि शान्तिनिकेतन के हिन्दी भवन को भेंट कर दी थी । हजारीप्रसाद द्विवेदी इस ग्रंथ की भूमिका में लिखते हैं - "श्री रघुवंशलाल जी ने रवीन्द्रनाथ के कई गीतों का सरल और सुबोध हिन्दी में अनुवाद किया है । यह पुस्तक उन्हीं रूपान्तरित गीतों का संग्रह है । इस प्रकार

हिन्दी में रवीन्द्रनाथ के गीतों को उपस्थित करने का शायद यह प्रथम प्रयास है।

रवीन्द्रनाथ के गीत भारतीय साहित्य की अमूल्य सम्पत्ति हैं । उनका सबसे बड़ा गुण यह है कि वे सीधे हृदय तक पहुँचते हैं। उनकी भाषा सहज और काव्यगुणों से परिपूर्ण है, उनके सुर मोहक और प्रभावोत्पादक हैं और उनके भाव अत्यन्त उच्चकोटि के हैं । रवीन्द्रनाथ के गीतों को हृदयहारी बनाने में सबसे बड़े साधन उनके सुर हैं । इन सुरों के सहारे ही मानो ये गान उड़कर हृदय में तेजी से प्रवेश कर पाठक को मुग्ध कर देते हैं । इसलिए रवीन्द्रनाथ के गानों को भाषान्तरित करना बहुत कठिन कार्य है । यदि काव्यगुणों के रखने का प्रयत्न किया जाता है तो सुर हाथ से निकल जाता है और यदि सुर को ही सुरक्षित रखने का प्रयत्न किया जाता है तो भाषा जवाब दे जाती है। तीनों का निभा लेना एक प्रकार से असंभव कार्य है । ...... श्री रघुवंशलाल जी इन गीतों के इन गुणों से खूब परिचित हैं । उन्होंने भरसक इन गीतों को हिन्दी में मूल के निकट लाने का प्रयत्न किया है । परन्तु उन्होंने सबसे अधिक ध्यान इस बात का रखा है कि गीतों की भाषा दुर्बोध न हो जाए, क्योंकि अगर सब गुण आ भी गये और भाषा ही जटिल और दुर्बोध हो गई तो अनुवाद का उद्देश्य ही व्याहत हो गया । इसलिए मेरे विचार से भाषा को सहज बनाने का उनका उद्योग अच्छा ही हुआ है । यह भाषा जबर्दस्ती बनाई हुई आम फहम जबान नहीं है बल्कि सचमुच सहज और स्वाभाविक है । मैंने कई गीतों को मूल से मिलाकर देखा है । खड़ी बोली के व्याकरण और छन्दों के नियमों के बन्धन के भीतर से जितना निकटतम भाव दिया जा सकता है उतना देने का उन्होंने शक्ति भर प्रयत्न किया है । मेरा विश्वास है कि ये गान पाठक को रवीन्द्रनाथ के गानों का बहुत कुछ आस्वाद दे सकेंगे और मूल गीत को पढ़ने की ओर उनकी अभिरुचि भी बढ़ायेंगे ।"

इस अनुवाद ग्रंथ की सफलता से प्रोत्साहित होकर लेखक ने रवीन्द्रनाथ की और कई कविताओं का अनुवाद किया जो 'रवीन्द्र-रत्नाकर' के रूप में प्रकाशित है । यह ग्रंथ भारतीय विद्याभवन, बम्बई से १९६४ में प्रकाशित हुआ । इसमें १२१ अनुवाद हैं जिनमें *गीतांजलि* से ५६, *गीतवितान* से ४०, *नैवेद्य* से ९ तथा *खेया* से ८ कविताओं के अनुवाद हैं । इन रचानाओं को *गीतांजलि* पर्व की रचनाएँ ही कहा जा सकता है क्योंकि अंग्रेजी *गीतांजलि* में मूल *गीतांजलि* के

अतिरिक्त *नैवेद्य* और खेया से भी रचनाएँ संकलित हैं । पुस्तक के आरम्भ में अनुवादों की प्रथम पंक्ति की वर्णानुक्रमिक सूची दी गई है । बंगला जानने वाले पाठकों की सुविधा के लिए मूल कविताओं की प्रथम पंक्ति की सूची बंगला लिपि में पुस्तक के अन्त में दी गई है। *नैवेद्य* के वर्णिक छन्दों का अनुवाद वर्णिक छन्दों में ही किया गया है । ऐसा करने से मूल के ओज, विचारक्रम और शब्द-प्रबन्ध को यथाशक्ति अखंडित रखने में विशेष सहायता मिली है । नमूने के तौर पर एक अनुवाद ब्रजभाषा में दिया गया है । इन अनुवाद से एक उदाहरण द्रष्टव्य है, इससे इसके माधुर्य और संगीतात्मकता का पता चलता है -

कोलाहल अब नहीं, हृदय पर
छाई है रजनी गम्भीर
रह रह कर सुन पाता केवल
दूर सिन्धु का गर्जन धीर ।
लौटी सिमिट वासना मन में
बाहिर छाया तिमिर गगन में
एक प्रदीप-शिखा है केवल
जलती निभृत हृदय के तीर
चिर मंगल में मिली माधुरी
खेल गया समाधान
चपल चंचला लहरी-लीला
पारावार-विलीन हुई अब ।
बजता उर में सतत-स्वतन्त्र
शान्ति शान्ति का नीरव मन्त्र
कान्ति अरूप देखते उर में
प्रमुदित मेरे नयन स-नीर ।

संख्या ५८

रवीन्द्रनाथ की कविताएँ

विश्वभारती प्रकाशन विभाग के सौजन्य से 'रवीन्द्रनाथ की कविताएँ' शीर्षक से साहित्य अकादमी द्वारा १९६७ में रवीन्द्रनाथ की कविताओं

का अनुवाद प्रकाशित हुआ । इसकी भूमिका हुमायूँ कबीर ने लिखी है जिसमें उन्होंने रवीन्द्रकाव्य तथा अनूदित कविताओं का परिचय दिया है । प्रत्येक कविता के अंत में इसके मूल शीर्षक, स्रोत-ग्रन्थ और रचना तिथि का उल्लेख कर दिया गया है । इसमें हजारीप्रसाद द्विवेदी द्वारा अनूदित २४, रामधारी सिंह 'दिनकर' द्वारा अनूदित २६, हंसकुमार तिवारी द्वारा अनूदित १९ तथा भवानीप्रसाद मिश्र द्वारा अनूदित ३२ कविताएँ हैं । इसमें रवीन्द्रनाथ की अधिकांश महत्त्वपूर्ण कविताएँ - *निर्झरेर स्वप्नभंग, अहल्यार प्रति, वसुंधरा, मेघदूत, निरुद्देश यात्रा, दुःसमय, देवतार ग्रास, प्रार्थना, भारततीर्थ, उर्वशी, कृष्णकलि, बलाका, मुक्ति, प्रश्न* आदि कविताएँ संकलित हैं ।

विभिन्न अनुवादकों द्वारा अनूदित होने पर भी अनुवादों में एकरूपता है । गद्यात्मक अनुवाद है । मूल कविता के भावों को सीधे सहज शब्दों में उतारा गया है । उदाहरणस्वरूप हर अनुवादक के एक-एक अनुवाद अंश को देखा जा सकता है । हजारीप्रसाद द्विवेदी ने *दुःसमय, भ्रष्टलग्न, शुभक्षण, कृपण, दान, बलाका, प्रश्न* आदि २४ कविताओं का अनुवाद किया है । इनके द्वारा अनूदित *दुःसमय (कल्पना)* के मूल और अनुवाद के कुछ अंश इस प्रकार हैं -

मूल - यदिओ सन्ध्या आसिछे मन्द मन्थरे,
सब संगीत गेछे इंगिते थामिया,
यदिओ संगी नाहि अनन्य अम्बरे,
यदिओ क्लान्ति आसिछे अंगे नामिया,
महा आशंका जपिछे मौन मन्तरे,
दिक्-दिगन्त अवगुंठने ढाका -
तबु विहंग, ओरे विहंग मोर,
एखनि, अन्ध, बन्ध कोरो ना पाखा ।

रवीन्द्र-रचनावली, खंड ७, पृ. १२१

अनुवाद - यद्यपि संध्या मंद-मंथर गति से उतरती आ रही है ।
सारा संगीत उसके इशारों से ठमक गया है ,
यद्यपि अनंत आकाश में कोई साथी नहीं है,
यद्यपि अंग-अंग में क्लान्ति उतर आई है,

महा आशंका जप कर रही है मौन मंत्र का,
दिग्दिगंत अवगुण्ठन से ढँका हुआ है,
तो भी हे विहंग, अरे, ओ मेरे विहंग,
अंधे मेरे, अभी पंख बन्द मत कर ।

रवीन्द्रनाथ की कविताएँ, पृ १३२

आलोच्य कविता का अंतिम अंश इस प्रकार है -

मूल -
ओरे भय नाइ, नाइ स्नेहमोहबंधन,
ओरे आशा नाइ, आशा शुधु मिछे छलना ।
ओरे भाषा नाइ, नाइ वृथा बसे क्रन्दन,
ओरे गृह नाइ, नाइ फुलशेजरचना ।
आछे शुधु पाखा, आछे महानभ-अंगन
उषा-दिशा-हारा निविड़-तिमिर-आँका -
ओरे विहंग, ओरे विहंग मोर,
एखनि, अन्ध, बन्ध कोरो ना पाखा ।

रवीन्द्र-रचनावली, खण्ड ७, पृ. १२२

अनुवाद -
अरे भय नहीं, स्नेह मोह का बंधन नहीं है,
अरे आशा भी नहीं है, आशा तो सिर्फ धोखा है ।
अरे भाषा नहीं है, वृथा बैठकर रोना भी नहीं है,
अरे घर नहीं है, फूलों की सेज की रचना भी नहीं है ।
है केवल पंख, है महा आकाश का यह प्रांगण,
जिसमें उषा खो गई है और निविड़ अंधकार अंकित है ।
ऐ विहंग, अरे, ओ मेरे विहंग,
अंधे मेरे, अभी पंख बंद मत कर !

रवीन्द्रनाथ की कविताएँ, पृ. १३३

इस उदाहरण से यह स्पष्ट है कि हजारीप्रसाद द्विवेदी ने रवीन्द्रनाथ की गूढ़ भावों से समृद्ध कविता का अनुवाद भी सहज-सरल रूप में प्रस्तुत कर दिया है । 'उषा-दिशा-हारा-निविड़-तिमिर-आँका' का अनुवाद उन्होंने अत्यन्त सहज भाव से 'जिसमें उषा खो गई है और निविड़ अंधकार अंकित है' के रूप में कर

दिया है । इससे स्पष्ट है कि अनुवादक ने मूल भावों को आत्मसात् कर उसकी अत्यंत सहज अभिव्यक्ति की है ।

रामधारी सिंह 'दिनकर' ने निर्झर का स्वप्न-भंग, प्राण,व्यक्त प्रेम, मेघदूत, अहल्या के प्रति, अब मुझे लौटा लो, ब्राह्मण, पुराना नौकर, प्रथम दिन का सूर्य आदि २६ कविताओं का अनुवाद किया है । उदाहरणस्वरूप उनके द्वारा अनुवादित 'निर्झर का स्वप्न भंग' (*प्रभातसंगीत*) कविता को देखा जा सकता है -

मूल -

आजि ए प्रभाते रविर कर
केमने पशिल प्राणेर पर,
केमने पशिल गुहार आँधारे
प्रभात-पाखिर गान ।
ना जानि केन रे एतदिन परे
जागिया उठिल प्राण ।
जागिया उठेछे प्राण,
ओरे उथलि उठेछे वारि,
ओरे प्राणेर वासना प्राणेर आवेग
रुधिया राखिते नारि ।

रवीन्द्र-रचनावली, खण्ड १, पृ. ५८

अनुवाद -

आज इस प्रभात काल में सूर्य की किरणें
प्राणों के भीतर कैसे प्रवेश कर गईं ?
गुहा के अंधकार में प्रभात-पक्षी का गान कैसे समा गया ?
न जाने, इतने दिनों के बाद प्राण क्योंकर जाग उठे हैं ?
प्राण जाग उठे हैं,
अरे, पानी उछल कर उमड़ पड़ा है ।
अरे ! प्राणों की वेदना, प्राणों के आवेग को रोक
रखना अब शक्य नहीं ।

मूल -

थर थर करि कांपिछे भूधर,
शिला राशि राशि पड़िछे खसे,

फुलिया फुलिया फेनिल सलिल
गरजि उठिछे दारुण रोषे ।
हेथाय होथाय पागलेर प्राय
घुरिया घुरिया मातिया बेड़ाय,
बाहिरिते चाय, देखिते ना पाय
कोथाय कारार द्वार ।

अनुवाद - पहाड़ थर-थर काँप रहे हैं
राशि-राशि शिलाएँ टूट कर गिर रहीं हैं ।
फेनिल जल फूल-फूलकर दारुण रोष में गरज उठता है ।
प्रमत्त जल पागल के समान घूमकर
इधर-उधर चक्कर खाता है;
बाहर निकलना चाहता है, पर देख नहीं पाता,
कारा का द्वार कहाँ है ।

दिनकर का यह अनुवाद अत्यन्त सहज है । मूल भाव सम्पूर्णता में यहाँ विद्यमान हैं तथा उपयुक्त शब्दावली का चयन किया गया है । 'खसे' के लिए 'टूट कर', 'हेथाय होथाय' के लिए 'इधर-उधर' का प्रयोग किया गया है, जो पूर्णतः उपयुक्त है । इस कविता का सम्पूर्ण अनुवाद नहीं है, महत्त्वपूर्ण अंशों का ही अनुवाद किया गया है । अन्तिम अंश इस प्रकार हैं -

मूल - ओरे, चारि दिके मोर
ए की कारागार घोर !
भांग भांग भांग कारा, आघाते आघात कर !
ओरे, आज की गान गेयेछे पाखि,
एयेछे रविर कर !

अनुवाद - अरे, मेरे चारों ओर
यह कठिन कारागार क्या है ?
तोड़ो, तोड़ो इस कारा को भंग करो,
आघातों पर आघात देते चलो ।
अरे, आज पक्षी ने कौन सा गान गाया है ?
सूर्य की किरणें आई हुई हैं ।

हंसकुमार तिवारी ने समव्यथी, समालोचक, विदाई, भारततीर्थ, ऋण चुकाना आदि १९ कविताओं का अनुवाद किया है । रवीन्द्रनाथ का शिशु-साहित्य भी अल्प नहीं है । उन्होंने अपनी कई कविताओं में बाल-मनोभावनाओं का मार्मिक चित्रण किया है । उनकी ऐसी ही एक कविता *समव्यथी* है जिसका अनुवाद हंसकुमार तिवारी ने किया है । बालक के लिए यह अकल्पनीय है कि मैं यदि अपनी माता का पुत्र न हो कर और कुछ होता तो शायद माँ मुझे प्यार नहीं करती -

मूल - यदि खोका ना हये
आमि हतेम कुकुर छाना -
तबे पाछे तोमार पाते
आमि मुख दिते जाइ भाते
तुमि करते आमाय माना ?
सत्यि करे बल्
आमाय करिस ने मा, छल -
बलते आमाय 'दूर दूर दूर ।
कोथा थेके एल एइ कुकुर' ?
जा मा, तबे जा मा,
आमाय कोलेर थेके नामा
आमि खाब ना तोर हाते,
आमि खाब ना तोर पाते ।

रवीन्द्र-रचनावली खंड ९, पृ. २६

अनुवाद - मुन्ना न होकर
मैं यदि कुत्ते का बच्चा होता -
तो तुम्हारे पत्तल के भात में
मुँह न लगाऊँ कहीं
तुम मुझे मना करती ?
सच बताओ
मुझसे छल मत करो माँ

मुझे दुरदुराती !
कहतीं कि यह कुत्ता कहाँ से आ गया ?
तो फिर जाओ, माँ, जाओ
मुझे अपनी गोदी से उतार दो
मैं तुम्हारे हाथ से नहीं खाता
तुम्हारी थाली में नहीं खाता !

रवीन्द्रनाथ की कविताएँ, पृ. २२०

अनुवाद में मूल भाव की पूर्ण अभिव्यक्ति हुई है । 'तबे पाछे तोमार पाते' के 'पाछे' की अभिव्यक्ति 'मुँह न लगाऊँ कहीं' के 'कहीं' में हो जाती है । इस कविता का दूसरा अंश इस प्रकार है -

मूल -

यदि खोका ना हये
आमि हतेम तोमार टिये,
तबे पाछे जाइ मा, उड़े
आमाय राखते शिकल दिये ?
सत्यि करे बल्
आमाय करिस ने मा, छल —
बलते आमाय 'हतभागा पाखि
शिकल केटे दिते चाय रे फाँकि' ?
तबे नामिये दे मा,
आमाय भालोबासिस ने मा ।
आमि रब ना तोर कोले
आमि बनेइ जाब चले ।

अनुवाद -

मुन्ना के बजाय
मैं यदि तुम्हारा तोता होता —
तो कहीं उड़ न भागूँ
तुम मुझे जंजीर में बाँध कर रखती ?
सच बताओ
मुझसे छल मत करो माँ

कहतीं मुझसे कि यह अभागा पंछी
जंजीर काटकर फुर्र हो जाना चाहता है ?
तो फिर मुझे उतार दो माँ
मुझे प्यार मत करो
मैं तुम्हारी गोदी में नहीं रहूँगा !

यहाँ 'हतभागा पाखि शिकल केटे दिते चाय रे फाँकि' का अनुवाद 'अभागा पंछी जंजीर काटकर फुर्र हो जाना चाहता है' के रूप में करने से मूल भाव की पूर्ण अभिव्यक्ति हुई है ।

भवानीप्रसाद मिश्र ने *निष्फल कामना, वधू, सोने की नाव, दो पंछी, झूलना, वसुन्धरा, निरुद्देश यात्रा, उर्वशी, जीवनदेवता, दीदी, स्वप्न* आदि ३२ कविताओं का अनुवाद किया है । उदाहरणस्वरूप *निरुद्देश यात्रा* के अनुवाद को देखा जा सकता है । यह कविता *सोनार तरी* से संकलित है । *सोनार तरी* कवि की प्रारम्भिक रचनाओं में से है । इसमें प्रेम, सौन्दर्य, प्रकृति और कल्पना विषयक कविताएँ हैं । *निरुद्देश यात्रा* के एक अंश का मूल एवं अनुवाद इस प्रकार है -

मूल -

आर कत दूरे निये जाबे मोरे
हे सुन्दरी ?
बलो, कोन् पार भिड़िबे तोमार
सोनार तरी ।
जखनि शुधाई, ओ गो विदेशिनी,
तुमि हास शुधु, मधुरहासिनी —
बुझिते ना पारि, की जानि की आछे
तोमार मने ।

रवीन्द्र-रचनावली, खंड ३, पृ. १५०

अनुवाद -

और कितनी दूर मुझे ले जाओगी, हे सुन्दरी ?
बोलो किस तट पर लगेगी तुम्हारी यह सोने की नौका ।
हे मधुर हासिनी विदेशिनी,
तुमसे जब पूछता हूँ तुम केवल हँसती हो,

समझ नहीं पाता तुम्हारे मन में क्या है ।

रवीन्द्रनाथ की कविताएँ, पृ ९८

उपर्युक्त उदाहरण की भाँति सम्पूर्ण कविता में मूल भावों का समुचित अनुवाद हुआ है । 'कोन् पार भिड़िबे तोमार सोनार तरी' का अनुवाद 'किस तट पर लगेगी तुम्हारी यह सोने की नौका' के रूप में हुआ है । इससे यह ज्ञात होता है कि बंगला के प्रयोग से अनुवादक पूर्णतः परिचित है तथा उसने समुचित रूप से उनका अनुवाद किया है । इसी कविता का अगला अंश इस प्रकार है -

मूल - नीरवे देखाओ अंगुलि तुलि
अकूल सिन्धु उठिछे आकुलि,
दूरे पश्चिमे डुबिछे तपन
गगन कोने ।
की आछे होथाए - चलेछि किसेर
अन्वेषणे ?

अनुवाद - तुम चुपचाप अंगुली उठाकर इंगित करती हो;
अकूल सिंधु आकुल होकर तरंगित हो रहा है,
इस आकाश के पश्चिमी कोने में सूर्य डूब रहा है ।
क्या है वहाँ,
मैं किसे खोजता वहाँ चला जा रहा हूँ ?

इस अंश में अनुवादक ने 'दूरे पश्चिमे' का अनुवाद 'इस आकाश के पश्चिमी कोने में' के रूप में किया है जो समुचित नहीं है अन्यथा अनुवाद में और कोई त्रुटि नहीं है । इसी कविता से एक और अंश द्रष्टव्य है -

मूल - बलो देखि मोरे, शुधाइ तोमाय
अपरिचिता -
ओइ जेथा ज्वले सन्ध्यार कूले
दिनेर चिता ,
झलितेछे जल तरल अनल,
गलिया पड़िछे अम्बरतल,
दिक्‌वधू जेन छलछल -आँखि

अश्रुजले,
होथाय कि आछे आलय तोमार
उर्मिमुखर सागरेर पार
मेघचुम्बित अस्तगिरिर
चरणतले ?
तुमि हास शुधु मुखपाने चेये
कथा ना बले ।

अनुवाद - हे अपरिचिता तुमसे पूछता हूँ मुझे उत्तर तो दो -
वहाँ जहाँ सन्ध्या के किनारे दिन की चिता जल रही है ,
तरल अनल के समान जल झलमल कर रहा है,
अंबरतल दिग्वधू की छलछलाती हुई
आँसू से भरी औरतों के समान झर रहा है,
क्या वहीं है तुम्हारा निवास
उर्मि मुखर सागर के पास
मेघ-चुम्बित सागर के चरण तल में ?
तुम केवल मेरी ओर देखकर चुपचाप हँसती हो ।

इस अंश में कवि ने दिग्वधू और अम्बरतल का जो रूपक प्रस्तुत किया है, अनुवाद में वह समुचित रूप में आ गया है । 'रवीन्द्रनाथ की कविताएँ' के सभी अनुवाद उपयुक्त एवं समुचित बन पड़े हैं । सभी अनुवादों में मूल कविता का भाव सम्पूर्ण रूप से आया है । रामधारी सिंह 'दिनकर' के अनुवाद सर्वाधिक चित्ताकर्षक हैं । एक उदाहरण से यह स्पष्ट हो जाएगा । *कड़ि ओ कोमल* रवीन्द्रनाथ के प्रारम्भिक काव्यग्रंथों में से एक है जिसमें प्रेम, यौवन, सौन्दर्य और कवि की मर्त्यप्रीति विषयक कविताएँ हैं । इसमें एक विशिष्ट कविता है *प्रजा* जिसमें रवीन्द्रनाथ लिखते हैं -

मरिते चाहि ना आमि सुन्दर भुवने,
मानवेर माझे आमि बाँचिबारे चाइ,
एइ सूर्यकरे एइ पुष्पित कानने
जीवन्त-हृदय माझे यदि स्थान पाइ ।

धराय प्राणेर खेला चिरतरंगित,
विरह मिलन कत हासि-अश्रु-मय,
मानवेर सुखे दुःखे गाँथिया संगीत
यदि गो रचिते पारि अमर-आलय ।

रवीन्द्र-रचनावली, खंड २, पृ. ३१

इस महत्त्वपूर्ण एवं सुन्दर कविता का अनुवाद रामधारी सिंह 'दिनकर' ने अत्यन्त सुन्दर रूप में प्रस्तुत किया है -

अनुवाद - सुन्दर संसार में मैं मरना नहीं चाहता,
मनुष्यों के बीच मैं बचना चाहता हूँ,
जीवन्त हृदय के बीच यदि स्थान पा सकूँ,
तो इन सूर्य-किरणों में, इस पुष्पित कानन में
मैं अभी जीना चाहता हूँ ।
पृथ्वी पर प्राणों की क्रीड़ा सदैव तरंगित रहती है,
यहाँ कितना मिलन, कितना विरह, कितनी हँसी,
कितने अश्रु हैं,
मनुष्य के सुख-दुःख में संगीत पिरोकर
यदि अमर आलय की रचना कर सकूँ
तो यहाँ मैं जीना चाहता हूँ ।

रवीन्द्रनाथ की कविताएँ, पृ. २१

आलोच्य काव्यानुवाद ग्रंथ के संकलन और इसके महत्त्व की चर्चा करते हुए इसकी भूमिका में हुमायूँ कबीर ने लिखा है - "रवीन्द्रनाथ ने एक हजार से अधिक कविताएँ और दो हजार गीत लिखे हैं । वे मुश्किल से पन्द्रह वर्ष के रहे होंगे जब उनकी प्रथम पुस्तक प्रकाश में आई और उनकी अन्तिम कविता उनकी मृत्यु के ठीक पहले की लिखी हुई है । इस बात से यह सहज ही अनुमान लगाया जा सकता है कि उनकी रचनाओं का चुनाव करना इतना कठिन क्यों है । ...... रवीन्द्रनाथ की रचनाओं का परिमाण, विस्तार और वैचित्र्य एक ओर तो चुनाव के काम को कठिन बना देता है दूसरी ओर चुनाव को और भी आवश्यक बना

देता है । महान्-से-महान् कवि भी सर्वदा अन्तःप्रेरणा के शिखर पर नहीं रह सकता । समय-समय पर उसे भी भार-मुक्त होना पड़ता है और कभी-कभी तो उसे घाटी में भी उतर आना पड़ता है । औसत पाठक को न तो समय मिलता है और न ही उसमें वैसी प्रवृत्ति ही होती है कि वह महान् साहित्यकार की सभी रचनाओं को पढ़ने का कष्ट उठाकर उसकी सर्वोत्कृष्ट कृति को खोज निकाले और उसका आनन्द ले । विदेशी पाठकों के बीच रवीन्द्रनाथ की ख्याति को कुछ धक्का लगा है, क्योंकि मुख्य रूप से उनके सामने उनकी रचनाओं का एक ही पहलू रखा गया है और यह बात भी नहीं है कि वह उनका सबसे महत् और सबसे श्रेष्ठ पहलू हो । यह बात केवल विदेशी पाठकों पर ही लागू नहीं होती बल्कि बंगाल के बाहर भारतीय पाठकों पर भी लागू होती है । दो अर्थों में यह एक राष्ट्रीय दुर्भाग्य है । एक तो इस अर्थ में कि भारतवर्ष के बहुसंख्यक लोग भारतवर्ष के सबसे बड़े कवि की कुछ सर्वोत्कृष्ट रचनाओं से अपरिचित ही रह गये हैं और दूसरे इस अर्थ में कि भारतवर्ष की दृष्टि का प्रसार कहाँ तक है, इसे समझने और जानने का अवसर बाहर की दुनिया को नहीं मिला है । इसलिए यह आवश्यक है कि राष्ट्रीय और अन्तर्राष्ट्रीय हित के लिए रवीन्द्रनाथ की रचनाओं का एक नया संग्रह प्रस्तुत किया जाए । साहित्य अकादमी ने इस चुनौती को स्वीकार किया है ......" (*रवीन्द्रनाथ की कविताएँ*, पृ. १०-११) इस संकलन के अनुवाद के महत्त्व के संबंध में हुमायूँ कबीर लिखते हैं - "ये कविताएँ पहले तो देवनागरी अक्षरों में प्रकाशित की जा चुकी हैं और अब भारत की सभी प्रमुख भाषाओं में भी अनूदित हो सकती हैं । उत्तर भारत की सभी भाषाओं में एक ऐसा निकट का सम्बन्ध है कि जो पाठक बंगला नहीं जानते वे भी अगर मूल कविता को पढ़ सकें तो उसे समझ सकते हैं । यह निकट का संबंध केवल भाषा में ही नहीं है, बल्कि समान परम्परा, समान अनुभुति, समान कथा-प्रसंग से उत्पन्न भावावेगों और मनोभावों में भी है । दक्षिण भारत की भाषाओं से अलबत्ता मौखिक रूप में निस्सन्देह बहुत बड़ा अन्तर है, लेकिन आवेग, अनुभूति और परम्परा के क्षेत्रों में दोनों का संबंध अत्यन्त घनिष्ठ है । अनुवादों की सहायता से प्रायः सभी भारतीय भाषाओं के पाठक देवनागरी अक्षरों में प्रकाशित रवीन्द्रनाथ की मौलिक रचनाओं के सौन्दर्य और अभिव्यंजना को ठीक-ठीक

परखने में समर्थ हो सकेंगे !" (*रवीन्द्रनाथ की कविताएँ, पृ. ११*)

आलोच्य संकलन में रवीन्द्रनाथ की निम्नलिखित कविता-पुस्तकों से रचनाएँ संकलित हैं - *प्रभात-संगीत, कड़ि ओ कोमल, मानसी, सोनारतरी, चित्रा, कल्पना, कथा ओ काहिनी, क्षणिका, नैवेद्य,स्मरण, शिशु, खेया, गीतांजलि, बलाका, पलातका, शिशु भोलानाथ, पूरबी, महुआ, परिशेष, पुनश्च, प्रान्तिक, सेंजुति, रोगशय्याय, जन्मदिने, आरोग्य* तथा *शेष लेखा* । इन शीर्षकों से यह स्पष्ट है कि इस संग्रह को प्रतिनिधिमूलक कहा जा सकता है तथा इसमें ऐसी कोई भी कविता नहीं है जो प्रथम कोटि की न हो । इसमें रवीन्द्रनाथ की भिन्न-भिन्न शैलियों और मनोदशाओं का परिचय देनेवाली कुछ कविताएँ नमूने के तौर पर आ गई हैं । यह जरूर है कि इसमें रवीन्द्रनाथ के उत्तरकालीन जीवन की कविताएँ ही अधिक हैं । कुल मिलाकर संकलन एवं अनुवाद की दृष्टि से यह एक उत्तम काव्यग्रंथ है ।

माली

पहले चर्चा की जा चुकी है कि देश-विदेश में *गीतांजलि* के कवि के रूप में रवीन्द्रनाथ को एक विशेष दृष्टि से अर्थात् मर्मी कवि के रूप में देखा जाने लगा जो रवीन्द्रनाथ को मनःपूत नहीं हुआ । रवीन्द्रनाथ को ऐसा लगने लगा कि इस प्रकार के प्रचार से उनके कवि रूप की अपेक्षा साधक रूप की ख्याति ही अधिक हो रही है, अतः उन्होंने *गार्डनर* तथा *द क्रेसेन्ट मून* के रूप में अपनी ऐसी कविताओं के अंग्रेजी अनुवाद प्रस्तुत किए जिनमें उनका कवि रूप अधिक निखर कर आया है । इन दोनों रचनाओं के हिन्दी अनुवाद हो चुके हैं । *माली* के रूप में दो अनुवाद मिलते हैं । दोनों ही अनुवाद मूल अंग्रेजी से हुए हैं । पहला अनुवाद १९३४ में नवलकिशोर प्रेस, लखनऊ द्वारा प्रकाशित हुआ। इसके अनुवादक सूर्यनारायण चतुर्वेदी हैं । इस ग्रंथ में श्यामसुन्दर दास, रामचन्द्र शुक्ल, माखनलाल चतुर्वेदी, मैथिलीशरण गुप्त तथा श्रीनारायण चतुर्वेदी की महत्त्वपूर्ण सम्मतियाँ हैं । रूपनारायण पाण्डेय ने इसकी भूमिका लिखी है । रामचन्द्र शुक्ल अपनी सम्मति में लिखते हैं - "जीवन के कुछ मार्मिक खण्डचित्रों द्वारा आध्यात्मिक तथा कला संबंधी तथ्यों की व्यंजना का इधर हिन्दी गद्यसाहित्य

में एक विशेष स्थान हो रहा है । कहने की आवश्यकता नहीं है कि इसकी प्रवृत्ति विश्वविख्यात श्री रवीन्द्रनाथ ठाकुर की कुछ रचनाओं की देखा-देखी हुई है । जिस प्रकार उनकी *गीतांजलि* के अनुकरण पर कई पुस्तकें निकली हैं, उसी प्रकार उनके *माली* नामक गद्यमुक्तक के ढंग पर भी कुछ रचनाएँ हिन्दी में देखने को मिलती हैं । उसी *माली* का एक सुन्दर अनुवाद पं. सूर्यनारायण चौबे हिन्दी पाठकों के सामने लाए हैं ।" इस ग्रंथ का दूसरा अनुवाद राजेन्द्र कुमार एण्ड ब्रदर्स, कचहरी रोड, बलिया से प्रकाशित हुआ । इसका चौथा संस्करण १९५९ में प्रकाशित हुआ । इसके अनुवादक हैं कामताप्रसाद श्रीवास्तव । यह भी गद्यानुवाद है ।

दूज का चाँद

यह अंग्रेजी *द क्रेसेन्ट मून* तथा बंगला *शिशु* के कुछ अंशों का हिन्दी अनुवाद है । इन कविताओं का अनुवाद रामाज्ञा द्विवेदी 'समीर' ने किया है जिसका प्रकाशन १९२८ में दयाल प्रिंटिग वर्क्स, लखनऊ द्वारा हुआ । इसमें ४३ कविताओं का अनुवाद है। प्रत्येक अनुवाद का शीर्षक दिया हुआ है । अनुवचन में अनुवादक ने लिखा है - "मुझे रवि बाबू की पुस्तकों में बंगला की *शिशु* और अंग्रेजी की *क्रेसेन्ट मून* सबसे अधिक भाती हैं । इसका कारण शायद यही है कि उनमें बाल्य सौन्दर्य की सरलता के साथ-साथ दार्शनिक तत्त्वों का बड़ा ही मधुर संमिश्रण मिलता है । सचमुच, सर्वोच्च साहित्य वही है जिसमें एक ओर संसार से संपर्क हो और दूसरी ओर स्वर्ग से । मानों इसी दृष्टि से महाकवि वर्ड्सवर्थ ने यह लिखा था कि हमलोग बचपन में परमात्मा के सन्निकट रहते हैं और ज्यों ज्यों बड़े होते जाते हैं, त्यों त्यों उससे दूर हटते जाते हैं ।

जो कुछ हो, पर मैंने अपनी पसंद से ही यह अनुवाद किया है और जानबूझ कर ही ऐसे शब्दों का प्रयोग भी किया है जो बालकों को विशेष प्रिय लगेंगे । आशा है, प्रत्येक घर के छोटे-छोटे मुनुआ लोगों को यह रचना रुचेगी क्योंकि इसी में मैं अपना परिश्रम सफल समझूँगा । इस अनुवाद के लिए रवीन्द्रनाथ जी ने मुझे सहर्ष आज्ञा दे दी ...... ।"

रवीन्द्र-साहित्य-मन्दिर क़लकत्ता से ३० भागों में रवीन्द्र-साहित्य का

अनुवाद प्रकाशित हुआ । इसके भाग २० में रवीन्द्रनाथ के चार काव्यग्रंथ - *रोगशय्या, शेषवाणी, आरोग्य* तथा *जन्मदिने* का अनुवाद है ।

भाग ११ में नाटकों के साथ दो काव्य *विदाई-अभिशाप* तथा *अभिलाष* का अनुवाद है । भाग १५ में नाटिका और कहानियों के साथ *स्मरण* कविता का अनुवाद है । भाग २३ में नाट्यकाव्य के साथ *परिशोध, सामान्य क्षति* तथा *पुजारिनी* कविता का अनुवाद है । यहाँ इन काव्यानुवादों की चर्चा की जा रही है -

स्मरण

यह रवीन्द्रनाथ की २७ कविताओं का एक छोटा काव्यग्रंथ है । सहधर्मिणी मृणालिनी देवी के वियोग में रवीन्द्रनाथ ने ये कविताएँ लिखीं । इन वियोग कविताओं में भी रवीन्द्रनाथ का संयम एवं आत्मदमन परिलक्षित होता है । मुंशी अजमेरी ने ब्रजभाषा में इन कविताओं का गीतानुवाद किया है । इस अनुवाद में भाव एवं छन्द दोनों का विशेष ध्यान रखा गया है । *समर्पण* में अनुवादक ने लिखा है -

काव्य-अकास-प्रकास करि
राजत रहौ रवीन्द्र;
ब्रज-बानीके बेष में
जिन कृति लेहु कवीन्द्र !

ये अनुवाद अत्यन्त सुन्दर बन पड़े हैं । एक उदाहरण द्रष्टव्य है -

मूल -
आजि प्रभाते ओ श्रान्त नयने
रयेछे कातर घोर ।
दुखशय्या करि जागरण
रजनी हयेछे भोर ।
नवफुटन्त फुलकाननेर
नवजाग्रत शीतपवनेर
साथि हइवारे पारे नि आजिओ
ए देह-हृदय मोर ।

स्मरण १, रवीन्द्र-रचनावली, खंड ८, पृ. ८१

अनुवाद -

प्रातहु आज स्रान्त नैननि में
है कातर निंदियाकौ जोर
दुख-सिजियापै जागत-जागत
ह्वै आयौ रजनीकौ भोर ।
नव-विकसित कुसुमित द्रुम-वनकी,
नव-जाग्रत मृदु सीत-पवन की
अजहुँ संगिनी ह्वै न सकति यह
देह-लता अरु हृदय-हिलोर ।

अनुवाद इतना सुन्दर है कि मूल और अनुवाद में अन्तर नहीं रह गया है । एक ही प्रकार की शब्दावली, एक ही प्रकार के छन्द द्रष्टव्य हैं । अनुवादक ने यथासाध्य मूल शब्दों को रखने का प्रयास किया है - *श्रान्त नयने* : स्रान्त नैननि में, *कातर* : कातर, *दुखशय्याय* : दुख सिजियापै, *रजनी हयेछे भोर* : रजनीकौ भोर, *नवफुटन्त* : नव-विकसित, *नव जाग्रत* : नव जाग्रत, *शीत पवनेर* : सीत पवन की आदि । मूल के *घोर, भोर* तथा *मोर* के तुक को भी अनुवादक ने जोर, भोर, हिलोर के रूप में सुरक्षित रखा है । 'ए देह हृदय मोर' का अत्यन्त सुन्दर अनुवाद 'देह-लता अरु हृदय-हिलोर' के रूप में हुआ है । इस कविता का अगला अंश इस प्रकार है -

मूल -

आजि मोर काछे प्रभात तोमार
करो गो आड़ाल करो -
ए खेला ए मेला ए आलो ए गीत
आजि हेथा हते हरो ।
प्रभातजगत् हते मोरे छिंड़ि
करुण आँधारे लहो मोरे घिरि,
उदास हियारे तुलिया बाँधुक
तव स्नेहबाहु डोर ।

अनुवाद -

मम ढिंगते प्रभात यह तुमरौ
करौ आज इक ओर करौ ।
खेल, मेल आलोक गीत ये

आज इहाँते सकल हरौ।
प्रात जगततें मोहिं बिलगाय
लेहु करुण तम माँहिं लुकाय,
या उदास हियरै लै बाँधौ
निज सनेह-बहियाँ की डोर ।

अनुवादक ने ब्रजभाषा के प्रतिशब्दों का चयन समुचित रुप से अत्यन्त सफलतापूर्वक किया है - *मोर काछे* : मम ढिंगते, *तोमार* : तुमरौ, *करो* : करौ, *आड़ाल* : इक ओर, *हेथा हते* : इहाँते, *हरो* : हरौ, *मोरे छिंड़ि* : मोहिं बिलगाय, *घिरि* : लुकाय, *तुलिया बाँधुक* : लै बाँधौ आदि ।

'स्नेहबाहु डोर' के रूपक को 'सनेह बहियाँ की डोर' के रूप में प्रस्तुत किया गया है । लयात्मकता और माधुर्य की दृष्टि से यह अनुवाद कहीं-कहीं मूल से भी आगे बढ़ गया है । एक उदाहरण प्रस्तुत है -

मूल -

मिलन सम्पूर्ण आजि हल तोमा-सने
ए विच्छेदवेदनार निविड़ बन्धने ।
एसेछ एकान्त काछे, छाड़ि देशकाल
हृदये मिशाये गेछ भांगि अन्तराल ।
तोमारि नयने आज हेरितेछि सब,
तोमारि वेदना विश्वे करि अनुभव ।
तोमार अदृश्य हात हेरि मोर काजे,
तोमारि कामना मोर कामनार माझे
दुजनेर कथा दोंहे शेष करि लब
से रात्रे घटे नि हेन अवकाश तब ।
वाणीहीन विदायेर सेड़ वेदनाय
चारि दिके चाहियाछि व्यर्थ वासनाय ।
आजि ए हृदये सर्व भावनार नीचे
तोमार आमार वाणी एकत्रे मिलिछे ।

स्मरण ८, रवीन्द्र-रचनावली, खंड ८, पृ. ८६

अनुवाद -

मिलनौं भयौ आज परिपूरन तुमरौ मेरे मनमें
या बिच्छेद-वेदना के दृढ़ और घने बन्धन में ।

आय गई एकान्त निकट तुम छाँड़ि देस अरु कालहिं,
हिरदेमें मिल गई तोरिकें अन्तरालकें जालहिं ।
हेरत हौं तुमरे नैंननिसों आज सबहि सब ठाहीं,
अनुभौ करत वेदना तुमरी मैं सब जगके माँही ।
निज काजनिमें तव अदेख-कर हेरत हौं सुखकारी,
तव कामना आज पावत हौं निज कामना मझारी ।
दोउनकी बातें समाप्त कर पाये दोऊ नाहीं,
हुतौ इतौ अवकास न तुमकों वा रजनी के माँही ?
उरमें बानी-हीन बिदाकी वहै बेदना धरिकें
डारी हुती दृस्टि चहुँ ओरनि ब्यर्थ बासना भरिकें ।

रवीन्द्र-साहित्य, भाग १५, पृ. १२०

रवीन्द्र-साहित्य-मंदिर द्वारा प्रकाशित रवीन्द्र-साहित्य : भाग ११ के अन्तर्गत रवीन्द्रनाथ की दो कविताओं *विदाय-अभिशाप* तथा *अभिलाष* का काव्यानुवाद प्रकाशित है । इन दोनो कविताओं का अनुवाद श्यामसुन्दर खत्री ने किया है ।

विदाय-अभिशाप

रवीन्द्रनाथ की यह कविता पहले *चित्रांगदा* के संयोजन के रूप में १८९५ ई. में प्रकाशित हुई । बाद में स्वतन्त्र रूप से इसका प्रकाशन हुआ । देवताओं के आदेश से बृहस्पति-पुत्र कच संजीवनी-विद्या सीखने के लिए दैत्यगुरु शुक्राचार्य के पास आए थे । यहाँ वे एक हजार वर्ष रहे थे, और नृत्य-गीतादि से शुक्रदुहिता देवयानी का मनोरंजन करके सिद्धकाम होकर देवलोक लौट गए थे । यहाँ से विदा होते समय देवयानी के साथ कच की जो बातचीत हुई थी, इस कविता में उसी का वर्णन है । अनुवाद अच्छा बन पड़ा है । भाव अपनी सम्पूर्णता में अनुवाद में आ गए हैं -

मूल - देह आज्ञा, देवयानी, देवलोके दास
करिबे प्रयाण । आजि गुरुगृहवास
समाप्त आमार । आशीर्वाद करो मोरे
जे विद्या शिखिनु ताहा चिरदिन धरे

अन्तरे जाज्वल्य थाके उज्ज्वल रतन,
सुमेरुशिखरशिरे सूर्येर मतन,
अक्षयकिरण ।

रवीन्द्र-रचनावली, खंड ४. पृ. १२३

अनुवाद - आज्ञा हो, हे देवयानी, देवलोक यह दास
किया चाहता प्रयाण । आज गुरु-गृह-वास
हो गया समाप्त मेरा । विद्या की जो मैंने प्राप्त,
आशीर्वाद दो कि रहे वह चिरकाल व्याप्त
मेरे उर-अन्तर में रत्न बन दीप्तिमान,
अक्षय-किरण जैसे दिनकर तेजवान
मेरु के शिखर पर ।

रवीन्द्र-साहित्य, भाग ११, पृ. ११३

अनुवाद में मूल के अनुरुप शब्दावली तथा काव्यशैली को अपनाने से मूल कविता का सौन्दर्य अनुवाद में भी आ गया है । मूल कविता की समास-योजना का भी अनुकरण किया गया है, जैसे - *गुरुगृहवास* : गुरु-गृह-वास । आलोच्य अंश में मूल कविता तीन वाक्यों में है, अनुवाद में भी उसका अनुकरण किया गया है । इस कविता का एक और अंश देखें -

मूल - नहे ? मिथ्या प्रवंचना ! देखि नाइ आमि
मन तव ? जान ना कि प्रेम अन्तर्यामी ?
विकशित पुष्प थाके पल्लवे बिलीन -
गन्ध तार लुकाबे कोथाय ? कतदिन ?
जेमनि तुलेछ मुख, चेयेछ जेमनि,
जेमनि शुनेछ तुमि मोर कंठध्वनि,
अमनि सर्वांगे तव कम्पियाछे हिया -
नड़िले हिरक जथा पड़े ठिकरिया
आलोक ताहार । से कि आमि देखि नाइ ?
धरा पड़ियाछ बन्धु, बन्दी तुमि ताइ
मोर काछे । ए बन्धन नारिबे काटिते ।

इन्द्र आर तब इन्द्र नहे ।

रवीन्द्र-रचनावली, खंड ४, पृ. १३०

अनुवाद - नहीं ? मिथ्या प्रवंचना ! हृदय तुम्हारा क्या न
देखा मैंने ? प्रेम अन्तर्यामी क्या न सके जान ?
फूल खिला पल्लवों में छिपा रहे, किन्तु कहाँ
उसकी छिपेगी गन्ध ? मैंने लक्ष्य किया यहाँ
कितने ही दिन, मुँह उठा मुझे देखा ज्यों ही,
ज्यों ही मेरी बोली सुनी, व्यग्रता के साथ त्यों ही
हृदय सर्वांग तव हो गया है कम्पग्रस्त,
हीरे के हिलने से ज्यों प्रभा हो के अस्त-व्यस्त
लेती हैं हिलोरें ! देखा मैंने क्या न यह सब ?
पकड़ में आ गये हो, बन्धु, तुम मेरे अब
बन्दी बन गये हो । ये बन्धन न होंगे ढीले ।
इन्द्र अब तब इन्द्र नहीं ।

रवीन्द्र-साहित्य, भाग ११, पृ. १२१

इस अंश में तत्सम शब्दों को तो मूल के अनुरूप रखा गया है तथा तद्भव शब्दों के हिन्दी प्रतिरूपों का बड़ी सतर्कतापूर्वक चयन किया गया है । *प्रवंचना, अन्तर्यामी, पल्लव, सर्वांग* आदि मूल से उद्धृत हैं । लुकाबे, नड़िले, ठिकरिया,नारिबे आदि बंगला के खास शब्दों का भी सही अर्थ व्यक्त किया गया है । 'नड़िले हीरक यथा पड़े ठिकरिया आलोक ताहार' का बड़ा सुन्दर अनुवाद 'हीरे के हिलने से ज्यों प्रभा हो के अस्त-व्यस्त लेती हैं हिलोरें' के रूप में हुआ है । कच और देवयानी की मनोभावनाओं की पूर्ण अभिव्यक्ति इस अनुवाद में हुई है ।

रवीन्द्र-साहित्य : भाग २३ के अन्तर्गत तीन कविताओं - *परिशोध, सामान्य क्षति* तथा *पुजारिनी* का अनुवाद है । इन कविताओं का अनुवाद भी श्यामसुन्दर खत्री ने किया है । ये तीनों कविताएँ रवीन्द्रनाथ के *कथा* शीर्षक काव्यग्रंथ में संकलित हैं । *परिशोध* की कथा महावस्तवदान, *सामान्य क्षति* की कथा दिव्यावदानमाला तथा *पुजारिनी* की कथा अवदानशतक के आधार पर है । इनमें *सामान्य क्षति* रवीन्द्रनाथ की प्रसिद्ध रचना है । इन कविताओं में

रवीन्द्रनाथ ने कथा की धारा को जिस प्रकार श्रृंखलित रूप में प्रस्तुत किया है, अनुवाद में उनका पूरी तरह अनुकरण किया गया है । *सामान्य क्षति* से एक अंश देखें -

मूल -

बहे माघ मासे शीतेर बातास,
स्वच्छसलिला वरुणा ।
पुरी हते दूरे ग्रामे निर्जने
शिलामय घाट चम्पकबने,
स्नाने चलेछेन शतसखी सने
काशीर महिषी करुणा ।
से पथ से घाट आजि ए प्रभाते
जनहीन राजशासने ।
निकटे जे कटि आछिल कुटिर
छेड़े गेछे लोक, ताइ नदीतीर
स्तब्ध गभीर, केवल पाखिर
कूजन उठिछे कानने ।

रवीन्द्र-रचनावली, खंड ७, पृ. ४०

अनुवाद -

माघ मास, शीतल बयार थी,
बहती स्वच्छ-सलिल वरुणा
परसे दूर विजन ग्राम-स्थित
जहाँ घाट चम्पकवन-आवृत,
सौ सखियाँ ले चलीं स्नान-हित
काशी की रानी करुणा ।
आज प्रात से मार्ग घाट वे
राजाज्ञा से थे निर्जन ।
जो कुछ कुटियाँ थीं समीपतर
गये लोग थे उन्हें छोड़कर;
थी गम्भीर स्तब्धता तटपर,
वन में था बस खग कूजन ।

रवीन्द्र-साहित्य, भाग २३, पृ. १०१

उपर्युक्त अनुवाद में मूल जैसी लयात्मकता तथा सौन्दर्य है । इसी प्रकार *पुजारिनी* कविता के अनुवाद में भी मूल कविता का वर्णन-सौन्दर्य अपनी सम्पूर्णता में अभिव्यक्त हुआ है -

मूल - नृपति बिम्बिसार
नमिया बुद्धे मागिया लइला ।
पादनखकणा तार ।
स्थापिया निभृत प्रासादकानने
ताहारि उपरे रचिला जतने
अति अपरूप शिलामय स्तूप
शिल्पशोभार सार ।

रवीन्द्र-रचनावली, खंड ७, पृ. २४

अनुवाद - बिम्बिसार नृप परम उदार
नवा बुद्ध को शीश, माँगकर
लाये पद-नख स्मृति-उपहार ।
सादर उपवन में स्थापन कर
किया यत्न से निर्मित उसपर
स्तूप अनूप शिलामय सुन्दर
ललित शिल्प-शोभा का सार ।

रवीन्द्र-साहित्य, भाग २३, पृ. १०६

रवीन्द्र-साहित्य-मन्दिर, कलकत्ता से प्रकाशित रवीन्द्र-साहित्य : भाग २० के अन्तर्गत रवीन्द्रनाथ की अंतिम चार कविता पुस्तकों - *रोगशय्याय, आरोग्य, जन्मदिने* तथा *शेष लेखा* का अनुवाद है । प्रथम तीन पुस्तकें विश्वभारती द्वारा प्रकाशित रवीन्द्र-रचनावली के पचीसवें खंड तथा *शेष लेखा* छब्बीसवें खंड में प्रकाशित है । ये कविताएँ रवीन्द्रनाथ की जीवन-सन्ध्या की कविताएँ हैं । सन् १९४० के सितम्बर मास में रवीन्द्रनाथ कालिंपंग गए और वहाँ २६ सितम्बर को अकस्मात् बहुत ज्यादा अस्वस्थ हो गए । २९ सितम्बर को अचेतन अवस्था में उन्हें कलकत्ता लाया गया । लगभग डेढ़ महीने कलकत्ता रहने के बाद कुछ स्वस्थ होने पर वे शान्तिनिकेतन चले गए । *रोगशय्याय* और *आरोग्य* की अधिकांश

कविताएँ इसी समय की रचना हैं । कवि की पुत्रवधू श्रीमती प्रतिमा ठाकुर ने अपने *निर्वाण* ग्रन्थ में लिखा है - "पिता जी की चेतना धुँधली-धुँधली रहती थी, बीच-बीच में सचेतन होते और फिर तन्द्राच्छन्न हो जाते । इस समय की उनकी अधिकांश रचनाएँ मौखिक होती थीं; और जो उनके आसपास रहते वे उन्हें तत्काल लिख लिया करते थे । *आरोग्य* की कई कविताओं में अपने निष्ठावान अनुरागी सेवक-सेविकाओं के प्रति उन्होंने अपना उद्‌गार प्रकट किया है ।"

रोगशय्याय की तीसरी कविता कालिंपंग से लौटने के बाद प्रथम चेतना-प्राप्ति के समय रची गई थी । *शेष लेखा* की कई कविताएँ उन्होंने स्वयं अपने हाथ से लिखी थीं । *शेष लेखा* की आठवीं कविता 'विवाह के पाँचवें वर्ष में' श्रीमती नन्दिता देवी के विवाह की पाँचवीं वर्षगाँठ पर रची गई थी । चौदहवीं कविता तक अपनी मौखिक रचनाओं का उन्होंने स्वयं संशोधन कर दिया था; किन्तु अन्तिम पन्द्रहवीं कविता का संशोधन करने का उन्हें अवसर नहीं मिला। इन सभी कविताओं को गद्यकाव्य कहा जा सकता है । अपनी अन्तिम कविताओं में रवीन्द्रनाथ छन्द के मोह से पूरी तरह मुक्त हो चुके थे । इन सभी कविताओं का अनुवाद धन्यकुमार जैन ने किया है । सभी कविताओं का अनुवाद गद्यकाव्य के अनुरूप भाषा-शैली में हुआ है। *रोगशय्याय* की २०वीं कविता तथा उसका अनुवाद इस प्रकार है -

मूल -

रोगदुःख रजनीर नीरन्ध्र आँधारे
जे आलोकबिन्दुटिरे क्षणे क्षणे देखि,
मने भावि, की तार निर्देश ।
पथेर पथिक यथा जानालार रन्ध्र दिये
उत्सव-आलोर पाय एकटुकु खंडित आभास,
सेइमतो जे रश्मि अन्तरे आसे
से देय जानाये —
एइ घन आवरण उठे गेले
अविच्छेदे देखा दिबे
देशहीन कालहीन आदिज्योति,
शाश्वत प्रकाशपारावार,

सूर्य जेथा करे सन्ध्यास्नान,
जेथाय नक्षत्र जत महाकाय बुदबुदेर मतो ।
उठितेछे, फुटितेछे —
सेथाय निशान्ते यात्री आमि
चैतन्यसागर-तीर्थपथे ।

रवीन्द्र-रचनावली, खंड २५, पृ. २२

अनुवाद - रोग-दुख-रजनी के निरन्ध्र अंधकार में
जिस आलोक-बिन्दु को देखता मैं क्षण क्षण में,
मन-ही-मन सोचता हूँ, क्या है निर्देश उसका ?
पथ का पथिक जैसे खिड़की के रन्ध्र से
उत्सव-आलोक का पाता कुछ खंडित आभास है,
उसी तरह रश्मि जो अन्तर में आती है
यही जताती है —
उठते ही घने आवरण के
दिखाई देगी अविच्छेद
देश-हीन काल-हीन आदि-ज्योति,
शाश्वत प्रकाश-पारावार,
जहाँ करता सूर्य सन्ध्या-स्नान,
जहाँ उगते और खिलते हैं,
नक्षत्र महाकाय बुदबुद समान कितने,
वहाँ निशान्त का यात्री मैं
चल रहा चैतन्य-सागर-तीर्थ-पथ में ।

रवीन्द्र-साहित्य, भाग २०, पृ. २४

आलोच्य चारों कविता-पुस्तकों की सभी कविताओं का अनुवाद रवीन्द्र-साहित्य, भाग २० के अन्तर्गत है। सावधानी एवं यत्नपूर्वक इन कविताओं का अनुवाद किया गया है ।

रवीन्द्र-संगीत

संगीत कार्यालय, हाथरस से रवीन्द्रकाव्य के पचीस गीतों का स्वरलिपि सहित भावानुवाद १९५८ में *रवीन्द्र-संगीत* के रूप में प्रस्तुत हुआ है । इसके प्रस्तुतकर्ता थे राधेश्याम पुरोहित तथा सम्पादक थे लक्ष्मीनारायण गर्ग । ग्रंथ में लक्ष्मीनारायण गर्ग लिखित *आलाप*, इन्दिरा देवी चौधुरानी लिखित *आशीर्वाणी*, सुनीतिकुमार चटर्जी लिखित *भूमिका*, शान्तिदेव घोष लिखित *परिचय* तथा राधेश्याम पुरोहित लिखित *प्रस्तावना* है । *आशीर्वाणी* में इन्दिरा देवी चौधुरानी लिखती हैं - "गीतों के अनुवाद की भाषा के बारे में मैं अपने विचार प्रगट करने में अक्षम हूँ। लेकिन रुपान्तरित गीत जो सरलता से मूल रवीन्द्र-संगीत के सुर में गाये जा सकते हैं, यह मैंने आज उपलब्ध किया है । और इसी दृष्टि से श्री राधेश्याम का कृतित्व अति प्रशंसनीय मानती हूँ । मैं अपने अनुभवों से कहती हूँ कि मेरे परिचित हिन्दी के एक बड़े पंडित भी इस प्रकार के कार्य को करने के प्रस्ताव मात्र से भयभीत हो कर पीछे हट गये थे । ऐसी दशा में श्री राधेश्याम ने जो यह कठिन व्रत ग्रहण किया है और अन्त तक उसे निभाया, यह उनके आत्मप्रत्यय और निष्ठा का परिचायक है।" रवीन्द्र-संगीत और उसके हिन्दी रुपान्तर के संबंध में *प्रस्तावना* में अनुवादक ने लिखा है - "स्वल्प स्थान में रवीन्द्र-संगीत की व्याख्या और उसकी विशेषताएँ समझाना कठिन है । फिर भी संक्षेप में यह कहा जा सकता है कि रवीन्द्र-संगीत एक ऐसा संगीत है जहाँ भारतीय समस्त प्रदेशों का संगीत हिलोरें भरता है । भाव को वहन करती है भाषा और भाषा की पृष्ठभूमि पर संगीत अपने को प्रकाशित करता है । शास्त्रीय संगीत में राग और रागिनियों की प्रधानता रहती है । भाषा वहाँ मुख्य स्थान नहीं रखती । दो या चार पंक्तियों को आश्रय कर के गायक घंटों राग-रागिनिय़ों का आलाप और विस्तार कर सकता है । लेकिन रवीन्द्र-संगीत में इसी स्थान पर तीन वस्तुएँ प्रमुख हैं । प्रथमतः - भाव, द्वितीयतः - भाषा और तृतीयतः - संगीत । जैसा भाव हो, उसी के अनुरुप भाषा और तद्रूप राग या रागिनी द्वारा उसे संगीत के रूप में गाया जाना - यही रवीन्द्र-संगीत की विशेषता है । अर्थात् रवीन्द्र-संगीत में राग या रागिनि को जितनी प्रमुखता मिली है, काव्य को उससे कम नहीं मिली है । अतः इस संगीत का सम्पूर्ण आनन्द लेने के लिए काव्य की

भाषा से परिचित होना अत्यन्त आवश्यक है । लेकिन जब तक हिन्दी भाषा-भाषी अथवा हिन्दी व्यवहारीजनों के लिए यह संभव न हो, मैंने एक क्षुद्र प्रचेष्टा की है । वह है रवीन्द्र-संगीत का उपरोक्त तीन विशेषताओं सहित हिन्दी भाषा में रूपान्तर ।" इस अनुवाद में स्वर ही प्रधान हो गया है, भाषा और भाव गौण हो गए हैं । कहीं-कहीं वाक्य-गठन और शब्द-योजना में हिन्दी भाषा की प्रकृति की रक्षा नहीं हो पाई है । जैसे -

मूल - एसो आनन्दित मिलन-अंगने शोभन मंगल साजे

गीतवीतान, पृ. १२७

अनुवाद - आओ आनन्दित शोभन साज से मिलन अंगन में

रवीन्द्र-संगीत, पृ. २५

यहाँ 'साज' और 'अंगन' शब्द हिन्दी की प्रकृति के अनुरूप नहीं हैं । कहीं-कहीं तो अनुवाद में लय भी नहीं है तथा अनुवाद भी ठीक नहीं हो सका है -

मूल - मोर वीणा उठे कोन् सुरे बाजि कोन् नव चंचल छन्दे ।
मम अन्तर कंपित आजि निखिलेर हृदयस्पन्दे ।।
आसे कोन् तरुण अशान्त, उड़े वसनांचल प्रान्त -
आलोकेर नृत्य वनान्त मुखरित अधीर आनने ।।
अम्बरप्रांगण माझे निःस्वर मंजीर गुंजे ।
अश्रुत सेइ ताले बाजे करतालि पल्लवपुंजे ।
कार पदपरशन - आशा तृणे तृणे अर्पिल भाषा -
समीरण बंधनहारा उन्मन कोन् बनगन्धे ।।

गीतवीतान, पृ. ५०९

अनुवाद - वीणा मेरी कौन सुर गावे कौन नव राग सुनाये रे ।
मन में शंका क्यों लावे चमकित भुवन सारा रे ।।
आया कौन राग आलाप के अंचल उसका डोले -
चरण नूपुर मदहोश उसके हुए हैं अब वे होले रे ।।
अंबर प्रांगण के आगे निःस्वर मंजीर बाजे ।
अश्रुत करताली जागे नव स्वर मानो साजे ।।

किसके परस की आशा तृणों में जागी भाषा ।
पवन भी बंधन तोड़े मचले किसके इशारे से ।।

रवीन्द्र-संगीत, पृ. २९

उपर्युक्त अनुवाद में मूल भाव अच्छी तरह अभिव्यक्त नहीं हो पाए हैं । स्वरयोजना ही यहाँ मुख्य उद्देश्य है, शब्दयोजना, अर्थयोजना गौण हो गई है । 'आलोकेर नृत्य वनान्त मुखरित अधीर आनन्दे' का अनुवाद 'आया कौन राग आलाप के अंचल उसका डोले' के रूप में किया गया है जिसकी संगति मूल भाव से नहीं बैठती । 'चमकित भुवन सारा', 'तृणों में जागी भाषा' आदि शब्दयोजना बंगला के अनुकरण पर हैं । यह जरूर है कि अपनी भाषागत सीमा होने पर भी अनुवादक ने स्वरों को सुरक्षित रखने के लिए अच्छा प्रयास किया है और वह इसमें काफी हद तक सफल भी हुआ है । बंगला-हिन्दी शब्दों के मिश्रित रूप से इस अनुवाद की अपनी विशेषता हो गई है -

मूल - खरवायु वय वेगे, चारि दिक छाय मेघे,
ओगो नेये, नावखानि बाइयो ।
तुमि कषे धरो हाल, आमि तुले बाँधि पाल -
हाँइ मारो, मारो टान हाँइयो ।।
श्रृंखले बारबार झन्झन् झंकार नय ए तो तरणीर क्रंदन शंकार -
बन्धन दुर्बार सह्य ना हय आर, टलोमलो करे आज ताइ ओ ।
हाँइ मारो, मारो टान हाँइयो ।।
गणि गणि दिन खन चंचल करि मन
बोलो ना 'जाइ कि नाइ जाइ रे' ।
संशयपारावार अन्तरे हबे पार,
उद्वेगे ताकायो ना बाइरे ।
यदि माते महाकाल, उद्दाम जटाजाल झड़े हय लुंठित, ढेउ उठे उत्ताल,
हयो नाको कुंठित, ताले तार दियो ताल-जय-जय जयगान गाइयो ।
हाँइ मारो, मारो टान हाँइयो ।।

गीतवीतान, पृ. ५६५

अनुवाद - वायु बहे जोर-जोर, बादल घिरे हैं घोर ।
अरे माझी नाव चलाइयो ।।
मैं बाँधू रे पाल, तू पतवार सँभाल ।
हाँइ मारो, मारो टान हाँइयो ।।
झनके बार-बार श्रृंखल झंकार, यह है न नाव की करुण पुकार
टूटे न बंधन चित्र है चंचल नैया को अब तू संभालियो ।
हाँइ मारो, मारो टान हाँइयो ।।
गिन गिन घड़ियाँ चंचल मनुआँ,
बोलो जाऊँ कहाँ या न जाऊँ रे ।
संशय सागर मन में उतार,
उद्धेग क्यों है मन में ।
यदि आये झंझा तूफान काला, लुंठित हो चाहे सागर बावला,
तो भी मन में डर को ना ला तू गीत मगन हो गाइयो ।
हाँइ मारो, मारो टान हाँइयो ।।

सुर तथा भाव दोनों ही दृष्टियों से उपर्युक्त अनुवाद अच्छा बन पड़ा है । ध्वन्यात्मक शब्दों को ज्यों का त्यों रख कर सुर तथा तुक की अच्छी योजना की गई है - *हाँइ मारो, मारो टान हाँइयो* ।

वनवाणी

नेशनल बुक ट्रस्ट, इंडिया की ओर से ज्ञानपीठ प्राइवेट लिमिटेड, पटना ने १९६५ में युगजीत नवलपुरी द्वारा अनुवादित *वनवाणी* काव्यसंकलन का प्रकाशन किया । इसमें रवीन्द्रनाथ की ऋतु, प्रकृति, फूल-पौधे, वर्षामंगल और वृक्षरोपण उत्सव से संबंधित कविताएँ हैं । इस ग्रंथ की भूमिका में रवीन्द्रनाथ ने लिखा है - "मेरे घर के आसपास मेरे अनेक मूक मित्र हैं । प्रकाश के प्रेम में प्रमत्त होकर वे आक्राश की ओर हाथ बढ़ाए रहते हैं । उनकी पुकार मेरे मन तक पहुँचेगी । उनकी भाषा जीवजगत् की आदिभाषा है । उसका संकेत प्राणों के प्रथमतम स्तर में पहुँचता है । हजारों हजार वर्षों के भूले बिसरे इतिहास को हिलाता-डुलाता है । उत्तर में मन के भीतर जो प्रति-आह्वान उठता है, वह भी

पेड़ों की भाषा में ही होता है, उसका कोई स्पष्ट अर्थ नहीं होता । फिर भी उसमें अनेक युग-युगान्तर गुनगुना उठते हैं ।

ये पेड़ विश्व-बाउल के एकतारा हैं । इनकी मज्जा में स्वर लहरी का कंपन है । उनकी डाल-डाल में, पात-पात में एकताला छन्द का नर्त्तन है । निस्तब्ध होकर, प्राणों के कान लगाकर सुनने पर अन्तर में मुक्ति की वाणी ध्वनित होती है । मुक्ति उस विराट् प्राणसिन्धु के तट पर है, जिसके ऊपरी तल पर सुन्दर की लीला नाना रंगों में तरंगित है और जिसके गंभीर तलदेश में *शांतम् शिवम् अद्वैतम्* है । सुन्दर की उस लीला में कोई लालसा नहीं है; कोई आवेश, कोई जड़ता नहीं है; - है केवल परमशक्ति के अशेष आनन्द का आन्दोलन । *एतस्यैवानंदस्य मात्राणि* फूल-फल-पल्लव में देखता हूँ। उसी में मुझे मुक्ति का स्वाद मिलता है । उसी में विश्वव्यापी प्राणों के निर्मल-निर्बाध मिलन की वाणी सुनाई पड़ती है ।"

वनवाणी का प्रथम प्रकाशन १३३८ बंगाब्द के आश्विन मास (सितम्बर-अक्टूबर १९३१ ई.) में हुआ । इसके चार भाग हैं : *वनवाणी, नटराज-ऋतुरंगशाल, वर्षामंगल-वृक्षरोपण उत्सव* तथा *नवीन* ।

वनवाणी भाग में निम्नलिखित कविताएँ हैं -
वृक्षवन्दना, जगदीशचन्द्र, देवदारु, नीलमणिलता, कुटज, शाल, मधुमंजरी, नारिकेल, चमेलीवितान, परदेशी, कुटीरवासी और *हास का पाथेय* । इन कविताओं के अनुवाद में मूलभाव अपनी सम्पूर्णता में आ गए हैं । अनुवाद की भाषा भी ठीक है । उदाहरणस्वरूप *चमेलीवितान* शीर्षक कविता के एक अंश का मूल और अनुवाद प्रस्तुत है -

मूल - मयूर कर नि मोरे भय,
सेइ गर्व, सेइ मोर जय ।
बाहिरेते आमलकी
करितेछे झकमकि,
बटेर उठेछे कचि पाता,
होथाय दुयार थेके
आमारे गियेछे देखे,

खुलिया बसेछि मोटा खाता ।
लिखितेछि निज मने -
हेरि ताइ आँखिकोने
अवज्ञाय फिरे जाओ चलि,
बोझ ना, लेखनी धरि
की जे एत खुँटे मरि,
आमारे जेनेछ मूढ़ बलि ।

रवीन्द्र-रचनावली, खंड १५, पृ. १३९

अनुवाद - हे मयूर, मुझसे न तुम्हें कुछ भय है -
यही गर्व मेरा है, मेरी जय है !
बाहर आमलकी की विटपी
झकमक करती धूप में तपी,
बड़ टूँसों के मारे
रक्तज्वाल ! तुम द्वार से नियत
देख गये हो मुझे कार्यरत
मोटी बही उघारे ।
पा लिखने में डूबा जी से,
मुझे निहार तनिक कनखी से
फिरे अवज्ञा में हो !
समझ न पाते कलम लिये यों
दिन भर इतना खोंट मरूँ क्यों,
मुझे मूढ़ समझे हो !

वनवाणी, पृ. ३७

नैवेद्य

राजपाल एण्ड संस, दिल्ली से १९६२ में शंकरदेव विद्यालंकार द्वारा अनुवादित *नैवेद्य* का प्रकाशन हुआ । काका कालेलकर इसकी भूमिका में लिखते हैं - "नैवेद्य सचमुच नैवेद्य ही है । जीवन-चिन्तन, प्रार्थना, साधना, उपासना,

भक्ति और आत्मनिवेदन की यह पौष्टिक सुगंधि नैवेद्य ही है । रवि बाबू की सबकी सब कृतियों में रमणीयता ठूँस-ठूँस कर भरी हुई है । लेकिन *नैवेद्य* की सुन्दरता और रुचि कुछ और ही है । ...... जब मैं स्वराज्य आन्दोलन के दिनों में भारत की आजादी के लिए कारावास की साधना कर रहा था तब मैंने इस नैवेद्य का आस्वाद लिया था । उसका अधिकांश मराठी में लाने की कोशिश भी की थी और मेरे ढंग से उसका रस-ग्रहण भी मैंने शब्दबद्ध करके रखा था । स्वराज्य पाने के बाद वह सब चीज बाजू पर रह गई । बाद में जब गत वर्ष हम लोगों ने रवीन्द्र-चिन्तन का द्वादश-मासिक महोत्सव मनाया तब *नैवेद्य* भी हाथ में आया । लेकिन मैं तो शंकरदेव विद्यालंकार का कृतज्ञ हूँ कि उन्होंने अपने अनुवाद के लिए पूर्ववचन लिखने का रोचक कार्य मुझे सौंप कर इस *नैवेद्य* के साथ एकरूप होने का मुझे मौका दिया । शंकरदेव भारतीय संस्कृति के भक्त हैं । रवीन्द्रनाथ की आर्यता से मुग्ध होकर उन्होंने उनके साहित्य का अनुशीलन किया है । रवीन्द्र की भाषा-सिद्धि तो अनोखी है । उसके गद्यानुवाद में, उनकी गीत-माधुरी कहाँ से आ सके ? लेकिन जिस तरह अंग्रेजी *गीतांजलि* में लयबद्ध गद्य में रवीन्द्र की भाषा-सिद्धि पाई जाती है, उसी तरह इस गद्य हिन्दी अनुवाद में जितना हो सका शंकरदेव ने अपना माधुर्य भर दिया है । शब्द-योजना रवीन्द्रकृति के अनुरूप ही है । भारतीय भाषाओं में संस्कृत के कारण और सन्त साहित्य के प्रचार के कारण इतना कुछ साम्य है कि अगर इस अनुवाद के साथ मूल कविता बंगला नागरी लिपि में दी होती तो कोई भी संस्कारी भारतीय हिन्दी अनुवाद पढ़ने के बाद बंगाल की काव्य-माधुरी का आसानी से आस्वादन कर सकता है और रवीन्द्र-हृदय के नजदीक पहुँच सकता है । मुझे विश्वास है कि हिंन्दी *नैवेद्य* इतना स्वादिष्ट है कि इसकी नई आवृत्ति थोड़े ही दिनों में देनी पड़ेगी।" *नैवेद्य* में एक सौ कविताएँ हैं । सभी कविताओं का अनुवाद किया गया है । सभी कविताओं का पूरा अनुवाद है । संक्षेप नहीं किया गया है । सरल-सहज गद्य में अनुवाद है, मूल भाव सम्पूर्ण रूप से अभिव्यक्त हुए हैं । एक उदाहरण द्रष्टव्य है -

मूल - वैराग्यसाधने मुक्ति, से आमार नय ।
असंख्यबन्धन-माझे महानन्दमय

लभिब मुक्तिर स्वाद । एइ वसुधार
मृत्तिकार पात्रखानि भरि बारम्बार
तोमार अमृत ढालि दिबे अविरत
नानावर्णगंधमय । प्रदीपेर मतो
समस्त संसार मोर लक्ष नर्तिकाय
ज्वालाये तुलिबे आलो तोमारि शिखाय
तोमार मन्दिर-माझे ।
इन्द्रियेर द्वार
रुद्ध करि योगासन, से नहे आमार ।
जे-किछु आनन्द आछे हृदये गन्धे गाने
तोमार आनन्द रबे तार माझखाने ।
मोह मोर मुक्ति-रुपे उठिबे ज्वलिया,
प्रेम मोर भक्तिरुपे रहिबे फलिया ।

नैवेद्य ३०, रवीन्द्र-रचनावली, खंड ८

अनुवाद - वैराग्य -साधना द्वारा साधी हुई मुक्ति
मुझे नहीं चाहिए ।
असंख्य बंधनों के बीच में
मुक्ति का महान और आनन्दमय स्वाद मैं प्राप्त करूँगा ।
वसुधा की मृत्तिका से बने इस पात्र में,
नाना वर्णों और नाना गंधों से भरे इस अमृत को
तुम बारंबार भर-भर कर सर्वदा ढालते रहना ।
लाल-लाल बत्तियों वाले मेरे समस्त संसार को,
प्रदीप की तरह, तुम अपनी ज्वाला से प्रदीप्त करके,
अपने मंदिर में स्थापित करना ।
इन्द्रियों के द्वार बन्द करके,
योगासन में बैठना मुझे पसन्द नहीं है ।
दृश्य में, गंध में, गान में जो कुछ आनन्द है,

उसमें तुम्हारा आनन्द व्याप्त होगा ।
मेरा मोह मुक्तिरूप में प्रज्वलित हो उठेगा ।
मेरा प्रेम भक्तिरूप में फलित हो जायेगा ।

नैवेद्य ३०

मालाकार

इसमें रवीन्द्रनाथ के ८७ गीतों का गद्यानुवाद है जो राजकमल प्रकाशन, दिल्ली से १९५७ में प्रकाशित हुआ । प्रत्येक कविता का अनुवादक ने शीर्षक दिया है। अनुवादक हैं सत्यकाम विद्यालंकार । अनुवाद सहज एवं समुचित है ।

अध्याय ५

रवीन्द्रनाथ के नाटकों के हिन्दी अनुवाद

संख्या और रूप की विविधता की दृष्टि से रवीन्द्रनाथ के नाटकों का विशेष महत्त्व है। संख्या और श्रेणी-वैचित्र्य के विचार से उनके काव्य के बाद ही नाटकों को स्थान देना होगा । उनके सभी प्रकार के नाटकों की संख्या ३० से भी ऊपर हैं । रवीन्द्रनाथ के प्रमुख नाटक तथा नृत्यनाट्य निम्न हैं -
वाल्मीकि प्रतिभा १८८१, *प्रकृतिर प्रतिशोध* १८८४, *मायार खेला* १८८८, *राजा ओ रानी* १८८९, *विसर्जन* १८९०, *चित्रांगदा* १८९२, *गोड़ाय गलद* १८९२, *विदाय-अभिशाप* १८९४, *मालिनी* १८९६, *बैकुंठेर खाता* १८९७, *काहिनी* १९००, *हास्यकौतुक* १९०७, *व्यंग्यकौतुक* १९०७, *शारदोत्सव* १९०८, *प्रायश्चित* १९०९, *राजा* १९१०, *डाकघर* १९१२, *अचलायतन* १९१२, *फाल्गुनी* १९१६, *मुक्तधारा* १९२२, *चिरकुमार सभा* १९२६, *नटीर पूजा* १९२६, *रक्तकरबी* १९२६, *चंडालिका* १९३३, *तासेर देश* १९३३ तथा *बाँशरि* १९३३ आदि । साहित्य अकादमी ने रवीन्द्रनाथ की जन्मशती के अवसर पर दो खंडों में रवीन्द्रनाथ के प्रमुख नाटकों को प्रकाशित किया । प्रथम खंड में तीन नाटक हैं - *विसर्जन, चित्रांगदा* और *चिरकुमार सभा* जिनका अनुवाद क्रमशः प्रफुल्लचन्द्र ओझा 'मुक्त', हंसकुमार तिवारी तथा भारतभूषण अग्रवाल ने किया है । द्वितीय खंड में चार नाटक हैं - *राजा, डाकघर, मुक्तधारा* और *रक्तकरबी* जिनका अनुवाद क्रमशः स.ही. वात्स्यायन 'अज्ञेय', प्रफुल्लचन्द्र ओझा 'मुक्त', भारतभूषण अग्रवाल एवं हजारीप्रसाद द्विवेदी ने किया है । साहित्य अकादमी के इस अनुवाद के पूर्व भी रवीन्द्रनाथ के नाटकों के पचीस से भी अधिक अनुवाद प्रकाशित हो चुके हैं, जिनमें मुंशी अजमेरी, गिरिधर शर्मा नवरत्न, गोपाल राम गहमरी द्वारा अनूदित *चित्रांगदा*, रूपनारायण पाण्डेय

द्वारा अनूदित *अचलायतन, राजारानी* तथा *हास्यकौतुक*, धर्मेन्द्रनाथ शास्त्री द्वारा अनूदित *मुक्तधारा*, मुरारीदास अग्रवाल तथा गोपेश्वर बाबू मेहरा द्वारा अनूदित *विसर्जन*, रामचन्द्र श्रीवास्तव द्वारा अनूदित *चंडालिका*, राधेश्याम पुरोहित द्वारा अनूदित *डाकघर*, महादेव साहा द्वारा अनूदित *व्यंग्यकौतुक*, भगवतीप्रसाद चन्दोला द्वारा अनूदित *नटी की पूजा*, राजेश दीक्षित द्वारा अनूदित *शारदोत्सव*, हजारीप्रसाद द्विवेदी द्वारा अनूदित *लालकनेर* तथा धन्यकुमार जैन द्वारा अनूदित आठ नाटक - *डाकघर, चित्रांगदा, लक्ष्मी की परीक्षा, प्रकृति का प्रतिशोध, मुक्तधारा, बाँसुरी, तपती* तथा *बैकुंठ का खाता* हैं । ओमप्रकाश गुप्ता ने रवीन्द्रनाथ के सात नाटकों के अनुवाद किए हैं - *बलिदान, चित्रा, बैकुंठ का पोथा, राजा रानी, मालिनी, कर्ण और कुन्ती* तथा *मुक्तधारा* । यहाँ रवीन्द्रनाथ के नाटकों के उपलब्ध हिन्दी अनुवादों की चर्चा की जा रही है। रवीन्द्रनाथ के नाटकों के हिन्दी में तीन संग्रह प्रकाशित हैं -

रवीन्द्र-साहित्य-मन्दिर

धन्यकुमार जैन ने रवीन्द्र-साहित्य-मन्दिर, कलकत्ता से तीस भागों में सम्पूर्ण रवीन्द्र-साहित्य का अनुवाद प्रकाशित किया । इसके भाग ११ में *डाकघर*, भाग १३ में नाटक *बाँसुरी* तथा नाटिका *काल की यात्रा*, भाग १४ में *विसर्जन*, भाग १५ में *मालिनी*, भाग १७ में *तपती*, भाग २३ में नाट्यकाव्य *चित्रांगदा* तथा *लक्ष्मी की परीक्षा* और भाग २८ में *प्रकृति का प्रतिशोध* का अनुवाद है । रवीन्द्र-साहित्य-मन्दिर द्वारा प्रकाशित अनुवाद सहज एवं पूर्ण जरूर हैं, किन्तु अनुवाद विशेषकर नाटकों के संवाद के अनुवाद में जिस सतर्कता की जरूरत होती है उसका यहाँ अभाव है । संवाद भी मूल की तरह प्रभावकारी नहीं हैं ।

मेरे नाटक

ओमप्रकाश गुप्ता द्वारा अनूदित रवीन्द्रनाथ के सात नाटक नारायण दत्त एण्ड सन्स, दिल्ली से १९५७ में प्रकाशित हुए । इस अनुवाद के संबंध में अनुवादक ने 'दो शब्द' के अन्तर्गत लिखा है - "विश्वकवि रवीन्द्रनाथ ठाकुर के साहित्य से आज कौन परिचित नहीं है, लगभग विश्व की समस्त भाषाओं में

उनके श्रेष्ठ साहित्य का अनुवाद हो गया है, शायद ही कोई भाग्यहीन भाषा रही हो जिसमें गुरुदेव का साहित्य अनुवादित न हुआ हो । कई देशों में तो उनके साहित्य को मूल में पढ़ने के हेतु लोग बंगला सीख रहें हैं । यही उनके साहित्य की महानता दर्शाने के लिए काफी होगा, वैसे उनके साहित्य के बारे में जो भी कहा जाय, थोड़ा है ।

हिन्दी साहित्य में यह कमी मुझे बड़े दिनों से खटक रही थी कि गुरुदेव के नाटकों का संग्रह नहीं है, और इसके लिये मैंने स्वयं भी एक दो बंगला भाषी विद्वानों से बात की थी, मगर बात बनी नहीं । और एक दिन यह कार्य मुझको स्वयं ही उठाना पड़ा, जबकि मेरा बंगला ज्ञान यों ही साधारण-सा है । और जब मैंने गुरुदेव के नाटकों को बंगला में तलाश किया तो फिर मेरे सामने बड़ी कठिन समस्या उत्पन्न हो गई और मैंने अपने को अनुवाद करने के अयोग्य पाया । मगर हास्यकवि श्री गोपालप्रसाद व्यासजी के बार-बार प्रोत्साहन देने से मैंने कार्यारम्भ कर दिया । उनका मैं अत्यन्त आभारी हूँ क्योंकि बिना उनके प्रोत्साहन के ये कठिन कार्य शायद पूरा न होता ।" इन अनुवादों की भाषा के संबंध में अनुवादक ने लिखा है - "मैंने यह चेष्टा की है कि मूल के समस्त भाव ज्यों-के-त्यों आ जाएँ और भाषा इतनी सरल हो जाए कि सर्वसाधारण उन्हें समझ सकें । मगर फिर भी मैं यह दावा करने में असमर्थ हूँ कि सर्वसाधारण इसे पूर्णरूपेण समझ ही लेंगे ।"

इन नाटकों के अनुवाद बहुत अच्छे नहीं बन पड़े हैं । अनुवाद को संक्षिप्त भी किया गया है ।

रवीन्द्रनाथ के नाटक

साहित्य अकादमी, नई दिल्ली से दो खंडों में रवीन्द्रनाथ के सात नाटक प्रकाशित हुए । पहले खंड में *विसर्जन, चित्रांगदा* और *चिरकुमार सभा* का अनुवाद है तथा दूसरे खंड में *राजा, डाकघर, मुक्तधारा* और *रक्तकरबी* का अनुवाद है । द्वितीय खंड ही पहले प्रकाशित हुआ । द्वितीय खंड का प्रथम संस्करण १९६३ तथा तृतीय संस्करण १९६६ में प्रकाशित हुआ । प्रथम खंड का प्रथम संस्करण १९६६ में प्रकाशित हुआ । दोनों खंडों में प्रमथनाथ विशि लिखित विस्तृत 'प्रस्तावना' है । साहित्य अकादमी द्वारा प्रकाशित ये समस्त अनुवाद

सभी दृष्टियों से उत्कृष्ट हैं ।

अब रवीन्द्रनाथ के प्रमुख नाटकों के हिन्दी अनुवादों की चर्चा की जा रही है । रवीन्द्रनाथ के प्रथम नाटक *वाल्मीकि प्रतिभा* का अनुवाद उपलब्ध नहीं है। अब तक प्रकाशित अनुवादों की अन्य किसी सूची में भी इसका उल्लेख नहीं है । संभवतः इसका अनुवाद नहीं हुआ है । रवीन्द्रनाथ के दूसरे नाटक *प्रकृतिर प्रतिशोध* (नाट्यकाव्य) का एक अनुवाद उपलब्ध है । रवीन्द्र-साहित्य-मंदिर, कलकत्ता द्वारा प्रकाशित रवीन्द्र-साहित्य के भाग २८ में यह *प्रकृति का प्रतिशोध* शीर्षक से प्रकाशित है । इसका अनुवाद धन्यकुमार जैन ने किया है । रवीन्द्रनाथ के तीसरे नाटक *मायार खेला* (नृत्यनाट्य) का भी कोई अनुवाद उपलब्ध नहीं है ।

राजा ओ रानी

रवीन्द्रनाथ के इस चौथे नाटक के दो अनुवाद उपलब्ध हैं । एक अनुवाद रूपनारायण पाण्डेय ने *राजारानी* शीर्षक से किया जो १९२५ में इंडियन प्रेस, इलाहाबाद से प्रकाशित हुआ । दूसरा अनुवाद ओमप्रकाश गुप्ता द्वारा अनूदित *मेरे नाटक* के अंतर्गत है । रूपनारायण पाण्डेय का अनुवाद अच्छा है । इसमें मूल नाटक का पूरा अनुवाद है । उदाहरणस्वरूप एक अंश का अनुवाद द्रष्टव्य है -

मूल - हाय कष्ट मानवजीवन ! पदे पदे
नियमेर बेड़ा । आपन रचित जाले
आपनि जड़ित । अशान्त आकांक्षा-पाखि
मरितेछे माथा खुँड़े पंजरपिंजरे !
केन ए जटिल अधीनता ? केन एत आत्मपीड़ा ?
केन ए कर्तव्य - कारागारे ?
तुइ सुखी अयि माधविका, वसन्तेर
आनन्दमंजरी ! शुधु प्रभातेर आलो,
निशार शिशिर, शुधु गन्ध, शुधु मधु,
शुधु मधुपेर गान, वायुर हिल्लोल,
स्निग्ध पल्लवशयन, प्रस्फुट शोभाय
सुनील आकाश-पाने नीरवे उत्थान,

तार परे धीरे-धीरे श्याम दुर्वादले
नीरवे पतन ।

राजा ओ रानी, अंक - १, दृश्य ६

अनुवाद - यह जीवन, हाय मनुष्य का
कष्टपूर्ण हो चूर्ण हृदय कर डालता !
पग पग पर दृढ़ नियमों की है श्रृंखला ।
खुद फैला कर जाल, आप उसमें फँसे ।
पंजर-पिंजर में अशान्त अभिलाष का
पक्षी है फड़फड़ा रहा । यह किसलिये
है अधीनता जटिल ? आत्मपीड़न अहो
क्यों इतना है ? क्यों कठोर कर्तव्य का
है यह कारागार ? सुखी तू सर्वथा
हे वासन्ती लता ! आप ही खिल रही
प्रातःकाल प्रकाश, ओसकण रात को
पाकर रहती गन्ध और मधु से भरी
स्तुति सी करते भ्रमर । झूलती वायु के
झोंको से । ज्यों झूमा करती मस्त हो ।

राजारानी, पृ. ३४

उपर्युक्त अनुवाद में मूल भाव पूरी तरह आ गए हैं । रूपनारायण पाण्डेय ने अत्यन्त सहज़तापूर्वक प्रवाहपूर्ण हिन्दी में मूल भावों को अभिव्यक्त किया है । इसी नाटक से गद्याकाव्य के अनुवाद का एक अंश देखें -

मूल - एमनि विश्वास
मोर परे रेखो चिरदिन । मन दिये
मन बोझा जाय, गभीर विश्वास शुधु
नीरव प्राणेर कथा टेने निये आसे,
प्रवासीरे मने कोरो एइ उपवने,
एइ निर्झरिणीरतीरे, एइ लतागृहे,
एइ सन्ध्यालोके, पश्चिमगगनप्रान्ते

ओइ सन्ध्यातारा-पाने चेये । मने कोरो,
आमि ओ प्रदोषे, प्रवासे तरुर तले
एकेला बसिया ओइ तारकार परे
तोमारि आँखिर तारा पेतेछि देखिते ।
मने कोरो मिशितेछे एइ नीलाकाशे
पुण्येर सौरभ-सम तोमार आमार
प्रेम, एक चन्द्र उठियाछे उभयेर
विरहरजनी-परे ।

राजा ओ रानी, अंक ३, दृश्य ५

अनुवाद - "मुझ पर सदा ऐसा ही विश्वास रखना । मन से ही मन पहचाना जाता है; गहरा विश्वास नीरव हृदय की बात को खींच लाता है । इस उपवन में झील के किनारे, इसी लताकुंज में, इसी सन्ध्या के प्रकाश में, पश्चिमी आकाश के छोर पर इसी सन्ध्यातारे को ताकती हुई इस प्रवासी को स्मरण करना । समझना कि मैं भी इसी समय परदेश में पेड़ के नीचे अकेला बैठा हुआ इसी तारे में तुम्हारी आँखों का तारा देख रहा हूँ। समझना कि इस नील आकाश में पुष्प की सुगन्ध के समान तुम्हारा और मेरा प्रेम व्याप्त हो रहा है - दोनों की विरह-रात्रि में एक ही चन्द्रमा उदय हुआ है ।"

राजारानी, पृ. ८५

विसर्जन

विसर्जन के पाँच से अधिक अनुवाद हुए हैं । गोपेश्वर बाबू मेहरा ने *पशुबलिदान* शीर्षक से इसका अनुवाद किया है जो आगरे से १९२२ में प्रकाशित हुआ । मुरारीदास अग्रवाल द्वारा अनूदित *विसर्जन* चौधरी एंड सन्स, वाराणसी से १९२४ में प्रकाशित हुआ । रवीन्द्र-साहित्य-मन्दिर, कलकत्ता से प्रकाशित रवीन्द्र-साहित्य, भाग १४ के अन्तर्गत यह मूल *विसर्जन* शीर्षक से प्रकाशित हुआ । इसका अनुवाद धन्यकुमार जैन ने किया है । साहित्य अकादमी, दिल्ली द्वारा प्रकाशित रवीन्द्रनाथ के नाटक, भाग १ के अन्तर्गत यह प्रकाशित है । प्रफुल्लचन्द्र ओझा 'मुक्त' ने इसका अनुवाद किया है । ओमप्रकाश गुप्ता द्वारा

अनूदित रवीन्द्रनाथ के सात नाटकों के संग्रह *मेरे नाटक* के अन्तर्गत यह *बलिदान* शीर्षक से प्रकाशित है । साहित्य अकादमी एवं रवीन्द्र-साहित्य-मन्दिर द्वारा प्रकाशित अनुवाद अच्छे बन पड़े हैं । ओमप्रकाश गुप्ता का अनुवाद सामान्य है । मूल नाटक पाँच अंकों में है । प्रत्येक अंक में चार-पाँच दृश्य हैं । इस अनुवाद में अंकों तथा दृश्यों का विभाजन नहीं रखा गया है । अनुवाद पूरा नहीं है, केवल भावार्थ प्रस्तुत किया गया है । यह मूल नाटक का संक्षिप्त रूप है । इस प्रकार के अनुवाद में मूल नाटक की गरिमा सुरक्षित नहीं रह पाती । आलोच्य तीनों अनुवादों से अनुवाद के एक-दो उदाहरण प्रस्तुत हैं -

मूल -

तबे एसो वत्स, आर एक शिक्षा दिइ ।
पापपुण्य किछु नाइ । के वा भ्राता, के वा
आत्मपर ! के बलिल हत्याकांड पाप !
ए जगत् महा हत्याशाला । जान ना कि
प्रत्येक पलकपाते लक्षकोटि प्राणी
चिर आँखि मुदितेछे । से काहार खेला ?
हत्याय खचित एइ धरणीर धूलि ।
प्रतिपदे चरणे दलित शत कीट -
ताहारा कि जीव नहे ? रक्तेर अक्षरे
अविश्राम लिखितेछे वृद्ध महाकाल
विश्वपत्रे जीवेर क्षणिक इतिहास ।
हत्या अरण्येर माझे, हत्या लोकालये,
हत्या विहंगमेर नीड़े, कीटेर गह्वरे,
अगाध सागर-जले, निर्मल आकाशे,
हत्या जीविकार तरे, हत्या खेलाच्छले,
हत्या अकारणे, हत्या अनिच्छार वशे -
चलेछे निखिल विश्व हत्यार ताड़ने
ऊर्ध्वश्वासे प्राणपणे, व्याघ्रेर आक्रमे

मृगसम, मुहूर्त दाँड़ाते नाहि पारे ।
महाकाली कालस्वरूपिणी, रयेछेन
दाँड़ाइया तृषातीक्ष्ण लोलजिह्वा मेलि -
विश्वेर चौदिक बेये चिर रक्तधारा
फेटे पड़ितेछे, निष्पेषित द्राक्षा हते
रसेर मतन, अनन्त खर्परे ताँर —

विसर्जन, द्वितीय अंक, प्रथम दृश्य

अनुवाद - "तो फिर मेरे पास आओ मैं एक बार फिर तुम्हें पाठ पढ़ाऊँ । वास्तव में पाप कोई चीज नहीं है । नर-संहार तो नर-संहार है, यह न कोई पाप है और न कुछ । क्या तुम नहीं जानते कि इस मिट्टी में लाखों शरीर मिले हुए हैं ? समय के पृष्ठ पलटो तो तुम्हें भी ज्ञात होगा कि मानव ने सदैव अपना इतिहास रक्त से लिखा है । मरना जीवन का एक भाग है । जंगल में, मनुष्यों की आबादी में जंगल के पक्षियों के घोंसलों में, कीड़े-मकौड़ों के बिलों में, समुद्र में, आकाश में, एक दूसरे को सभी मार रहे हैं । किसी को भी बिना कारण के मार दिया जाता है । और इस दुनिया में हो क्या रहा है, सिवाय एक दूसरे के प्राण हरण के । और देखते हो ये काली देवी ? हजारों वर्षों से यह अपनी प्यासी जिह्वा निकाले और रक्त का प्याला लिये खड़ी है । पता नहीं कितने मनुष्यों का रक्त इस पर बहा है ।"

मेरे नाटक, ओमप्रकाश गुप्ता, पृ. २५

उपर्युक्त अंश अत्यन्त सामान्य अनुवाद है । यहाँ संक्षेप में केवल भावार्थ प्रस्तुत कर दिया गया है । संवाद का मूल सौंदर्य यहाँ नहीं आ पाया है । धन्यकुमार जैन ने इस अंश का अनुवाद इस प्रकार किया है -

"तो आओ वत्स, और एक शिक्षा दूँ तुम्हें । पाप-पुण्य कुछ नहीं । कौन किसका भाई है और कौन किसका अपना पराया ? किसने कहा कि हत्याकांड पाप है ? यह जगत महा-हत्याशाला है । जानते नहीं क्या, कि प्रतिक्षण लाखों-करोड़ों प्राणी मौत के मुँह में जाते हैं । यह किसका खेल है ? हत्या से मढ़ी हुई है इस धरणी की धूल । पद-पद पर चरण-तले दलित हो रहे

हैं वृद्ध महाकाल विश्वपत्र पर जीवों का क्षणिक इतिहास । वन में हत्या, नगर में हत्या, विहंग के नीड़ में हत्या, कीट के गह्वर में हत्या, अगाध समुद्र और निर्मल आकाश में हत्या, सर्वत्र चल रही है हत्या । जीविका के लिए, खेल के लिए, कारण-अकारण से, इच्छा-अनिच्छा से, हत्या की ताड़न ही तो निखिल-विश्व को महाचक्र की तरह घुमाती चली जा रही है । महाकाली कालस्वरूपिणी खड़ी है रक्तपिपासु लाल-जिह्वा निकाले ! विश्व की दसों दिशाओं से चिर रक्तधारा फटी पड़ती है । और उनके अनन्त खर्पर में निष्पेषित द्राक्षा से जैसे रस निकलता हो ।"

रवीन्द्र-साहित्य, भाग १४, पृ. ३४

उपर्युक्त अनुवाद में सम्पूर्ण मूल भाव आ गया है । भाषा भी नाट्यसंवाद के अनुरूप है । साहित्य अकादमी द्वारा प्रकाशित प्रफुल्लचन्द्र ओझा 'मुक्त'का अनुवाद इससे भी उत्कृष्ट है । उसके संवाद और भी समुचित तथा आकर्षक हैं । आलोच्य अंश का अनुवाद इस प्रकार है -

आओ वत्स, तब तुम्हें एक शिक्षा और दूँ ।
पाप-पुण्य कुछ भी नहीं है । कौन भ्राता है,
कौन अपना या पराया ? कहा किसने
हत्या करना है पाप ? विश्व यह सारा है
एक महा हत्या-शाला । जानते नहीं हो क्या,
डालते पलक लक्ष-कोटि प्राणी नित्य ही
सदा के लिए मूँद लेते आँख ! किसकी
माया की है क्रीड़ा यह ? धूलि इस जग की
हत्या से सनी हुई है - प्रति पदक्षेप से
शत-शत कीट दबकर मर जाते हैं -
जीव वे नहीं हैं ? महाकाल विश्वपत्र पर
लिखता निरन्तर है अक्षरों से रक्त के
जीवों का क्षणिक इतिहास ! हत्या वन में
होती है, लोकालय में और विहंग-नीड़ में,
कीट-गह्वरों में हत्या होती है, उदधि के

जल में अगाध, हत्या होती नील नभ में ।
हत्या जीविका के लिए, खेल के बहाने भी,
हत्या बिना कारण के, होती अनिच्छा से भी -
चलता है सारा विश्व ताड़ना से हत्या की
साँस रोक भागा जा रहा है प्राणपण से,
पल भर को भी वह रुक नहीं पाता है,
व्याघ्र के खदेड़ने से जैसे मृग भागता ।
तृषातीक्ष्ण लोलजिह्वा फैलाकर हैं खड़ी
महाकाली कालरूपिणी - कि रक्तधारा है
विश्व के चतुर्दिक् से बह , फट पड़ती
खप्पर में उनके अनन्त ; जैसे बहती
रस-धार दाख-फल को निचोड़ देने से ।

उपर्युक्त उदाहरणों से स्पष्ट है कि साहित्य अकादमी द्वारा प्रस्तुत अनुवाद उत्कृष्ट है । अन्तिम चार पंक्तियों का अनुवाद अत्यन्त सुन्दर बन पड़ा है ।

चित्रांगदा

चित्रांगदा नाट्यकाव्य है । साहित्य अकादमी द्वारा प्रकाशित रवीन्द्रनाथ के नाटक की *प्रस्तावना* में प्रमथनाथ विशि इसके संबंध में लिखते हैं - "महाभारत में वर्णित मणिपुर की राजदुहिता चित्रांगदा तथा अर्जुन की कहानी अतिशय संक्षिप्त है जो दो एक साधारण मन्तव्यों के भीतर ही निबद्ध है । मूल कहानी के शुष्क कंकाल को रवीन्द्रनाथ की लेखनी के इन्द्रजाल ने अपूर्व लावण्य तथा अमर जीवन प्रदान किया है । दोनों को मिलाकर पढ़ने से कवि की सृजन-शक्ति हमें विस्मित कर देती है ।" *चित्रांगदा* के पाँच से अधिक हिन्दी अनुवाद हुए हैं । *चित्रांगदा* के प्रकाशन (१८९२) के दो-तीन वर्षों के भीतर ही इसका पहला अनुवाद प्रकाशित हुआ । इससे प्रमाणित होता है कि नोबेल पुरस्कार की प्राप्ति के पश्चात् रवीन्द्रनाथ की ख्याति के बहुत पूर्व ही उनकी रचनाओं के हिन्दी अनुवाद होने लगे थे । गोपालराम गहमरी ने १८९५ ई. में *चित्रांगदा* का अनुवाद किया जो एम.पी. एण्ड कम्पनी, बम्बई से प्रकाशित हुआ । गिरिधर

शर्मा नवरत्न ने १९१९ में इसका अनुवाद किया जो मध्यभारत पुस्तक एजेन्सी, इन्दौर से प्रकाशित हुआ । ये दोनों अनुवाद उपलब्ध नहीं हो सके । मुंशी अजमेरी द्वारा अनूदित *चित्रांगदा* का महत्त्वपूर्ण अनुवाद उपलब्ध है जो साहित्य सदन, चिरगाँव, झाँसी से १९२८ में प्रकाशित हुआ । इसकी भूमिका वृन्दावनलाल वर्मा ने लिखी है । यह एक उत्कृष्ट अनुवाद है । इसमें प्रसंग के अनुसार सहज एवं संश्लिष्ट शब्द-योजना द्वारा सुन्दर अनुवाद किया गया है । सरल अनुवाद का एक उदाहरण इस प्रकार है -

मूल -

कोनो गृहे नाइ तब प्रिये, जे भवने
काँदिछे विरहे तव प्रियपरिजन ?
नित्य स्नेहसेवा दिये जे आनन्दपुरी
रेखेछिले सुधामग्न करे, जेथाकार
प्रदीप निबाये दिये एसेछ चलिया
अरण्येर माझे ? आपन शैशवस्मृति
जेथाय काँदिते जाय हेन स्थान नाइ ?

अंश ८, अर्जुन तथा चित्रांगदा,अर्जुन का कथन

अनुवाद -

प्राणप्रिये, धाम क्या तुम्हारा नहीं कोई भी !
प्रिय परिवार जहाँ विरह तुम्हारे में
रोता है ? सदैव स्नेह-सेवा से सुधामयी
रखी थी बना के जो प्रमोदपुरी, जिसका
दीपक बुझा के चली आई हो अरण्य में ?
आप बाल्यकाल-स्मृति जाती जहाँ रोने को,
कहीं भी नहीं है स्थान ऐसा ?

चित्रांगदा, पृ. ४४

उपर्युक्त अंश में मूल में जिस प्रकार सहज-सरल संवाद हैं, अनुवाद में भी उसी प्रकार सहजतापूर्वक अर्जुन के भावों को अभिव्यक्त किया गया है । इसी प्रकार मूल के विचार-भावपूर्ण स्थलों का भी सुन्दर अनुवाद किया गया है । ऐसे स्थलों पर मूल में तत्सम शब्दावली की बहुलता है, अतः अनुवाद में भी तत्सम शब्दों के उपयोग द्वारा मूल भावों तथा सौन्दर्य की रक्षा की गई है । एक उदाहरण -

मूल - तबे ताइ होक । सखा, दक्षिण पवन
दाओ तबे निश्वसिया प्राणपूर्ण वेगे ।
अंगे-अंगे उतुक उच्छ्वास पुनर्वार
नवोल्लासे यौवनेर क्लान्त मन्द स्रोत ।
आजि मोर पंच पुष्पशरे, निशीथेर
निद्राभेद करि, भोगवती तटिनीर
तरंग - उच्छ्वासे प्लावित करिया दिव
बाहुपाशे बद्ध दुटि प्रेमिकेर तनु ।

अंश १०, मदन, वसन्त तथा चित्रांगदा, मदन का कथन

अनुवाद - एवमस्तु । हे सखे,
छोड़ो तव दक्षिण-समीर श्वास भर के
प्राणपूर्ण वेग से कि उच्छ्वसित हो उठे
यौवन का क्लान्त-मन्द-स्रोत नवोल्लास से
अंग-अंग बीच पुनर्वार । आज मेरे ये
पाँचों पुष्पवाण भेद रजनी की नींद को,
भोगवती तटिनी-तरंग-समुच्छ्वास से
प्लवित करेंगे युग्म प्रेमिक शरीरों को -
होंगे जो परस्पर निबद्ध बाहु-पाश में ।

चित्रांगदा, पृ. ६०

उपर्युक्त अनुवाद से स्पष्ट है कि मुंशी अजमेरी ने काव्यानुवाद का सुन्दर उदाहरण प्रस्तुत किया है ।

रवीन्द्र-साहित्य-मन्दिर, कलकत्ता द्वारा प्रकाशित रवीन्द्र-साहित्य के भाग २३ में *चित्रांगदा* का अनुवाद है । इसका अनुवाद श्यामसुन्दर खत्री ने किया है । यह अनुवाद भी अच्छा है । मूल नाट्यकाव्य का सौन्दर्य यहाँ सुरक्षित है । प्रसंग, संवादात्मक शैली आदि का अनुवाद में पूरा ध्यान रखा गया है । एक उदाहरण -

मूल - बलो-बलो । श्रवणलालसा
क्रमश बाड़िछे मोर । हृदय ताहार

करितेछे अनुभव हृदयेर माझे ।
जेन पान्थ आमि, प्रवेश करेछि गिया
कोन् अपरुप देशे अर्धरजनीते ।
नदीगिरिवनभूमि सुप्तिनिमगन,
शुभ्रसौधकिरीटिनी उदार नगरी
छायासम अर्धस्फुट देखा जाय, शुना
जाय सागरगर्जन ; प्रभातप्रकाशे
विचित्र विस्मये जेन फुटिबे चौदिक ;
प्रतीक्षा करिया आछि उत्सुक हृदये
तारि तरे । बलो बलो, शुनि तार कथा।

अंश ९, वनचरगण ओ अर्जुन, अर्जुन का कथन

अनुवाद -

कहो, कहो, रुको मत ।
सुनने की लालसा है तीव्रतर होती जाती ।
उसके हृदय को मैं अपने हृदय में ही
अनुभव कर रहा । लगता है, पान्थ हूँ मैं,
मानो आधी रात को प्रवेश किया मैंने किसी
अपरूप देश में । सरित गिरि वनभूमि
निद्रा में निमग्न वहाँ। शुभ्र सौध-किरीटिनी
नगरी उदार छाया-सम अर्ध परिस्फुट
दिख रही, गर्जन समुद्र का सुनाई देता ।
प्रात का प्रकाश पा के प्रस्फुटित होंगे मानो
परम आश्चर्यकारी दृश्य चारों ओर वहाँ ।
उसी की प्रतीक्षा मानो करता हूँ उत्सुक हो ।
कहो, कहो, उसकी मैं सुनूँगा कहानी आज ।

रवीन्द्र-साहित्य, भाग २३, पृ. ३९

साहित्य अकादमी द्वारा प्रकाशित *रवीन्द्रनाथ के नाटक,* भाग १ के अन्तर्गत *चित्रांगदा* का अनुवाद है । इसका अनुवाद हंसकुमार तिवारी ने किया है । अनुवाद अच्छा है, किन्तु गद्यानुवाद है । नाट्यकाव्य का गद्यानुवाद प्रभावकारी

नहीं है । नाट्यकाव्य की संवाद-शैली का सौन्दर्य यहाँ नहीं आ सका है । इस तरह अनुवाद अच्छा है, किन्तु मूल नाटक का सौन्दर्य यहाँ उपस्थित नहीं है । उपर्युक्त अंश का अनुवाद यहाँ निम्न प्रकार से है –

"कहो-कहो । सुनने की लालसा क्रमशः बढ़ रही है । हृदय से उसके हृदय का अनुभव कर रहा हूँ । मानो पथिक हूँ, किसी अनोखे देश में आधी रात को जा निकला हूँ । नदी, वन, पर्वत, नींद में डूबे, शुभ्र सौध शिखरों वाली उदार नगरी छाया-जैसी धुँधली दीखती हैं ; सागर का गर्जन सुनाई पड़ता है ; सबेरे की जोत में मानो चहुँदिशि एक अनोखे विस्मय में निखरेंगी - उत्सुक हृदय से मैं उसी की प्रतिक्षा कर रहा हूँ। कहो, सुनूँ ।"

रवीद्रनाथ के नाटक, भाग-१, पृ. १२६

हास्यकौतुक

रवीन्द्रनाथ के इस नाटक का एकमात्र हिन्दी अनुवाद उपलब्ध है । इसका अनुवाद रूपनारायण पाण्डेय ने किया है जो इंडियन प्रेस, प्रयाग से १९२३ ई. में प्रकाशित हुआ । इसे एक अच्छा अनुवाद कहा जा सकता है । यह पूरा नाटक संवादात्मक है अर्थात् छोटे-छोटे संवादों से ही प्रसंग आगे बढ़ते हैं । इस अनुवाद में नाटक के संवादों के अनुवाद में सतर्कता बरती गई है, किन्तु मूल नाटक के नामों को बदल दिया गया है, जो उचित नहीं है । एक उदाहरण -

मूल - "केवलराम । मशाय भालो आछेन ?

चण्डीचरण । "भालो आछेन" माने की ?

केवलराम । अर्थात् सुस्थ आछेन ?

चण्डीचरण । स्वास्थ्य काके बले ?

केवलराम । आमि जिज्ञासा करेछिलाम, मशायेर शरीर-गतिक

चण्डीचरण । तबे ताइ बलो । आमार शरीर केमन आछे जानते चाओ। तबे केन जिज्ञासा करछिले आमि केमन आछि ? आमि केमन आछि आर आमार शरीर केमन आछे कि एकइ हल ? आमि के आगे सेइ बलो ।

केवलराम । आज्ञे, आपनि तो चण्डीचरण बाबू ।

चण्डीचरण । से विषये गुरुतर तर्क उठते पारे ।

केवलराम । तर्क केन उठबे ! आपनि वरंच आपनार पिताठाकुर के जिज्ञासा करबेन ।

चण्डीचरण । नाम जिनिसटा की ? नाम काके बले ?

केवलराम । (बहु चिन्तार पर) नाम हच्छे मानुषेर परिचयेर –

चण्डीचरण । नाम कि केवल मानुषेरइ आछे, अन्य प्राणीर नेइ ?"

हास्यकौतुक, सूक्ष्मविचार, चण्डीचरण ओ केवलराम

अनवाद - "गौरी - आप अच्छे तो हैं ?

लक्ष्मी - "अच्छे तो हैं" के माने क्या ?

गौरी - अर्थात् आपका स्वास्थ्य कैसा है ?

लक्ष्मी - स्वास्थ्य क्या चीज है ?

गौरी - मैं पूछता था कि आपका शरीर –

लक्ष्मी - हाँ तो यह कहो । तुम यह जानना चाहते हो कि मेरा शरीर कैसा है ? तो फिर तुमने यह क्यों पूछा था कि मैं कैसा हूँ ? मैं कैसा हूँ और मेरा शरीर कैसा है, यह क्या एक ही बात हुई ? पहले यही कहो कि 'मैं' कौन हूँ।

गौरी - आप पण्डित लक्ष्मीनारायण हैं ।

लक्ष्मी - इस बारे में बहुत कुछ वाद-विवाद किया जा सकता है ।

गौरी - तर्क और विवाद की क्या जरुरत है ; आप न हो, अपने पिता जी से पूछ देखिये ।

लक्ष्मी - अच्छा नाम क्या है ? नाम किसे कहते हैं ?

गौरी - (बहुत सोचकर) नाम है मनुष्य का परिचय ।

लक्ष्मी - नाम क्या केवल मनुष्यों के ही होता है ? अन्य प्राणियों के नहीं होता ?"

हास्यकौतुक, सूक्ष्म विचार, लक्ष्मीनारायण और गौरीशंकर

व्यंग्यकौतुक

रवीन्द्रनाथ के इस नाटक के दो अनुवाद हुए हैं । पहला अनुवाद इंडियन प्रेस, इलाहाबाद से १९२४ ई. में प्रकाशित हुआ । इसका अनुवाद रूपनारायण पाण्डेय ने किया । दूसरा अनुवाद किताब महल, इलाहाबाद से १९५६ में प्रकाशित हुआ । यह अनुवाद महादेव साहा ने किया । दोनों ही उपलब्ध नहीं हो सके।

शारदोत्सव

रवीन्द्रनाथ के इस महत्त्वपूर्ण नाटक का एक ही अनुवाद उपलब्ध है । अन्य किसी अनुवाद की जानकारी नहीं मिल सकी। प्रभात प्रकाशन, मथुरा से १९६५ में *शारदोत्सव* का अनुवाद प्रकाशित हुआ, जिसका अनुवाद राजेश दीक्षित ने किया है । यह अनुवाद सामान्य है, अनुवाद में अधिक सतर्कता नहीं बरती गई है। अनुवाद में मूल भाव सामान्य रूप से आ गए हैं । एक उदाहरण –

मूल - "हाय हाय, तोमार मतो काँचा वयसेर छेलेके ओ ऋणशोध करते हय ! आर,एमन दिने ओ ऋणशोध ! - ठाकुर आज नतुन उत्तरे हावाय ओ पारे काशेर वने ढेउ दियेछे, ए पारे धानेर खेतेर सबुज चोख्र एकेबारे डुबिये दिले, शिउलिवन थेके आकाशे आज पूजोर गन्ध भरे उठेछे, एरइ माझखाने ओइ छेलेटि आज ऋणशोधेर आयोजने बसे गेछे – एओ कि चक्षे देखा जाय ?"

शारदोत्सव, द्वितीय दृश्य, ठाकुरदा का कथन

अनुवाद - "हाय हाय, तुम्हारे जैसे कच्ची उम्र के लड़के को भी कर्ज चुकाना पड़ेगा । और ऐसे दिन में भी कर्ज-चुकाना ! महाराज, आज नयी उत्तरी वायु से उस पार के काश वन लहरा रहें हैं । इस पार धान खेतों की हरियाली आँखों को एक दम डुबाये दे रही है । हरसिंगार के वन में से आज आकाश में पूजा की गन्ध भर उठी है । इस सब के बीच यह लड़का आज कर्ज चुकाने की तैयारी में बैठा हुआ है, यह क्या आँखों से देखा जा सकता है ?

शारदोत्सव पृ. ३०

डाकघर

रवीन्द्रनाथ के इस प्रसिद्ध नाटक के छः अनुवाद मिलतें हैं । इस नाटक की रचना १९१२ में हुई थी । इसका पहला अनुवाद १९२० का मिलता है जो इंडियन प्रेस, इलाहाबाद से प्रकाशित हुआ । इसके अनुवादक हैं प्रभासचन्द्र । नारायण दत्त सहगल एंड संस, दिल्ली से १९४९ में *डाकघर* का चतुर्थ संस्करण प्रकाशित हुआ । साहित्य सदन, कलकत्ता से १९५८ में इसका अनुवाद प्रकाशित हुआ, जिसका अनुवाद राधेश्याम पुरोहित ने किया । रवीन्द्र-साहित्य-मन्दिर द्वारा प्रकाशित रवीन्द्र-साहित्य के भाग ११ में इस नाटक का अनुवाद प्रकाशित हुआ, जिसका अनुवाद धन्यकुमार जैन ने किया । साहित्य अकादमी द्वारा प्रकाशित *रवीन्द्रनाथ के नाटक* के भाग २ में इसका अनुवाद है । अनुवाद प्रफुल्लचन्द्र ओझा 'मुक्त' ने किया है । ये सभी अनुवाद अच्छे हैं । सबमें बालोपयोगी भाषा का प्रयोग किया गया है । साहित्य अकादमी के अनुवाद से एक उदाहरण द्रष्टव्य है –

मूल - "ता आमि जानि ने । आमि जेन चोखेर सामने देखते पाइ - मने हय जेन आमि अनेकबार देखेछि - से अनेकदिन आगे-कतदिन ता मने पड़ेना । बलब ? आमि देखते पाच्छि, राजार डाक-हरकरा पाहाड़ेर उपर थेके एकला केवलइ नेमे आसछे – बाँ हाते तार लंठन, काँधे तार चिठिर थलि । कत दिन कत रात धरे से केवलइ नेमे आसछे । पाहाड़ेर पायेर काछे झरनार पथ जेखाने फुरियेछे सेखाने बाँका नदीर पथ धरे से केवलइ चले आसछे -नदीर धारे जोयारिर खेत, तारइ सरु गलिर भितर दिये दिये से केवलइ आसछे – तार परे आखेर खेत – सेइ आखेर खेतेर पाश दिये उँचू आल चले गियेछे, सेइ आलेर उपर दिये से केवलइ चले आसछे – रातदिन एकलाटि चले आसछे ; खेतेर मध्ये झिंझि पोका डाकछे – नदीर धारे एकटिओ मानुष नेइ, केवल कादा-खोंचा लेज दुलिये दुलिये बेड़ाच्छे – आमि समस्त देखते पाच्छि । जतइ से आसछे देखछि, आमार बुकेर भितरे भारि खुशि हये हये उठछे ।"

डाकघर, दृश्य ३, अमल का कथन

अनुवाद - यह मैं नहीं जानता । ऐसा लगता है मानो मैं आँखों के सामने सब कुछ देख पाता हूँ .... लगता है, जैसे उसे मैंने बहुत बार देखा है,

लेकिन कितने दिन देखा है, यह याद नहीं आता । मैं देख रहा हूँ कि राजा का डाकिया अकेला पहाड़ से उतरता आ रहा है – उसके बाँये हाथ में लालटेन है, कंधे पर चिट्ठियों का थैला है । कितने दिन, कितनी रातों से वह उतरता ही चला आ रहा है । पहाड़ की तलहटी में जहाँ झरने का रास्ता खत्म हो गया है, टेढ़ी नदी की राह पकड़कर वह चला आ रहा है । नदी के किनारे जुआरी का जो खेत है - उसीकी संकरी पगडंडी के बीच से वह लगातार चला आ रहा है – उसके बाद ईख के खेत हैं, उन खेतों के पास से ही ऊँची पगडंडी चली गई है । उसी पगडंडी से वह लगातार चला आ रहा है । रात-दिन एक करके चला आ रहा है । खेतों में झिल्लियाँ बोल रही हैं । नदी के किनारे एक भी आदमी नहीं है, सिर्फ कादाखोंचा (बंगाल के जलासयों के निकट पाया जाने वाला एक पक्षी, जिसे कीचड़ रौंदना बहुत पसन्द है) अपनी पूँछ हिलाता हुआ घूम रहा है । मुझे सब कुछ दिखाई पड़ रहा है फकीर ! ज्यों-ज्यों उसे आता हुआ देखता हूँ, मेरे मन की खुशी उमड़-उमड़ पड़ती है ।

रवीन्द्रनाथ के नाटक, भाग २, पृ. १३४

उपर्युक्त उदाहरण में मूल के सभी भाव आ गए हैं । अनुवाद सहज एवं प्रवाहपूर्ण है ।

मुक्तधारा

इस नाटक के चार अनुवाद उपलब्ध हैं । पहला उपलब्ध अनुवाद १९२५ का है, जिसका अनुवाद धर्मेन्द्रनाथ शास्त्री ने किया है जो हिन्दी-ग्रन्थ-रत्नाकर कार्यालय, बम्बई से प्रकाशित हुआ । यह अनुवाद सी. एफ. एण्ड्रूज को समर्पित है । नाटक के प्रारंभ में एक जर्मन विद्वान डॉ. हेलमथवान रलेसनप की समालोचना तथा अनुवादक की विस्तृत भूमिका है । अनुवादक ने लिखा है - "सुना है *मुक्तधारा* के हिन्दी अनुवाद और भी कई सज्जनों ने किये हैं और उनमें से दो शीघ्र प्रकाशित होनेवाले हैं, फिर भी मैं समझता हूँ कि मेरा यह अनुवाद अनावश्यक या अनुपयोगी न होगा । क्योंकि इसमें एक विशेषता है, वह है इसकी आलोचनात्मक भूमिका जिसमें कवीन्द्र के सन्देश पर विस्तार के साथ विचार किया गया है । मेरा विश्वास है कि उक्त भूमिका से साधारण पाठक

भी इस नाटक के मर्म को सरलता से समझ सकेंगे ।

नाटकों की भाषा जैसी परिष्कृत और सजीव होनी चाहिए वैसी शायद इस अनुवाद की नहीं हो सकी है, फिर भी यह त्रुटि बहुत अंशों तक श्री नाथूरामजी प्रेमी के संशोधन से दूर हो गई है ।"

इस नाटक के गीतों का अनुवाद मुंशी अजमेरी ने किया है, जिसकी चर्चा अनुवादक ने की है । संपूर्ण अनुवाद सहज एवं प्रवाहपूर्ण है ।

रवीन्द्र-साहित्य-मंदिर द्वारा प्रकाशित रवीन्द्र-साहित्य के भाग २८ में *मुक्तधारा* का अनुवाद है । यह अनुवाद भी संपूर्ण एवं सहज है । इसका अनुवाद धन्यकुमार जैन ने किया है । साहित्य अकादमी द्वारा प्रकाशित *मुक्तधारा* (रवीन्द्रनाथ के नाटक, भाग २) का अनुवाद भारतभूषण अग्रवाल ने किया है । यह भी एक उत्कृष्ट अनुवाद है । विश्वभारती एवं साहित्य अकादमी के तत्त्वावधान में १९८६ में *मुक्तधारा* का प्रकाशन हुआ । इसके मूल अनुवादक प्रबोध कुमार मजूमदार हैं । यह अनुवाद पूर्ण जरूर है किन्तु अनुवाद में प्रवाह नहीं है, बंगला के प्रभाव से अनुवाद की भाषा, वाक्यगठन मुक्त नहीं है । अन्य तीन अनुवाद अच्छे बन पड़े हैं। तीनों से एक-एक उदाहरण द्रष्टव्य हैं –

मूल - "मानुषेर भितरकार रहस्य विधाता बाइरेर कोथाओ-ना-कोथाओ लिखे रेखे देन ; आमार अन्तरेर कथा आछे ओइ मुक्तधारार मध्ये । तारइ पाये ओरा जखन लोहार बेड़ि परिये दिले तखन हठात् जेन चमक भेंगे बुझते पारलुम उत्तरकूटेर सिंहासनइ आमार जीवनस्रोतेर बाँध। पथे बेरियेछि तारइ पथ खुले देवार जन्ये ।"

रवीन्द्र रचनावली, खंड ५ (पश्चिम बंग सरकार) पृ. ८४७

अनुवाद - "विधाता प्रत्येक मनुष्य के आन्तरिक जीवन का रहस्य बाह्य जगत् में कहीं न कहीं अवश्य लिख रखता है । मेरे जीवन के गुप्त रहस्य का संकेत मुक्तधारा के झरने में है । जब मैंने देखा कि उसकी गति को प्रतिरुद्ध करने के लिए उसके पैरों में लोहे की बेड़ी डाल दी गई, तब एकाएक मैं चौंक पड़ा और मैंने समझ लिया कि यह उत्तरकूट का सिंहासन ही मेरे जीवन के स्वच्छन्द प्रवाह को रोकने वाला बाँध है । मैं इसलिए घर से निकला हूँ कि उसकी गति को बाधारहित कर दूँ ।"

मुक्तधारा (अनु. धर्मेन्द्रनाथ शास्त्री) पृ. २७

अनुवाद - "मनुष्य के भीतर का रहस्य विधाता बाहर कहीं-न-कहीं लिख रखते हैं। मेरे अन्तर की बात लिखी है उस मुक्तधारा में; और उसी के पावों में जब उन लोगों ने लोहे की बेड़ियाँ डाल दीं, तो सहसा मेरी आँखें खुल गईं, देखा कि उत्तरकूट का सिंहासन ही मेरे जीवन-स्रोत का बाँध है। आज मैं उस पथ को खोल देने के लिए ही पथ पर निकल पड़ा हूँ।"

रवीन्द्र-साहित्य, भाग २८ (अनु.ध.कु.जैन) पृ.७८

अनुवाद - "मनुष्य के अन्दर का रहस्य विधाता कहीं-न-कहीं बाहर लिख रखते हैं; मेरे अन्तर का संवाद इसी मुक्तधारा में है। जब उसी के पैर में उन्होंने लोहे की बेड़ी पहना दी, तभी अचानक चौंककर मैं समझ गया कि उत्तरकूट का सिंहासन ही मेरी जीवनधारा का बाँध है। उसी की राह खोलने के लिए मैं राह पर निकल पड़ा हूँ।"

रवीन्द्रनाथ के नाटक, भाग २ (अनु.भा.भू.अग्रवाल) पृ. १६४

उपर्युक्त तीनों अनुवादों में भारतभूषण अग्रवाल का अनुवाद सबसे सुन्दर है। इसकी भाषा हिन्दी की प्रकृति के अनुकूल तथा नाटकीय संवाद के अनुरूप है। इन उद्धरणों के माध्यम से पूरे अनुवाद के संबंध में यह बात कही जा सकती है।

चिरकुमार सभा

इस नाटक के दो अनुवादों का पता चल सका है। पहला अनुवाद नाथूराम प्रेमी ने किया है जो हिन्दी-ग्रन्थ-रत्नाकार, बम्बई से प्रकाशित हुआ। दूसरा अनुवाद साहित्य अकादमी के *रवीन्द्रनाथ के नाटक,* भाग १ के अन्तर्गत है। इसका अनुवाद भारतभूषण अग्रवाल ने किया है। यह अनुवाद भी उत्कृष्टकोटि का है। अनुवाद में नाटकीय शिल्प, कथोपकथन, वर्णन आदि के अनुवाद में स्थान, काल, पात्र का पूरा ध्यान रखा गया है। अनुवाद स्पष्ट एवं सुन्दर है।

नटीर पूजा

इस नाटक का एक अनुवाद उपलब्ध है जो *नटी की पूजा* शीर्षक से विश्वभारती ग्रंथालय से १९३९ में प्रकाशित हुआ। इसका अनुवाद भगवतीप्रसाद

चन्दोला ने किया है । यह एक अत्यन्त उत्कृष्ट अनुवाद है, लेकिन इसमें गीतों का अनुवाद नहीं है, मूल गीतों को देवनागरी लिपि में दिया गया है। नाटक के अन्त में उनकी हिन्दी छाया है। इस नाटक के अनुवाद का एक उदाहरण –

मूल - "आमार कथाटा बलि। महाराज बिम्बिसार संवाद पाठियेछेन तिनि आज आसबेन। ताँर इच्छा आमि प्रस्तुत थाकि। तोमरा भावछ ओर जन्य साजब ! जे-मानुष राजाओ नय भिक्षुओ नय, जे-मानुष भोगेओ नेइ त्यागेओ नेइ, ताके अभ्यर्थना ! कखनो ना । वासवी, तोमाके बार-बार बलछि, एइ पौरुषहीन आत्मावमानननार धर्म के किछुते स्वीकार कोरो ना।

रवीन्द्र-रचनावली, खंड ६, (पश्चिम बंग सरकार) पृ. १५८

अनुवाद - "अपनी बात कहूँ । महाराज बिम्बिसार ने संवाद भेजा है कि वे आज आएँगे। उनकी इच्छा है कि मैं प्रस्तुत रहूँ । तुम लोग समझते हो कि मैं उनके लिए श्रृंगार करूँगी ! जो मनुष्य राजा भी नहीं, भिक्षु भी नहीं, जो मनुष्य भोग में भी नहीं, त्याग में भी नहीं, उसकी अभ्यर्थना ! कभी नहीं ! वासवी, तुमसे बारबार कहती हूँ, इस पौरुषहीन आत्मावमानना के धर्म को किसी तरह स्वीकार न करना।"

नटी की पूजा, पृ. ३७

रक्तकरबी

इस नाटक का अनुवाद हजारीप्रसाद द्विवेदी ने किया है जो *लाल कनेर* शीर्षक से प्रकाशित है । यह अनुवाद सर्वप्रथम 'विश्वभारती पत्रिका' के खंड ३-४ में प्रकाशित हुआ । फिर विश्वभारती ने इसे ग्रंथ के रूप में छापा । साहित्य अकादमी द्वारा प्रकाशित *रवीन्द्रनाथ के नाटक,* भाग २ में इसे संकलित किया गया है । इस अनुवाद में गीतों का गद्यानुवाद दिया गया है । यह अनुवाद भी उत्कृष्ट अनुवाद है तथा नाट्यानुवाद का आदर्श प्रस्तुत करता है । एक उदाहरण -

मूल - "जे अपराधेर शास्ति देबार केउ नेइ सेटा पाप हते पारे किन्तु अपराध नय । नन्दिनी, ए - समस्त थेके तुमि एकेबारे चले एसो । शिकड़ेर मुठो मेले गाछ माटिर नीचे हरण-शोषणेर काज करे, सेखाने तो फुल फोटाय ना । फुल फोटे उपरेर डाले, आकाशेर दिके । ओगो रक्तकरबी, आमादेर माटिर

तलाकार खबर निते एसो ना, उपरेर हावाय तोमार दोल देखब बले ताकिये आछि । - ओइ जे सर्दार । आमि तबे सरि । तोमार संगे कथा कइ ए ओ सइते पारे ना ।”

रवीन्द्र-रचनावली, खंड ६, (पश्चिम बंग सरकार) पृ. २२३

अनुवाद - “जिस अपराध का दण्ड देनेवाला कोई नहीं है, वह पाप हो सकता है, किन्तु अपराध नहीं । नन्दिनी, इन सबमें से तुम एक बार निकल आओ । जड़ की मुट्ठी बाँध कर पेड़ मिट्टी के नीचे हरणशोषण का कार्य करता है, किन्तु वहाँ फूल तो नहीं खिल सकता । फूल खिलता है ऊपर की डाल में, आकाश की ओर । ओ लाल कनेर, हमारी मिट्टी के नीचे की खबर लेने मत आओ । हम टक लगाये बैठे हैं कि ऊपर की हवा में तुम्हारा झूला झूलना देखेंगे । वह सर्दार आ रहा है । तो फिर मैं हटूँ । तुम्हारे साथ बात करता हूँ । यह वह नहीं सह सकता ।”

रवीन्द्रनाथ के नाटक, भाग २, पृ. २५८

अध्याय ६

रवीन्द्रनाथ के उपन्यासों के हिन्दी अनुवाद

रवीन्द्रनाथ के चौदह उपन्यास हैं । इन सभी के एकाधिक अनुवाद उपलब्ध हैं । रवीन्द्रनाथ के उपन्यास-अनुवादकों में रूपनारायण पाण्डेय (चोखेर बालि), धन्यकुमार जैन (चोखेर बालि तथा अन्य), इलाचन्द्र जोशी (योगायोग), हजारीप्रसाद द्विवेदी (दुइ बोन), मोहनलाल वाजपेयी (चतुरंग), स.ही. वात्स्यायन 'अज्ञेय' (गोरा), हंसकुमार तिवारी (चोखेर बालि), जनार्दन झा (नौकाडुबि), विपिन बिहारी (नष्टनीड़), राजेश दीक्षित तथा रामनाथ सुमन के नाम उल्लेखनीय हैं । इनमें रूपनारायण पाण्डेय, जनार्दन झा, विपिन बिहारी, धन्यकुमार जैन, राजेश दीक्षित तथा रामनाथ सुमन ने कई उपन्यासों के अनुवाद किए हैं । उपन्यास के प्रमुख प्रकाशकों में इंडियन प्रेस, इलाहाबाद, हिन्दी-ग्रंथ-रत्नाकर , बम्बई, प्रभात प्रकाशन, मथुरा-दिल्ली, रवीन्द्र-साहित्य-मन्दिर, कलकत्ता तथा साहित्य अकादमी, दिल्ली और उसके तत्त्वावधान में हिन्द पॉकेट बुक्स हैं । यहाँ कालक्रमानुसार रवीन्द्रनाथ के उपन्यासों के प्रमुख हिन्दी अनुवादों की चर्चा की जा रही है -

बउ-ठाकुरानीर हाट (१८८३)

इस उपन्यास के आठ अनुवादों की जानकारी मिली है, जिनमें दो एक को छोड़ कर सभी अनुवाद उपलब्ध हैं । इसका पहला प्राप्त अनुवाद जनार्दन झा कृत १९१२ ई. का है जो इंडियन प्रेस, इलाहाबाद से *विचित्रवधू-रहस्य* शीर्षक से प्रकाशित हुआ । यह अनुवाद पूरा है, संक्षेप नहीं किया गया है तथा मूल भाव अनुवाद में पूरी तरह आ गए हैं ।

कालीप्रसाद शुक्ल ने इस उपन्यास का अनुवाद *ठकुरानी बहू का बाजार* शीर्षक से किया है जो काशी पुस्तक भण्डार, काशी से १९४४ में प्रकाशित हुआ । अनुवाद संपूर्ण नहीं है, मुख्य कथांशों तथा घटनाओं का ही अनुवाद है । उपन्यास की काव्यमय भाषा का सही अनुवाद नहीं हो सका है । ऐसे कई स्थलों के अनुवाद नहीं हैं, जो वर्णन की दृष्टि से सौन्दर्यपूर्ण एवं महत्त्वपूर्ण हैं । विपिन बिहारी का अनुवाद *ठकुरानी बहू का बाजार* शीर्षक से प्रभात प्रकाशन, मथुरा से प्रकाशित हुआ । इसका दूसरा संस्करण १९५८ में प्रकाशित हुआ । पहला संस्करण १९५३ में प्रकाशित हुआ था । इस अनुवाद में भी संक्षेप शैली से काम लिया गया है तथा केवल कथांशों का ही अनुवाद है । मूल उपन्यास सैंतीस परिच्छेदों में है जबकि अनुवाद केवल बाईस परिच्छेदों में है । अनुवाद की भाषा भी बहुत अच्छी नहीं है । अनुवाद में अत्यन्त सामान्य भाषा का प्रयोग किया गया है - "एक ग्रीष्मकालीन रात को, हवा बिल्कुल बन्द थी । गर्मी के मारे नींद नहीं आ रही थी । हवा की लालसा में बहुत देर तक महाराज प्रतापादित्य के ज्येष्ठ पुत्र युवराज उदयादित्य अपनी रानी के साथ अपने शयनकक्ष की खिड़की में बैठे रहे ।" (पृ. ५)

रवीन्द्र-साहित्य-मन्दिर, कलकत्ता से रवीन्द्र-साहित्य, भाग २७ के अन्तर्गत १९५६ में इस उपन्यास का अनुवाद *बहू-रानी की हाट* शीर्षक से हुआ । इसका अनुवाद धन्यकुमार जैन ने किया है । यह अनुवाद सम्पूर्ण है तथा मूल अर्थ को प्रकट करने में पूर्ण सक्षम है । भाषा प्रवाहपूर्ण है तथा मूल वर्णन-सौन्दर्य को सुरक्षित रखने का अच्छा प्रयास किया गया है - "बहुत रात हो चुकी है । गरमी के दिन हैं, हवा बिल्कुल बन्द है, पेड़ के पत्ते तक नहीं हिल रहे हैं । यशोहर के युवराज प्रतापादित्य के ज्येष्ठ पुत्र, उदयादित्य अपने शयनगृह के वातायन के पास बैठे हैं, पास में हैं उनकी स्त्री सुरमा । सुरमा ने कहा - "प्रियतम सब सहते रहो, धीरज धरो । सुख के दिन आयेंगे ही कभी न कभी ।" (पृ. ३)

श्यामू सन्यासी द्वारा अनूदित *बहूरानी* १९६० में हिन्द पॉकेट बुक्स, दिल्ली से प्रकाशित हुआ । इस अनुवाद में भी कहीं-कहीं वर्णन-स्थलों को छोड़ दिया गया है वरना अनुवाद सहज है और मूल अर्थों की अभिव्यक्ति में अनुवादक सफल हुआ है ।

हिन्द पॉकेट बुक्स से ही इस उपन्यास का दूसरा अनुवाद पूर्व शीर्षक *बहूरानी* से १९८६ में प्रकाशित हुआ । इसका अनुवाद रणजीत साहा ने किया है । यह अनुवाद विश्वभारती एवं साहित्य अकादमी के तत्त्वावधान में हुआ है । यह सम्पूर्ण अनुवाद है । मूल उपन्यास की तरह इसमें भी सैंतीस परिच्छेद हैं । मूल उपन्यास की काव्यमय भाषा का इसमें अच्छा अनुवाद प्रस्तुत करने का प्रयास है, किन्तु कहीं-कहीं अप्रचलित शब्दप्रयोग एवं वाक्यगठन खटकते हैं, जैसे परिच्छेद २० के प्रारम्भ में - "कथा उत्थापन करिते चेष्टा करे, किछुइ कथा जोगाय ना" का अनुवाद किया गया है - "वह बात छेड़ने का प्रयत्न करती, लेकिन कोई बात सुझाई नहीं देती ।"

आलोच्य अनुवादों के स्तर को समझने के लिए मूल सहित अनुवादों के एक-एक अंश उदाहरणस्वरुप प्रस्तुत किए जा रहे हैं -

मूल - "युवराज कियत्क्षण चुप करिया थाकिया कहिलेन, "आमि निजेर जन्य तेमन भावि ना । सकलइ सहिया गियाछे । किन्तु आमार जन्य तुमि केन अपमान सह्य करिबे ? तुमि यथार्थ स्त्रीर मतो आमार दुःखेर समय सान्त्वना दियाछ, श्रान्तिर समय विश्राम दियाछ, किन्तु आमि स्वामीर मतो तोमाके अपमान हइते, लज्जा हइते, रक्षा करिते पारिलाम ना । तोमार पिता श्रीपुरराज आमार पिता के प्रधान बलिया ना मानाते, आपनाके यशोहरछत्रेर अधीन बलिया स्वीकार ना कराते, पिता तोमार प्रति अवहेला देखाइया निजेर प्रधानत्व बजाय राखिते चान । तोमाके केह अपमान करिले तिनि कानेइ आनेन ना । तिनि मने करेन, तोमाके जे पुत्रवधू करियाछेन, इहाइ तोमार पक्षे यथेष्ट । एक-एकबार मने हय आर पारिया उठि ना, समस्त परित्याग करिया तोमाके लइया चलिया जाइ । एत दिने हयतो जाइताम, तुमि केवल आमाके धरिया राखियाछ ।"

बउ-ठाकुरानीर हाट, प्रथम परिच्छेद

अनुवाद (*विचित्र वधू रहस्य*, जनार्दन झा)

"युवराज कुछ देर तक सुरमा के मुँह की ओर देखते रहे ; आखिर बोले - "प्यारी, मैं अपने लिए कुछ परवा नहीं करता । मेरे लिए सब सहनीय हो गये हैं । मेरे लिए तुम क्यों कष्ट सहोगी ? सच्ची स्त्री को पति के साथ जैसा बर्ताव रखना उचित है, तुम वैसा ही मेरे साथ रखती हो, मुझे किसी तरह का

कष्ट न हो, इसका ध्यान तुम्हारे मन में हमेशा बना रहता है । मेरे मन में जब भी किसी तरह का कोई खेद होता है तब तुम आश्वासन देकर मुझे ठिकाने लाती हो । पर मैं तुम्हारा स्वामी होकर तुम्हें अपमान या ग्लानि के दुःख से नहीं बचा सका, तुम्हें कोई सुख न दे सका । तुम्हारे पिता श्रीपुराधीश मेरे पिता की प्रधानता स्वीकार नहीं करते और न अपने को यशोहर के छत्र की छाया के अधीन समझते हैं, इससे पिताजी रुष्ट होकर उसके बदले तुम्हारी अवहेला करके ही अपने महत्त्व को रखना चाहते हैं । तुम्हारा कोई क्यों न अपमान करे, पर वे उस पर तनिक भी ध्यान नहीं देते । वे समझते हैं कि उन्होंने जो तुम्हें पुत्रवधू बनाकर अपने घर में जगह दी है यही तुम्हारे लिए बहुत है । जब ये सब बातें बरदाश्त नहीं होती तब कभी जी चाहता है कि सब छोड़ छाड़कर तुम्हे अपने साथ लेकर कहीं चल दूँ । अब तक तो मैं कभी का चला गया होता, पर तुम्हीं ने मुझे रोक रखा है ।"

उपर्युक्त अंश में अवहेला, तुम्हारा कोई क्यों न अपमान करे, तनक आदि अनुवाद ठीक नहीं है । अवहेला के स्थान पर अवहेलना होनी चाहिए, जबकि अनुवादक ने मूल की तरह अवहेला शब्द को ही रख दिया है ।

अनुवाद - (*ठकुरानी बहू का बाजार*, कालीप्रसाद शुक्ल)

"उदयादित्य क्षणभर सुरमा की ओर एकटक देखते रहे, फिर कहने लगे - प्रिये, मैं अपनी कुछ चिन्ता नहीं करता । मैं सब कुछ सहन कर सकता हूँ । मेरे लिये तुम्हें कष्ट सहन करने की क्या आवश्यकता है ? पतिव्रता स्त्री का पति के प्रति जैसा कर्तव्य उचित है, उसी प्रकार का व्यवहार तुम मेरे साथ करती हो । मुझे कोई भी कष्ट न सहन करना पड़े, इस बात पर तुम सर्वदा दृष्टि रखती हो । मेरे मानस में जब दुःख का प्रादुर्भाव होता है तब तुम सदा एक चिरसहायक की भाँति मुझे आश्वासित करती हो । किन्तु मैं तुम्हारा पति होते हुए भी अपमान अथवा ग्लानि के मानसिक कष्ट से तुम्हारी रक्षा न कर सका । तुम्हें किसी प्रकार का सुख भी न दे सका । तुम्हारे पिता श्रीपुराधिपति मेरे पिता की अधीनता स्वीकार नहीं करते और न अपने को यशोहराधीश के आश्रित ही समझते हैं, इसके बदले मेरे पिताजी तुम्हारा तिरस्कार कर अपने महत्त्व की रक्षा करना चाहते हैं । कोई तुम्हें क्यों न अपमानित करे, पर वे उस ओर तनिक भी ध्यान

नहीं देते । उनकी धारणा है कि उन्होंने पुत्रवधू के रूप में जो तुम्हें अपने गृह में स्थान दिया, यही तुम्हारे लिये यथेष्ट है । जब ये बातें सहन-शक्ति के बाहर हो जाती हैं तो कभी-कभी इच्छा होती है कि मैं केवल तुम्हें अपने साथ लेकर और इन सबका परित्याग कर कहीं चल दूँ । मैं तो पहले ही चला गया होता, किन्तु तुम्हीं ने मेरे पैरों में बेड़ी डाल रखी है ।"

आलोच्य अनुवाद मूल अर्थ को समुचित रूप से व्यक्त करने वाला तथा प्रवाहपूर्ण है । इसमें एक भी शब्द या वाक्य अवांछित नहीं है । बंगला के अवहेला शब्द के लिए यहाँ तिरस्कार शब्द का प्रयोग किया गया है जो सही है ।

अनुवाद - (*ठकुरानी बहू का बाजार*, विपिन बिहारी)

"सुरमा की बातों से युवराज को बल मिला । वह बोले - "प्रिये, जहाँ तक मेरा प्रश्न है, उसकी मुझे चिन्ता नहीं । मैं तो जन्म से ही यह सब सहने का आदी हो गया हूँ । मेरे लिये तुम्हें इतनी चिन्ता नहीं करनी चाहिये । मैं तुम्हें पाकर स्वयं को धन्य समझता हूँ । पतिव्रता का जो कर्म है, सो तुम करती ही हो । मेरे प्रति तुम सदा सजग रहती हो । तुम्हारे सहवास के कारण मुझे जो बल मिला है, उसका वर्णन मैं नहीं कर सकता हूँ । तुम अपना कर्तव्य प्राणपण से भलीभाँति पूर्ण कर रही हो । लेकिन मैं अपने कर्तव्यों का पालन नहीं कर पा रहा हूँ, यही मुझे दुःख है । पति होने के नाते मेरा धर्म था कि मैं तुम्हारी रक्षा करता और तुम्हें उपेक्षित होने से बचाता । मगर ऐसा करने में मैं स्वयं को अयोग्य पाता हूँ । दूसरे तुम्हारे पिता श्रीपुर के राजा, न तो मेरे पिता की अधीनता ही स्वीकार करते हैं और न यशोहर के राजा के आश्रित होना ही स्वीकार करते हैं । यही कारण है कि मेरे पिता तुम पर अपना क्रोध उतारते हैं । वह यही सोचकर अपने हृदय को शान्त करना चाहते हैं कि श्रीपुर के राजा की बेटी उनके यहाँ पुत्र-वधू के रूप में रहते हुए भी तिरस्कार की पात्र बनी हुई है । जब कभी मैं इस निन्दनीय विचार को सोचता हूँ तो मुझे क्रोध आ जाता है और अनेकों बार सोच चुका हूँ कि मैं तुम्हें साथ लेकर यशोहर को सदा के लिये त्याग दूँ । अगर मेरे जीवन में तुमने पदार्पण न किया होता तो मैं न जाने कब का यशोहर छोड़कर चला गया होता ।"

उपर्युक्त अनुवाद अच्छी श्रेणी का नहीं है, किसी प्रकार मूल भाव को प्रस्तुत किया गया है । न तो अनुवाद की प्रमाणिकता की ओर ध्यान दिया गया है और न भाषा के सौष्ठव तथा प्रवाह की ओर । एक दो शब्द तथा अतिरिक्त भाव भी अपनी ओर से जोड़ दिए गए हैं ।

अनुवाद - (*बहू रानी की हाट*, धन्यकुमार जैन)

"युवराज कुछ देर चुप रहे, फिर कहने लगे, "मैं अपने लिए उतना नहीं सोचता । मेरे लिए तो सब-कुछ सहनीय हो गया है । किन्तु मेरे लिए तुम क्यों अपमान सहोगी ? तुमने यथार्थ स्त्री की तरह दुःख के समय मुझे सान्त्वना दी है, श्रान्ति के समय विश्राम दिया है, किन्तु मैं पति की तरह अपमान से, लज्जा से तुम्हारी रक्षा नहीं कर सका । तुम्हारे पिता श्रीपुर-राज मेरे पिता को प्रधान-रूप में नहीं मानते, अपने को वे यशोहर के अधीन स्वीकार नहीं करते, इसका बदला तुमसे लिया जा रहा है, पिता जी तुम्हारे प्रति अवज्ञा दिखाकर अपना प्रधानत्व कायम रखना चाहते हैं । तुम्हारा कोई अपमान करता है तो वे सुनी अनसुनी कर देते हैं । वे समझते हैं, तुम्हें जो उन्होंने पुत्रवधू के रूप में स्वीकार किया है, यही तुम्हारे लिए काफी है । कभी-कभी तो ऐसी मन में आती है कि सब-कुछ छोड़-छाड़कर तुम्हें साथ लेकर चला जाऊँ कहीं । अब तक शायद मैं चला भी जाता, किन्तु केवल तुम्हीं ने पकड़ रखा है ।"

यह अनुवाद भी बहुत हलके स्तर का है । अनुवाद में शब्दों का चयन करते समय सतर्कता नहीं बरती गई है । बंगला शब्दावली तथा वाक्य-विन्यास के प्रभाव से भी यह अनुवाद मुक्त नहीं है जैसे - यथार्थ स्त्री, श्रान्ति के समय विश्राम, प्रधानत्व आदि ।

अनुवाद (*बहूरानी*, श्यामू सन्यासी)

"युवराज कुछ देर चुप रहे, फिर बोले, "मुझे अपने लिए तो उतनी चिन्ता नहीं है । सब कुछ सहनीय हो गया है । किन्तु सोच यही है कि मेरे लिए तुम्हें अपमान सहना पड़ता है; वह तुम क्यों सहो ? एक सच्ची नारी की भाँति दुःख में तुमने मुझे सान्त्वना दी है, श्रान्त होने पर विश्राम दिया है, लेकिन पति होने के नाते मैं तुम्हें अपमानित और लज्जित होने से बचा नहीं सका । तुम्हारे पिता श्रीपुर-राज मेरे पिता को अपना अधिपति नहीं मानते, वे यशोहर की

अधीनता स्वीकार नहीं करते, इसलिए मेरे पिता तुम्हारा निरादर कर अपने बड़प्पन को बनाये रखना चाहते हैं - बाप का बदला बेटी से चुकाया जा रहा है। तुम्हारा कोई अपमान करता है तो वे सुनी-अनसुनी कर देते हैं। वे समझते हैं कि तुम्हें पुत्रवधू बनाया, यही यथेष्ट हुआ। तुम पर बड़ा अनुग्रह किया। अब अधिक सहा नहीं जाता। कभी-कभी तो मन में आता है कि सब कुछ छोड़-छाड़कर तुम्हें साथ लेकर चला जाऊँ। अब तक सम्भवतः चला भी जाता, केवल तुम्हीं ने पकड़ रखा है।"

यह अनुवाद सामान्य है। मूल अर्थ की अभिव्यक्ति हो सकी है, किन्तु मूल का भाषा-सौष्ठव यहाँ नहीं है।

अनुवाद - (*बहूरानी*, रणजीत साहा)

"युवराज कुछ देर तक चुप रहे, फिर बोले, "दुःख ? अपने लिए तो उतनी चिन्ता नहीं। अब सबकुछ सह्य हो गया है। दुःख यही है कि मेरे लिए तुम्हें अपमान सहना पड़ता है; क्यों भला ? एक सच्ची नारी की भाँति दुःख में तुमने मुझे सान्त्वना दी है, थक जाने पर विश्राम दिया है, लेकिन मैं एक पति की तरह तुम्हें अपमानित और लज्जित होने से बचा नहीं सका। तुम्हारे पिता श्रीपुरराज मेरे पिता को अपना अधिपति नहीं मानते, वे यशोहर की अधीनता स्वीकार नहीं करते, इसलिये मेरे पिता, कोई तुम्हारा अपमान भी करे तो उस पर ध्यान नहीं देते। वे समझते हैं कि तुम्हें पुत्रवधू बनाया यही बहुत ज्यादा हुआ, अब अधिक सहा नहीं जाता। कभी-कभी मन में आता है कि सब-कुछ छोड़-छाड़कर तुम्हें साथ लेकर कहीं चला जाऊँ। अब तक सम्भवतः चला भी जाता, केवल तुम्हीं ने पकड़ रखा है।"

यह अनुवाद मध्यम श्रेणी का है। कहीं-कहीं अनुवादक ने उपयुक्त शब्दों का प्रयोग किया है, जैसे - अधीनता, बड़प्पन आदि, किन्तु कहीं-कहीं वह सतर्क नहीं रह सका है। 'इहाइ तोमार पक्षे यथेष्ट' का अनुवाद 'यह बहुत ज्यादा हुआ' के रूप में समुचित नहीं है। प्रारम्भ में अनुवादक ने 'दुःख' शब्द को अपनी ओर से जोड़ दिया है जो उचित नहीं है।

राजर्षि (१८८७)

रवीन्द्रनाथ के इस उपन्यास के दस अनुवाद हो चुके हैं । इंडियन प्रेस, इलाहाबाद से इसका अनुवाद १९१० में प्रकाशित हुआ । इसका दूसरा संस्करण १९२७ में प्रकाशित हुआ । इसके अनुवादक जनार्दन झा हैं । शिवप्रसाद गुप्त द्वारा अनूदित *राजर्षि* वाराणसी से १९५१ में प्रकाशित हुआ । भुवनेश्वर झा का अनुवाद कुमार प्रकाशन, वाराणसी से १९५९ में तथा कृष्णवल्लभ का अनुवाद किताबमहल, इलाहाबाद से १९६० में प्रकाशित हुआ । सत्साहित्य प्रकाशन, दिल्ली से १९८३ में कैलाशनाथ ओझा का अनुवाद प्रकाशित हुआ । धन्यकुमार जैन का अनुवाद १९८७ में विश्वभारती तथा साहित्य अकादमी के तत्त्वावधान में हिन्द पॉकेट बुक्स, दिल्ली से प्रकाशित हुआ । इसके पहले यह अनुवाद रवीन्द्र-साहित्य-मन्दिर, कलकत्ता से प्रकाशित हो चुका था । इन सभी अनुवादों में जनार्दन झा, धन्यकुमार जैन तथा कैलाशनाथ ओझा के अनुवाद उपलब्ध हो सके । तीनों ही अनुवाद सामान्यतः ठीक हैं।

चोखेर बालि (१९०३)

इस उपन्यास के लगभग पन्द्रह अनुवाद प्रकाशित हैं जिनमें आधे उपलब्ध हैं ।

इंडियन प्रेस, इलाहाबाद से १९१९ में इस उपन्यास का अनुवाद प्रकाशित हुआ । वाराणसी से इसके पाँच अनुवाद प्रकाशित हुए । इनका प्रकाशन चिनगारी प्रेस, गाँधी ग्रंथागार, हिन्दी प्रचारक पुस्तकालय, काशी पुस्तक मन्दिर तथा हिन्दी पुस्तकालय से हुआ । हिन्दी पुस्तकालय से प्रकाशित उपन्यास का अनुवाद कमलाप्रसाद रायशर्मा ने किया । ये अनुवाद उपलब्ध नहीं हो सके । अर्चना प्रकाशन, नई दिल्ली से इस उपन्यास का संक्षिप्त रूपान्तर प्रकाशित हुआ । इसमें प्रकाशन वर्ष एवं अनुवादक का नाम नहीं लिखा हुआ है । इस उपन्यास के सभी अनुवाद *आँख की किरकिरी* शीर्षक से छपे हैं ।

हिन्दी-ग्रन्थ-रत्नाकर कार्यालय, बम्बई से प्रकाशित इस उपन्यास का अनुवाद रूपनारायण पाण्डेय ने किया है । इसका आठवाँ संस्करण १९४९ में प्रकाशित हुआ । इसकी भूमिका में अनुवादक ने लिखा है - "मुझे पूर्ण आशा

है कि विज्ञ पाठकगण, इस उपन्यास को आदि से अन्त तक पढ़कर अवश्य ही प्रसन्न होंगे। इसमें घटनाओं का कोटिक्रम, हृदयों का स्वाभाविक चित्र, परिणाम के द्वारा आदर्श की शिक्षा देनेवाले परिच्छेदों का सुन्दर संग्रह वास्तव में हिन्दी संसार के लिए एक नई चीज है।" इस अनुवाद में कहीं-कहीं संक्षेप शैली से काम लिया गया है। मूल उपन्यास चौवन परिच्छेदों में है। अनुवाद में केवल तिरपन परिच्छेद हैं। अनुवाद भी कहीं-कहीं चलताऊ है। प्रतिशब्दों के चयन में सतर्कता नहीं बरती गई है। पहली पंक्ति में 'धन्ना दिया पड़िल' का अनुवाद 'धन्ना देकर जा बैठी' किया गया है।

चिनगारी प्रकाशन, वाराणसी से आर.पी. शर्मा द्वारा अनूदित यह उपन्यास प्रकाशित हुआ। यह सम्पूर्ण अनुवाद है। अनुवाद में चौबन परिच्छेद हैं। अनुवाद बहुत अच्छा नहीं है।

रवीन्द्र-साहित्य-मन्दिर, कलकत्ता से रवीन्द्र-साहित्य, भाग २१-२२ में इसका अनुवाद प्रकाशित हुआ। इसका अनुवाद धन्यकुमार जैन ने किया। यह सम्पूर्ण अनुवाद है। यह अनुवाद अच्छा है। इसमें मूल उपन्यास की मनोवैज्ञानिक स्थितियों का रूपान्तर करने में अनुवादक सफल हुआ है। विश्वभारती तथा साहित्य अकादमी के तत्त्वावधान में हिन्द पॉकेट बुक्स से प्रकाशित रवीन्द्र-साहित्य के अन्तर्गत १९८६ में इसका पुनः प्रकाशन हुआ।

सन्मार्ग प्रकाशन, दिल्ली से इस उपन्यास का प्रकाशन हुआ जिसके कई संस्करण निकल चुके हैं। इसमें भी कहीं-कहीं संक्षेप किया गया है। अनुवाद बावन परिच्छेदों में है। अनुवाद सामान्य है।

साहित्य अकादमी, नई दिल्ली से हंसकुमार तिवारी द्वारा अनूदित *आँख की किरकिरी* का प्रकाशन १९६१ में हुआ। इसमें सहज किन्तु अत्यन्त मँजी हुई भाषा में रवीन्द्रनाथ के गूढ़ भावों को अभिव्यक्त किया गया है। *चोखेर बालि* के उपलब्ध अनुवादों में तीन अनुवाद महत्वपूर्ण हैं - रूपनारायण पाण्डेय, धन्यकुमार जैन तथा हंसकुमार तिवारी कृत अनुवाद। रूपनारायण पाण्डेय का अनुवाद कुछ संक्षिप्त है। धन्यकुमार जैन और हंसकुमार तिवारी के अनुवाद सतर्कतापूर्वक किए गए हैं, किन्तु इन अनुवादों की तुलना करें तो हंसकुमार तिवारी के अनुवाद को मानक रूप में स्वीकार करना होगा। यह अनुवाद

उपन्यास के अनुवाद का आदर्श प्रस्तुत करता है ।

उदाहरणस्वरूप उपलब्ध अनुवादों से एक अंश विशेष के अनुवाद प्रस्तुत हैं -

मूल - "संसारेर कठिन कर्तव्य हइते प्रेम के फुलेर मतो छिंड़िया स्वतन्त्र करिया लइले, ताहा केवल आपनार रसे आपना के सजीव राखिते पारे ना, ताहा क्रमेइ विमर्ष ओ विकृत हइया आसे । आशा ओ मने देखिते लागिल, ताहादेर अविश्राम मिलनेर मध्ये एकटा श्रान्ति ओ दुर्बलता आछे । से मिलन जेन थाकिया थाकिया केवलइ मुषड़िया पड़े - संसारेर दृढ़ ओ प्रशस्त आश्रयेर अभावे ताहाके टानिया खाड़ा राखाइ कठिन हय । काजेर मध्येइ प्रेमेर मूल ना थाकिले, भोगेर विकाश परिपूर्ण एवं स्थायी हय ना ।" (परिच्छेद ८)

अनुवाद - (रुपनारायण पाण्डेय, हिन्दी-ग्रंथ-रत्नाकर)

"संसार के कठिन कर्तव्य से प्रेम को फूल की तरह तोड़कर अलग कर लेने से वह (प्रेम) केवल अपने रस से अपने को सजीव नहीं बनाये रख सकता, धीर-धीरे विमृष्ट और विकृत होकर मुरझा जाता है । करुणा ने भी देखा कि हमारे निरन्तर मिलन में कुछ थकावट और कमजोरी आ गई है। वह मानो रह-रह कर गिरना चाहता है । संसार के दृढ़ और प्रशस्त आश्रय बिना उसे खींचकर खड़ा रखना कठिन है। काम-काज के भीतर प्रेम की जड़ न रहने से भोग का विकास परिपूर्ण और स्थायी नहीं होता।"

मूल उपन्यास की आशा को बदलकर यहाँ करुणा कर दिया गया है । अनुवाद सटीक नहीं है । 'मुषड़िया पड़े' के लिए 'गिरना' शब्द भी उपयुक्त नहीं है ।

अनुवाद (आर.पी. शर्मा, चिनगारी प्रकाशन)

"गार्हस्थिक कठिन कर्तव्य से प्रेम को फूल की तरह तोड़कर अलग करने के लिए वह केवल अपने रस से अपने आपको सजीव नहीं रख सकता, धीरे-धीरे वह विमर्ष और विकृत होने लगता है । आशा भी मन-ही-मन अनुभव करने लगी कि उनके अविश्राम मिलन में प्रतिक्षण एक तरह की श्रान्ति और कमजोरी आती जाती है । उनका मिलन मानो अब रह-रह कर अपने-आप मुरझाता और सूखता जा रहा है, घर-गृहस्थी के दृढ़ और प्रशस्त आश्रय के

अभाव में उसे खींच-पकड़कर खड़ा रखना अब कठिन हो रहा है । काम-काज के भीतर ही प्रेम की जड़ न पनपे, तो भोग का विकास भी परिपूर्ण और स्थायी नहीं होता ।"

'संसार' के लिए यहाँ 'गार्हस्थ्य' शब्द का प्रयोग किया गया है जो उचित है । रूपनारायण पाण्डेय ने 'संसार' शब्द ही रख दिया था । 'मुषड़िया पड़े' के लिए 'मुरझाना' और 'सूखना' शब्द उचित है ।

अनुवाद (धन्यकुमार जैन, रवीन्द्र-साहित्य-मन्दिर)

"गार्हस्थिक कठिन कर्तव्य से प्रेम को फूल की तरह तोड़कर अलग कर लेने से फिर वह केवल अपने रस से अपने-आपको सजीव नहीं रख सकता, धीरे-धीरे वह विमर्ष और विकृत होने लगता है । आशा भी मन-ही-मन अनुभव करने लगी कि उनके अविश्राम मिलन में प्रतिक्षण एक तरह की श्रान्ति और कमजोरी आती जाती है । उनका मिलन मानों अब रह-रहकर अपने आप मुरझाता और सूखता जा रहा है, घर-गृहस्थी के दृढ़ और प्रशस्त आश्रय के अभाव में उसे खींच-पकड़कर खड़ा रखना अब कठिन हो रहा है । काम काज के भीतर ही यदि प्रेम की जड़ न पनपे, तो भोग का विकास भी परिपूर्ण और स्थायी नहीं होता ।"

मूल 'अविश्राम' शब्द का दूसरा प्रतिशब्द देना चाहिए था । 'खींच पकड़ कर खड़ा रखना अब कठिन हो रहा है', सामान्य अनुवाद है । इस अनुवाद में किसी प्रकार मूल अर्थ की अभिव्यक्ति जरुर होती है, किन्तु इसे उत्कृष्ट कोटि का अनुवाद नहीं कहा जा सकता । धन्यकुमार जैन कृत *चोखेर बालि* का यह अनुवाद संशोधन सहित पुनः हिन्द पॉकेट बुक्स से प्रकाशित हुआ । यहाँ 'अनुभव' को 'महसूस', 'विकास' को 'बढ़ौतरी' कर दिया गया है । संशोधन की अपेक्षा मूल रूप ही ज्यादा उपयुक्त है ।

अनुवाद (हंसकुमार तिवारी)

"संसार के कठोर कर्त्तव्यों से फूल के समान तोड़कर प्रेम को अलग कर लेने से वह अपने ही रस से अपने को संजीवित नहीं रख सकता, धीरे-धीरे मुरझा कर विकृत हो जाता है । आशा को भी ऐसा लगने लगा कि उनके अथक मिलन में एक थकान और कमजोरी है । वह मिलन रह-रहकर मानो शिथिल हो

जाता है - संसार के दृढ़ और प्रशस्त सहारे की कमी को खींचकर उसे खड़ा रखना ही कठिन है । प्रेम की जड़ अगर कामों में न हो तो भोग का विकास पूर्ण और स्थायी नहीं होता ।"

यह अनुवाद एक ओर साहित्यिक अनुवाद है, दूसरी ओर इसमें हिन्दी की प्रकृति का भी पूरा ध्यान रखा गया है, किन्तु बंगला 'संसार' को मूल रूप में रख देना उपयुक्त नहीं है, उसका हिन्दी प्रतिशब्द 'गृहस्थी' समुचित है । 'विमर्ष' के लिए 'मुरझा', 'अविश्राम' के लिए 'अथक', 'श्रान्ति' के लिए 'थकान', 'दुर्बलता' के लिए 'कमजोरी' तथा 'मुषड़िया' के लिए 'शिथिल' शब्दों के रखने से अनुवाद पूर्णतः हिन्दी की प्रकृति के अनुकूल तथा प्रवाहपूर्ण हो गया है ।

अनुवाद (सन्मार्ग प्रकाशन)

यह अनुवाद रुपनारायण पाण्डेय का है जो हिन्दी-ग्रंथ-रत्नाकर, बम्बई से प्रकाशित हो चुका था । सन्मार्ग प्रकाशन ने अनुवादक का नाम छापे बिना ही रुपनारायण पाण्डेय के अनुवाद को प्रकाशित कर दिया है ।

नौकाडुबि (१९०६)

इस उपन्यास के लगभग पन्द्रह अनुवाद हुए हैं, जिनमें दो-एक को छोड़कर सभी अनुवाद उपलब्ध हैं । इनमें से अधिकांश बंगला उपन्यास से अनूदित हैं, कुछ इसके अंग्रजी रुपान्तर *द रेक* से अनूदित हैं ।

इंडियन प्रेस, इलाहाबाद से इसका अनुवाद १९१३ में प्रकाशित हुआ, जिसके बाद में कई संस्करण निकले । इसका अनुवाद जनार्दन झा ने किया । यह *आश्चर्य घटना* शीर्षक से प्रकाशित हुआ । यह सम्पूर्ण उपन्यास का अनुवाद है, किसी भी प्रसंग को संक्षिप्त नहीं किया गया है । इसे एक उत्कृष्ट अनुवाद कहा जा सकता है ।

हिन्दी पुस्तकालय, बनारस से श्रीकृष्ण वर्मा द्वारा अनूदित *नाव दुर्घटना* का प्रकाशन हुआ । इसका दूसरा संस्करण १९४८ में निकला । यह भी सम्पूर्ण अनुवाद है । 'दो शब्द' के अन्तर्गत अनुवादक ने अनुवाद के संबंध में लिखा है - "अनुवाद पाठकों के सम्मुख है । अनुवाद में केवल एक ही बात की चेष्टा

की गई है और वह यह कि ठाकुर महोदय के अनुपम सारगर्भ शब्दों का हनन नहीं किया गया है । मैं प्राचीन हिन्दीसेवी हूँ ; अतः आजकल के नवीन लेखकों की उस नीति का कायल नहीं कि 'अनुवाद पूर्णतः अपने में मौलिक हो ।' अतएव कुछ लोग यदि भाषा पर कटाक्ष करें, तो कर सकते हैं । किन्तु मैं मूल लेखक के अनुपम शब्दों और भावों का बलिदान कर नहीं सकता ।" इस अनुवाद में अनुवादक ने मूल भावों तथा वर्णनों को उपयुक्त रूप से प्रस्तुत करने का पूरा प्रयास किया है ।

रवीन्द्र-साहित्य-मन्दिर से प्रकाशित रवीन्द्र-साहित्य, भाग ९-१० के अन्तर्गत यह उपन्यास *उलझन* शीर्षक से १९४८ में प्रकाशित हुआ । इसका अनुवाद धन्यकुमार जैन ने किया । यह अनुवाद भी सम्पूर्ण है तथा अच्छा अनुवाद है ।

राजेश्वर गुरु ने *नौकाडुबि* के अंग्रेजी रूपान्तर *द रेक* का हिन्दी रूपान्तर *मिलन* शीर्षक से किया है जो ज्ञान मन्दिर, जबलपुर से १९४६ में प्रकाशित हुआ ।

इस उपन्यास का हिन्दी अनुवाद चिनगारी प्रेस, बनारस से प्रकाशित हुआ । इसका अनुवाद कुमार ने किया है । यह सामान्य अनुवाद है । अनुवाद पूरा है । सन्मार्ग प्रकाशन, दिल्ली से इसका अनुवाद १९७२ में प्रकाशित हुआ । अनुवादक का नाम नहीं लिखा है । किसी-किसी प्रसंग को छोड़ दिया गया है । परिच्छेदों का अनुपात घटा-बढ़ा दिया गया है । मूल उपन्यास ६२ परिच्छेदों में है । अनुवाद में केवल ३१ परिच्छेद हैं । भारती भाषा प्रकाशन, दिल्ली से इस उपन्यास का अनुवाद १९७९ में प्रकाशित हुआ । इसके अनुवादक हैं रमेश दीक्षित । इसमें भी संक्षेप शैली से काम लिया गया है । इसमें ३२ परिच्छेद हैं । अनुवाद की भाषा सामान्य है ।

विश्वभारती एवं साहित्य अकादमी के तत्त्वावधान में इसका अनुवाद *नौका डूबी* शीर्षक से १९८६ में प्रकाशित हुआ । रणजीत साहा ने इसका अनुवाद किया । यह भी सम्पूर्ण अनुवाद है किन्तु बीच-बीच में एक-आध पंक्तियों को छोड़ दिया गया है तथा अवतरणों के परिवर्तन में मूल उपन्यास का अनुकरण नहीं किया गया है । जैसे पहला अवतरण -

मूल - (परिच्छेद : एक)

"रमेश एबार आइन-परीक्षाय जे पास हइबे, से सम्बन्धे काहारो कोनो सन्देह छिल ना । विश्वविद्यालयेर सरस्वती बराबर ताँहार स्वर्णपद्मेर पापड़ि खसाइया रमेश के मेडेल दिया आसियाछेन - स्कलरशिप ओ कखनो फाँक जाय नाइ ।

परीक्षा शेष करिया एखन ताहार बाड़ि जाइबार कथा, किन्तु एखनो ताहार तोरंग साजाइबार कोनो उत्साह देखा जाय नाइ । पिता शीघ्र बाड़ि आसिबार जन्य पत्र लिखियाछेन । रमेश उत्तरे लिखियाछे, परीक्षार फल बाहिर हइलेइ से बाड़ि जाइबे ।"

अनुवाद (रणजीत साहा, हिन्द पॉकेट बुक्स)

"रमेश इस बार कानून की परीक्षा में पास हो जाएगा, इसमें किसी को संदेह नहीं था । विश्वविद्यालय की सरस्वती अपने स्वर्णकमल की पंखुरियाँ बिखेरकर उसे पदक प्रदान करती रही हैं । उसे छात्रवृत्ति भी मिलती रही है । इसलिए परीक्षा के बाद जल्द ही घर चले आने के लिए पिता ने लिखा था, किन्तु उसने जवाब दिया कि वह परीक्षा-फल निकलने पर ही घर लौटेगा ।"

उपर्युक्त अनुवाद में मूल उपन्यास के दो अवतरणों को एक कर दिया गया है तथा इस अंश का अनुवाद नहीं है - "किन्तु एखनो ताहार तोरंग साजाइबार कोनो उत्साह देखा जाय नाइ ।" 'जल्द' शब्द उपयुक्त नहीं है ।

आलोच्य उपन्यास के एक अन्य अंश के कुछ अनुवाद इस प्रकार हैं -

मूल (परिच्छेद : सोलह)

"रमेशेर क्लान्त शरीर शीते शिहरिया उठिल । हठात् एकटा आशंका थाकिया थाकिया ताहार हृत्पिण्ड के चापिया धरिते लागिल । मने पड़िया गेल, जीवनेर रणक्षेत्रे काल आबार संग्राम करिते बाहिर हइते हइबे । ओइ आकाशे यदिओ चिन्तार रेखा नाइ, ज्योत्सनार मध्ये चेष्टार चांचल्य नाइ, रात्रि यदिओ निस्तब्ध शान्त, विश्वप्रकृति ओइ अगण्य नक्षत्रलोकेर चिरकर्मेर मध्ये चिर विश्रामे विलीन - तबु मानुषेर आनागोना - जोझाजुझिर अन्त नाइ, सुख-दुःखे, बाधाय-विघ्ने समस्त जनसमाज तरंगित ।"

अनुवाद (जनार्दन झा, इंडियन प्रेस)

"रमेश का थका हुआ शरीर शरद् के शीत से काँपने लगा । हठात् रह-रहकर एक आशंका उसके हृदय को मसोसने लगी । उसे स्मरण हो आया, कल जीवन के रणक्षेत्र में फिर संग्राम करने के लिए बाहर होना पड़ेगा । यद्यपि इस आकाश में चिन्ता का चिह्न नहीं, यद्यपि रात निस्तब्ध और शान्त थी और विश्व की प्रकृति इस अगणित नक्षत्रलोक के चिर-कर्म के भीतर चिर-विश्राम में लीन थी, तो भी मनुष्यों के आवागमन और कलह-विवाद का बाजार गर्म था । समस्त जनसमाज सुख-दुःख और बाधा-विघ्न के झोंके खा रहे हैं ।"

इस अनुवाद में 'हृत्पिण्ड के चापिया धरिते लागिल' का अर्थ 'उसके हृदय को मसोसने लगी' के रूप में उपयुक्त अनुवाद है । 'बाजार गर्म था' का प्रयोग समुचित नहीं है ।

अनुवाद (श्रीकृष्ण वर्मा, हिन्दी पुस्तकालय)

"रमेश का थका हुआ शरीर शीत से काँप उठा। एकाएक एक आशंका रह-रहकर उसके हृदय को दबाने लगी । याद आया कि जीवन के रणक्षेत्र में कल फिर उसे संग्राम करने को बाहर निकलना पड़ेगा । उस आकाश में यद्यपि चिन्ता की रेखा नहीं, चाँदनी में चेष्टा की चंचलता नहीं, रात और दिन निस्तब्ध और शान्त हैं, संसार की प्रकृति इन अनगिनत तारों के चिरकर्म के भीतर चिर-विश्राम में विलीन हैं - तथापि मनुष्य के युद्ध का अन्त नहीं, सुख और दुःख में, बाधा और विघ्न में सारा जन-समाज तरंगित हो रहा है ।"

इस अनुवाद में भी प्रवाह नहीं है तथा हिन्दी की प्रकृति को भी ध्यान में नहीं रखा गया है ।

अनुवाद (धन्यकुमार जैन, रवीन्द्र-साहित्य-मन्दिर)

"रमेश का थका हुआ शरीर ज़ाड़े से सिहर उठा । एकाएक एक आशंका उठी और रह रहकर वह उसके हृदय को मसोसने लगी । उसे ख्याल हो आया कि जीवन के युद्ध-क्षेत्र में फिर कल उसे लड़ाई के लिए निकलना है । अभी के इस आकाश में चिन्ता का कोई चिह्न तक नहीं है, इस चाँदनी में उद्यम की कोई भी उथल-पुथल नहीं, आज की रात बिल्कुल शान्त और निस्तब्ध है; और विश्व-प्रकृति आकाश के इन असंख्य नक्षत्रों के संसार में अपने काम-काज

के बीच बड़े आराम से सो रही है - फिर भी आदमियों का आना-जाना, जूझना-उलझना बन्द नहीं है और न कहीं इसका अन्त ही दीख पड़ता है । सुख-दुःख और बाधा-विघ्नों से सारा जनसमाज तरंगित हो उठा है ।"

इस अनुवाद में मूल के समस्त भाव आ गए हैं । 'जोझाजुझि' के लिए 'जूझना-उलझना' शब्द उपयुक्त है ।

अनुवाद (कुमार, चिनगारी प्रकाशन)

"रमेश का थका हुआ शरीर शीत से सिहर उठा । एकाएक एक आशंका उठी और रह-रहकर वह उसके हृदय को मसोसने लगी । उसे ख्याल हो आया कि जीवन के युद्ध-क्षेत्र में फिर से कल उसे जूझने के निमित्त निकलना है । अभी के इस आकाश में चिन्ता का कोई चिह्न तक नहीं, इस चाँदनी में उद्यम की कोई भी उथल-पुथल नहीं, आज की रात बिल्कुल शान्त और निस्तब्ध है, विश्व-प्रकृति आकाश के इन असंख्य नक्षत्रों के संसार में अपने काम-काज के बीच बड़े आराम से सो रही है, फिर भी आदमियों का आना-जाना और जूझना-उलझना बन्द नहीं है,और न ही इसका अन्त ही दीख पड़ता है । सुख-दुःख और बाधा-विघ्नों से सारा जनसमाज तरंगित हो उठा है ।"

अनुवाद (रमेश दीक्षित, भारती भाषा प्रकाशन)

"रमेश का थका हुआ शरीर सर्दी से काँप उठा । एकाएक एक आशंका रह-रहकर उसके हृदय को दबाने लगी। याद आया कि जीवन के रणक्षेत्र में कल फिर उसे संग्राम करने को बाहर निकलना पड़ेगा । उस आकाश में यद्यपि चिन्ता की रेखा नहीं, चाँदनी में चेष्टा की चंचलता नहीं, रात और दिन निस्तब्ध और शान्त हैं, तथापि मनुष्य के युद्ध का अन्त नहीं, सुख और दुःख में, बाधा-विघ्न में सारा जनसमाज तरंगित हो रहा है ।"

इस अनुवाद में संक्षेप में भावों को अभिव्यक्त किया गया है । इस पूरे अनुवाद में संक्षेप-शैली से काम लिया गया है ।

अनुवाद (रणजीत साहा, हिन्द पॉकेट बुक्स)

"रमेश का थका-माँदा शरीर सर्द हवा के झोंके से सिहर उठा । अचानक एक तरह की आशंका रह-रहकर उसके अंतर को झकझोर जाती थी । उसे याद आया कि जीवन के युद्ध-क्षेत्र में उसे कल भी लड़ाई के लिए

तैयार रहना है । इस आकाश के भाल पर भले ही चिन्ता की कोई रेखा नहीं है, चाँदनी में किसी तरह की हलचल नहीं है, रात एकदम खामोश पड़ी है । और सारी विश्व-प्रकृति अनगिनत नक्षत्र मण्डलों की अनन्त परिक्रमा के बीच चिर विश्राम में लीन है-लेकिन मनुष्य के आवागमन और संघर्ष-अपकर्ष का अन्त नहीं है, सुख में, दुःख में, बाधा और विघ्न के बीच सारा जन-समाज तरंगायित है ।"

उपर्युक्त अंश में मूल भावों का अच्छा अनुवाद किया गया है । हिन्दी की प्रकृति का ध्यान रखा गया है । *सर्द हवा के झोंके, झकझोर, आवागमन* आदि प्रतिशब्दों के द्वारा एक ओर मूल की अच्छी अभिव्यक्ति हुई है, दूसरी ओर हिन्दी की प्रकृति भी सुरक्षित है ।

गोरा (१९१०)

रवीन्द्रनाथ के प्रमुख उपन्यास *गोरा* के लगभग पंद्रह अनुवाद हुए हैं । इनमें से आधे अनुवाद उपलब्ध हैं । कई के परवर्ती संस्करण मिल रहे हैं, इस कारण यह सूचना नहीं मिल सकी कि इनका पहला संस्करण कब निकला ।

इंडियन प्रेस, प्रयाग से पूर्वार्द्ध एवं उत्तरार्द्ध के रूप में दो खंडों में १९२९ में *गोरा* का प्रकाशन हुआ । इसमें अनुवादक का नाम नहीं लिखा है । अनुवाद सम्पूर्ण है । यह एक उत्कृष्ट अनुवाद है । प्रवाहमय भाषा है तथा इसमें हिन्दी की प्रकृति का पूरा ध्यान रखा गया है, एक उदाहरण - "घटनाक्रम से इस समय एक अंग्रेज पादरी ने किसी संवाद-पत्र में हिन्दूशास्त्र और हिन्दू-समाज पर आक्रमण करके देशवासियों को शास्त्रार्थ करने के लिए ललकारा । गौरमोहन तो यह सुनकर क्रोध से एकदम आग बबूला हो गया । यद्यपि वह आप ही अवकाश पा कर शास्त्र और लोकाचार के कतिपय अंशों की निन्दा करके विरुद्धमतावलम्बी लोगों को - जहाँ तक हो सकता था - चिढ़ाता था, तथापि हिन्दू-समाज के प्रति विदेशी मनुष्य की अवज्ञा ने मानो उसे वर्दी की मार मारी ।" (परिच्छेद ५)

प्रभात प्रकाशन, मथुरा से *गोरा* का संशोधित एवं परिवर्द्धित संस्करण १९५७ ई. में प्रकाशित हुआ । इसके बाद भी इस अनुवाद के कई संस्करण निकले । इसका अनुवाद राजेश दीक्षित ने किया । उक्त संस्करण में 'दो शब्द'

में अनुवाद के संबंध में लिखा गया है - "गोरा का प्रथम संक्षिप्त संस्करण हमारे यहाँ से १९५३ ई. में प्रकाशित हुआ था । पाठकों ने उसे अत्यन्त स्नेहपूर्वक अपनाया तथा कुछ ही महीनों में वह हाथों-हाथ समाप्त हो गया ।

द्वितीय संस्करण के समय हमने यह आवश्यक समझा कि प्रस्तुत उपन्यास को इसके सम्पूर्ण रूप में प्रकाशित किया जाये । इसी ध्येय को लेकर द्वितीय संस्करण प्रकाशित किया गया था और यह तृतीय संस्करण भी वैसा ही है ।

एक ओर यह संस्करण श्री रवीन्द्र लिखित गोरा का सम्पूर्ण अनुवाद है, वहीं दूसरी ओर भाषा, प्रवाह एवं शैली की दृष्टि से हिन्दी में आज तक प्रकाशित गोरा के अन्य सभी अनुवादों की अपेक्षा कहीं अधिक उच्चकोटि का बन पड़ा है - ऐसा कहने में हमें कोई संकोच नहीं ।" इस अनुवाद का नवीनतम संस्करण १९८४ का है । यह अनुवाद उच्चकोटि का नहीं है । रवीन्द्रनाथ के उपन्यासों के वर्णनों में भी कविता की भाँति आंतरिक सौन्दर्य होता है । इस अनुवाद में मूल वर्णन-सौन्दर्य की रक्षा नहीं हो पाई है । अनेक महत्त्वपूर्ण स्थलों, कठिन स्थलों तथा भावों को छोड़ दिया गया है । कई स्थलों पर १०-१५ पंक्तियाँ तक छोड़ दी गई हैं । उनका अनुवाद नहीं है अथवा दो-एक पंक्तियों में उनका सार है । पृष्ठ १ पर 'माछ-तरकारी' के माछ (मछली) शब्द को छोड़ दिया गया है । 'कठिनहृदय कलिकाता' के 'कठिन हृदय' का अनुवाद नहीं है । जहाँ भी अनुवादक को कोई शब्द कठिन लगा है, उसे उसने छोड़ दिया है । वर्णनात्मक एवं भावात्मक स्थलों का सीधा अनुवाद है । अनुवाद में मूल सौन्दर्य एकदम नहीं आ पाया है ।

सन्मार्ग प्रकाशन, दिल्ली से रमेश दीक्षित द्वारा अनूदित *गोरा* का अनुवाद १९६९ तथा १९८२ में प्रकाशित हुआ । इससे पहले भी इसके संस्करण निकल चुके थे । १९८२ का संस्करण १९६९ से भी संक्षिप्त है। इस अनुवाद में केवल कथांशों का ही अनुवाद है, सम्पूर्ण उपन्यास का अनुवाद नहीं है । कई अंशों - विशेषकर वर्णनों तथा विचारप्रधान स्थलों को छोड़ दिया गया है। प्रथम छः पंक्तियों का अनुवाद केवल ढाई पंक्तियों में कर दिया गया है ।

देवनारायण द्विवेदी द्वारा अनूदित *गोरा* का प्रकाशन (१९४२ ई.) श्रीनाथ ब्रदर्स, वाराणसी से हुआ । यह एक सामान्य अनुवाद है, किन्तु इसमें

सम्पूर्ण उपन्यास का अनुवाद है, संक्षेप नहीं किया गया है ।

स.ही. वात्स्यायन 'अज्ञेय' द्वारा अनूदित *गोरा* का प्रकाशन १९६१ ई. में साहित्य अकादमी, दिल्ली से हुआ । यह *गोरा* का सम्पूर्ण अनुवाद है तथा अनुवाद की दृष्टि से एक आदर्श प्रस्तुत करता है । अनुवाद की भाषा प्रवाहपूर्ण है तथा मूल उपन्यास का वर्णनसौन्दर्य यहाँ पूर्णतः विद्यमान है।

रवीन्द्र-साहित्य-मन्दिर, कलकत्ता द्वारा प्रकाशित रवीन्द्र-साहित्य, भाग २९ और ३० में सम्पूर्ण *गोरा* का अनुवाद है । इसका अनुवाद धन्यकुमार जैन ने किया है । यह एक अच्छी श्रेणी का अनुवाद है ।

विश्वभारती तथा साहित्य अकादमी के तत्त्वावधान में हिन्द पॉकेट बुक्स ने रामनाथ सुमन द्वारा अनुवादित *गोरा* को पुनःप्रकाशित (१९८८ ई.) किया । इसका सम्पादन राजेन्द्र झा ने किया है । यह अनुवाद सामानयतः ठीक होने पर भी अनेक भावपूर्ण एवं विचारपूर्ण स्थलों का इसमें अच्छा अनुवाद नहीं हो सका है ।

गोरा के प्रथम पृष्ठ का एक अंश तथा उसके कुछ अनुवाद निम्न प्रकार से हैं -

मूल - "श्रावणमासेर सकालवेलाय मेघ काटिया गिया निर्मल रौद्रे कलिकातार आकाश भरिया गियाछे । रास्ताय गाड़िघोड़ार विराम नाइ, फेरीवाला अविश्राम हाँकिया चलियाछे, जाहारा ऑपिसे, कॉलेजे, आदालते जाइबे, ताहादेर जन्य बासाय माछ-तरकारिर चुपड़ि आसियाछे ओ रान्नाघरे उनान ज्वालाइबार धोंआ उठियाछे-किन्तु तबु एत बड़ो एइ जे काजेर शहर कठिन-हृदय कलिकाता, इहार शत शत रास्ता एवं गलिर भितरे सोनार आलोकेर धारा आज जेन एकटा अपूर्व यौवनेर प्रवाह बहिया लइया चलियाछे ।"

अनुवाद (इंडियन प्रेस)

"सावन का महीना है । कई दिनों से आकाश-मण्डल बादलों से घिरा था । आज सबेरे धूप निकल आने से कलकत्ते ने एक अपूर्व सौन्दर्य धारण किया है । सब लोग उत्साहपूर्वक अपना-अपना काम करने लगे हैं ।"

मूल उपन्यास का वर्णनात्मक सौन्दर्य यहाँ नहीं आ पाया है और न ही अनुवादक ने उसके लिए प्रयास किया है, अपितु अनुवाद को संक्षिप्त कर दिया

गया है ।

अनुवाद (राजेश दीक्षित, प्रभात प्रकाशन)

"श्रावण का महीना था । प्रातःकाल बादलों के हट जाने पर निर्मल धूप से कलकत्ते का आकाश भर उठा था । मार्ग में गाड़ी, बग्घियों का आवागमन जारी था । ऑफिसों, कॉलेजों तथा अदालतों में जानेवालों के लिए घर-घर में तरकारियाँ लाई गई थीं तथा चूल्हे जलने का धूँआ उठ रहा था । कलकत्ता नगर की सैकड़ों गलियों तथा सड़कों में स्वर्णिम प्रकाश की धारा अपूर्व यौवन का प्रवाह लिए बढ़ती चली जा रही थी ।"

इस अंश का अनुवाद अच्छा है, किन्तु *फेरीवाला* तथा *माछ* शब्द का अनुवाद नहीं किया गया है ।

अनुवाद (देवनारायण द्विवेदी, श्रीनाथ ब्रदर्स)

"सावन का सुहाना मास है । कई दिनों के बाद आज काले बादलों का जमघट फट जाने के कारण सूर्य का प्रकाश कलकत्ता नगरी को सुशोभित कर रहा है ।"

इस अनुवाद में पूरे अवतरण का केवल सारांश प्रस्तुत कर दिया गया है । इस पूरे अनुवाद में यही शैली अपनाई गई है । अनेक भावपूर्ण, विचारपूर्ण एवं वर्णनात्मक स्थलों को संक्षिप्त कर दिया गया है ।

अनुवाद - (रामनाथ सुमन, हिन्द पॉकेट बुक्स)

"सावन की सुबह । बादल छट जाने के बाद बिखरी हुई धूप से कलकत्ता का आसमान भर गया है । सड़कों पर घोड़ा-गाड़ियाँ लगातार दौड़ रही हैं, फेरीवाले बिना रुके पुकारे जा रहे हैं, जिन्हें आफिस, कालेज और कोर्ट-कचहरी जाना है, उनके लिए घर-घर मछली-सब्जी तैयार की जा रही है और रसोईघरों से अंगीठी जलाने का धुँआ उठ रहा है । फिर भी इस इतने बड़े, सख्त-दिल कामकाजी शहर कलकत्ता की सैकड़ों सड़कों-गलियों के भीतर सोने की चमचमाती धारा आज मानो एक अद्‌भुत यौवन की बाढ़ लिए बह निकली है ।"

इस अनुवाद में मूल भाव की पूर्ण अभिव्यक्ति हुई है, किन्तु मूल वर्णन सौन्दर्य यहाँ नहीं आ सका है, और न ही अनुवाद की भाषा में लालित्य है ।

अनुवाद (स.ही. वात्स्यायन 'अज्ञेय')

"सावन महीने का सबेरा है, बदली छट जाने से निखरी हुई धूप से कलकत्ता का आकाश भर गया है। सड़कों पर घोड़ा-गाड़ियाँ अविराम दौड़ रही हैं, फेरीवाले अविश्राम पुकार रहे हैं, जिन्हें दफ़्तर, कॉलेज और अदालत जाना है, उनके लिए घर-घर मछली-तरकारी तैयार की जा रही है और रसोईघरों से अंगीठी जलाने का धुँआ उठ रहा है। किन्तु फिर भी इस इतने बड़े, कठिन हृदय कामकाजी शहर कलकत्ता की सैकड़ों सड़कों-गलियों के भीतर सोने की आलोक-धारा आज मानो एक अपूर्व यौवन का प्रवाह लिए बह निकली है।"

इस अंश के अनुवाद से स्पष्ट है कि अज्ञेय का अनुवाद श्रेष्ठ अनुवाद है। भाव-भाषा सभी दृष्टियों से यह एक उत्कृष्ट अनुवाद है।

घरे-बाइरे (१९१६)

रवीन्द्रनाथ के इस उपन्यास के छः अनुवादों की सूचना मिली है, जिनमें तीन उपलब्ध हैं। हिन्दी ग्रन्थागार तथा सरस्वती प्रेस, बनारस और कला प्रेस, इलाहाबाद से जो तीन अनुवाद प्रकाशित हुए वे उपलब्ध नहीं हो सके। कला प्रेस से प्रकाशित अनुवाद सुरेन्द्रपाल सिंह का है, अन्य दो अनुवादों के अनुवादकों की जानकारी नहीं मिल सकी।

प्रकाश पुस्तकालय, कानपुर से रघुकुल तिलक द्वारा अनूदित *घर और बाहर* का प्रथम संस्करण १९२३ तथा द्वितीय संस्करण १९२५ में प्रकाशित हुआ। यह सम्पूर्ण अनुवाद है। अनुवादक ने सतरह पृष्ठों की एक सुदीर्घ 'भूमिका' लिखी है जिसमें उपन्यास की महत्त्वपूर्ण समीक्षा है। प्रकाशकीय 'कृतज्ञता-ज्ञापन' में लिखा है - "घरे-बाइरे जैसे उच्चकोटि के उपन्यास के अनुवाद की आज्ञा देने के लिए हम श्रद्धेय रविबाबू के साथ-साथ महामना पादरी एंड्रूज साहब के भी हृदय से कृतज्ञ हैं जिनकी कृपा के कारण ही हम इसे हिन्दी संसार के सामने रख सके।" यह विशुद्ध अनुवाद नहीं है। मूल कथा का संक्षिप्त हिन्दी रूपान्तर प्रस्तुत किया गया है।

सन्मार्ग प्रकाशन, दिल्ली से रमेश दीक्षित द्वारा अनूदित इस उपन्यास के दो संस्करण (१९६९, १९८४) उपलब्ध हैं। यह अत्यन्त भ्रष्ट अनुवाद है तथा

थोड़े से शाब्दिक परिवर्तन के साथ रघुकुल तिलक के अनुवाद को ही प्रकाशित कर दिया गया है। एक उदाहरण से स्पष्ट हो जाएगा -

घर और बाहर (रघुकुल तिलक)

"मेरे ससुर और सास की मृत्यु बहुत पहिले हो चुकी थी। घर की देख- भाल दादस करती थीं। मेरे स्वामी उनके गले के हार और आँखों के तारे थे। इसीलिए उन्हें साधारण नियमों के उल्लंघन करने का साहस पड़ जाता था। जब उन्होंने मिस् गिल्बी को मेरी संगनी और शिक्षक नियुक्त किया, तब घर, बाहर जितने मुँह थे, सभी जहर उगलने लगे, पर तो भी मेरे स्वामी की जिद बनी रही।"

घर और बाहर (रमेश दीक्षित)

"मेरे सास और ससुर बहुत पहले ही स्वर्गवासी हो चुके थे। घर की देखभाल दादस करती थी। मेरे स्वामी उसके गले के हार और नेत्रों के तारे थे। अतः उन्हें साधारण नियमों को तोड़ने का साहस पड़ ही जाता था। जब उन्होंने मिस गिल्वी को मेरी सखी और शिक्षक नियुक्त किया, तब सभी रिश्तेदारों ने बहुत विष उगला, पर तब भी मेरे स्वामी की जिद बनी रही।"

विश्वभारती एवं साहित्य अकादमी के तत्त्वावधान में हिन्द पॉकेट बुक्स ने १९८६ में *घर और बाहर* प्रकाशित किया। इसका अनुवाद डॉ. माहेश्वर ने किया। यह एक उत्कृष्ट अनुवाद है। इस उपन्यास की भाषा का आन्तरिक सौन्दर्य भी प्रस्तुत अनुवाद में सुरक्षित है। उदाहरणस्वरूप उपन्यास के प्रथम अंश को ही देखा जा सकता है -

मूल - "मा गो, आज मने पड़छे तोमार सेइ सिंथेर सिंदूर, चौड़ा सेइ लाल-पेड़े शाड़ि, सेइ तोमार दुटि चोख - शान्त, स्निग्ध, गभीर। से जे देखेछि आमार चित्ताकाशे भोरवेलाकार अनुरागरेखार मतो। आमार जीवनेर दिन जे सेइ सोनार पाथेय निये यात्रा करे बेरियेछिल। तार परे ? पथे कालो मेघ कि डाकातेर मतो छुटे एल ? सेइ आमार आलोर सम्वल कि एक कणाओ राखल ना ? किन्तु जीवनेर ब्राह्ममुहूर्ते सेइ - जे उषासतीर दान, दुभागे से ढाका पड़े, तबु से कि नष्ट हबार ?"

अनुवाद - "ओ माँ, आज मुझे याद आ रहा है तुम्हारी माँग का

सिन्दूर, तुम्हारी वह लाल पाड़ की साड़ी और तुम्हारी शांत, स्निग्ध, गम्भीर आँखें। जो कुछ मैंने देखा था वह मेरे हृदय के आकाश को भोरवेला की लालिमा की तरह रंग रहा है। हमारी जीवनयात्रा उसी स्मृति के स्वर्ण-संवल को लेकर शुरु हुई थी। उसके बाद, न जाने कहाँ से काले बादल अचानक डकैतों की तरह घिर आये। उन डकैतों ने हमारे उस प्रकाश संवल को लूट लिया, एक कण भी उसका नहीं छोड़ा। पर जीवन के ब्रह्ममुहूर्त में वह जो उषा सती का दान मिला था, वह कुसमय में आँखों से ओझल भले हो गया हो, भला पूरी तरह नष्ट हो सकता था ?"

आलोच्य अंश की गद्यकाव्यात्मकता अनुवाद में भी रूपान्तरित है। 'डाकातेर मतो छुटे एल' का अनुवाद 'डकैतों की तरह घिर आये' के रूप में उपयुक्त बन पड़ा है। 'दुर्योग' के लिए 'कुसमय' तथा 'ढाका' के लिए 'ओझल' उपयुक्त प्रतिशब्द हैं।

चतुरंग (१९१६)

इस उपन्यास के आठ अनुवादों में से तीन उपलब्ध हैं। इनमें चार अनुवाद *बड़े चाचाजी* शीर्षक से प्रकाशित हुए हैं। प्रकाश अग्रवाल, कमलाप्रसाद रायशर्मा, जयकृष्ण शुक्ल के अनुवाद *बड़े चाचाजी* शीर्षक से प्रकाशित हुए। किताब महल, इलाहाबाद से यह *चतुरंग* शीर्षक से ही १९५७ में प्रकाशित हुआ, जिसका अनुवाद कृष्णवल्लभ ने किया। राजेश दीक्षित का अनुवाद प्रभात प्रकाशन, दिल्ली से १९६५ में प्रकाशित हुआ।

विश्वभारती ने इस उपन्यास का अनुवाद *चतुरंग* शीर्षक से १९४५ में प्रकाशित किया। इसका अनुवाद मोहनलाल वाजपेयी ने किया। इसके पूर्व यह अनुवाद विश्वभारती पत्रिका में प्रकाशित हुआ था। यह एक विशुद्ध अनुवाद है तथा इसकी भाषा भी सहज तथा प्रवाहपूर्ण है।

विश्वभारती तथा साहित्य अकादमी के तत्त्वावधान में इसका अनुवाद हिन्द पॉकेट बुक्स द्वारा १९८८ में प्रकाशित हुआ। अनुवाद धन्यकुमार जैन ने किया है। धन्यकुमार जैन के पुराने अनुवाद को नफीस आफरीदी तथा राजेन्द्र झा द्वारा संपादित कराके प्रकाशित किया गया। अनुवाद बहुत अच्छा नहीं

है । शब्दचयन में सतर्कता नहीं बरती गई ।

एक अंश के अनुवाद द्वारा मोहनलाल वाजपेयी तथा धन्यकुमार जैन के अनुवाद के अन्तर को देखा जा सकता है ।

मूल - (प्रथम पृष्ठ, अवतरण चार)

"आमार मेसेर छेलेरा बुझियाछिल, आमि शचीश के मने मने भक्ति करि । एटाते सर्वदाइ ताहादेर जेन आरामेर व्याघात करित । ताइ आमाके शुनाइया शचीशेर संबंधे कटु कथा बलिते ताहादेर एकदिनओ कामाइ जाइतो ना । आमि जानिताम, चोखे बालि पड़िले रगड़ाइते गेलेइ बाजे बेशि ; कथागुलो जेखाने ककर्श सेखाने जबाब ना कराइ भालो । किन्तु एकदिन शचीशेर चरित्रेर उपर लक्ष करिया एमन-सब कुत्सा उठिल, आमि चुप करिया थाकिते पारिलाम ना ।"

अनुवाद (मोहनलाल वाजपेयी)

"हमारे छात्रावास के लड़कों ने यह जान लिया था कि मैं मन-ही-मन शचीश की भक्ति किया करता हूँ । इसके कारण हमेशा उनके आराम में जैसे बाधा पड़ा करती थी। इसीलिये मुझे सुना-सुनाकर शचीश के संबंध में कटु बातें कहते हुए वे कभी न थकते। मैं भी जानता था कि आँख में किरकिरी पड़ जाने पर उसे मलने से ही कसक और बढ़ जाती है; बात जब कर्कश हो तब वहाँ जवाब न देना ही अच्छा है। लेकिन एक दिन शचीश के चरित्र को लक्ष्य करके ऐसी कलंकित गंदगी उठाई गई कि मैं चुप न रह सका।"

अनुवाद (धन्यकुमार जैन)

"हमारे मेस के लड़के समझ गए थे कि मैं दिल-ही-दिल में शचीश को पसन्द करने लगा हूँ। इस बात से हमेशा उनके आराम में व्यवधान पहुँचता था, इसीलिए मुझे सुनाकर शचीश के बारे में तीखी-तुर्श बातें किए बिना उनका एक दिन भी चैन से नहीं गुजरता था। मैं जानता था, आँख में किरकिरी पड़ने से जितना रगड़ो, आँख उतनी ही दुखती है। जहाँ ऐसी तीखी-तुर्श बातें होती हैं, वहाँ उत्तर न देना समझदारी है, परन्तु एक दिन शचीश के चरित्र को लक्ष्य करके इस कद्र बेकार की बातें होने लगीं कि मुझमे खामोश नहीं रहा गया।"

योगायोग (१९२९)

इस उपन्यास के सात-आठ अनुवाद हुए हैं, जिनमें चार अनुवाद उपलब्ध हैं।

विश्वभारती के रवीन्द्र-साहित्य सीरीज के अन्तर्गत इंडियन प्रेस, इलाहाबाद से इसका प्रकाशन *योगायोग* शीर्षक से ही १९२९ ई. में हुआ। इसका दूसरा संस्करण १९४७ में प्रकाशित हुआ। इसका अनुवाद धन्यकुमार जैन ने किया। यही अनुवाद *कुमुदिनी* शीर्षक से विशाल भारत पुस्तकालय, कलकत्ता से प्रकाशित हुआ। यह अनुवाद संपूर्ण है, किन्तु अनुवाद की भाषा सामान्य है। इसमें रवीन्द्रनाथ द्वारा वर्णित सभी भाव सही रुप में आ सके हैं। काव्य की भाँति रवीन्द्रनाथ के गद्य का अनुवाद भी सहज नहीं है। रवीन्द्रनाथ की चित्रात्मक, गूढ़ भाषा सूक्ष्म भावों को अभिव्यक्त करती है। धन्यकुमार जैन ने अपने अनुवाद में रवीन्द्रनाथ के गूढ़ भावों तथा वर्णन-सौंदर्य को उतारने का अच्छा प्रयास किया है, पर इस अनुवाद का वाक्य-विन्यास बंगला के प्रभाव से मुक्त नहीं है। इस एक कमी के अतिरिक्त इस अनुवाद में कोई त्रुटि नहीं है। उदाहरणस्वरुप मूल सहित इस अनुवाद का एक अंश देख सकते हैं -

मूल (परिच्छेद ३३)

"जेखाने कुमु व्यक्तिगत मानुष सेखाने जतइ तार मन धिक्कारे घृणाय वितृष्णाय भरे उठछे, जतइ तार संसार सेखाने आपन गायेर जोरेइ रुढ़ अधिकारे ताके अपमानित करछे ततइ से आपनार चारि दिके एकटा आवरण तैरि करछे । एमन एकटा आवरण जाते करे निजेर काछे तार भालो-लागा मन्द-लागार सभ्यता के लुप्त करे, अर्थात निजेर संबंधे निजेर चैतन्य के कमिये देय। ए हच्छे क्लोरोफर्मेर विधान।"

अनुवाद - "जहाँ कुमुद व्यक्तिगत मानवी है, वहाँ ज्यों-ज्यों उसका मन धिक्कार से, घृणा से, वितृष्णा से भरता जाता है, ज्यों-ज्यों घर-गिरस्ती वहाँ अपने शारीरिक बल के रुढ़ अधिकार से उसे अपमानित करती जाती है, त्यों-त्यों वह अपने चारों तरफ एक आवरण बनाती चलती है, ऐसा आवरण, जो उसकी निजी अच्छे लगने बुरे लगने की सत्यता को लुप्त कर देता है, अर्थात् अपने विषय

में उसकी चेतना घटा देता है। यह है क्लोरोफार्म का विधान।"

साहित्य अकादमी, नई दिल्ली से इस उपन्यास का प्रकाशन *योगायोग* शीर्षक से ही १९६१ में हुआ। इसका अनुवाद इलाचन्द्र जोशी ने किया। यह अनुवाद संपूर्ण है, भाषा साहित्यिक है, किन्तु कहीं-कहीं बंगला से तालमेल रखने के लिए हिन्दी भाषा की मूल प्रकृति का ध्यान नहीं रखा गया है, जैसे -

मूल- "एइ काहिनीर पौराणिक युग सन्धान करले देखा जाय, घोषालरा एक समये छिल सुन्दरबनेर दिके, तार परे हुगली जेलाय नूरनगरे।"

अनुवाद - "इस कहानी के पौराणिक युग की खोज करने पर पता चलता है कि घोषाल वंश किसी समय सुन्दरवन की तरफ रहता था; उसके बाद *वह चला आया हुगली जिले के नूर नगर में!*" इस अनुवाद में इस प्रकार के बहुत से उदाहरण मिलते हैं। यहाँ पूर्व उद्धृत परिच्छेद ३३ का अनुवाद इस प्रकार है - "जहाँ कुमुदिनी एक व्यक्ति-मात्र है वहाँ जितना ही उसका मन धिक्कार, घृणा और अरुचि से भर उठता था, जितना ही संसार अपने रूढ़ अधिकार से उसे अपमानित करता जाता था उतने ही जोर से वह अपने चारों ओर एक आवरण तैयार करती जा रही थी। एक ऐसा आवरण, जो उसके व्यक्तिगत रूप से अच्छा लगने या बुरा लगने की भावना को लुप्त कर सके; अर्थात् अपने संबंध की चेतना को क्षीण कर सके। यह जैसे क्लोरोफार्म द्वारा उपचार था।"

सन्मार्ग प्रकाशन, दिल्ली से इस उपन्यास का एक ही अनुवाद अलग-अलग जिल्दों में भिन्न नामों से *कुमुदिनि* तथा *त्याग का मूल्य* के रूप में १९७२ में प्रकाशित हुआ। इसका अनुवाद रमेश दीक्षित ने किया है। यही अनुवाद पुनः उक्त दो रूपों में भारती भाषा प्रकाशन, दिल्ली से १९८४ में प्रकाशित हुआ । यह अत्यन्त भ्रष्ट अनुवाद है । केवल कथांशों पर ध्यान दिया गया है । बहुत से महत्त्वपूर्ण स्थल छोड़ दिए गए हैं। अनुवादक को बंगला भाषा का अच्छा ज्ञान नहीं है। जहाँ भी अनुवाद में कठिनाई हुई है, उन स्थलों को छोड़ दिया गया है। कहीं-कहीं अर्थ का अनर्थ हो गया है। कुछ उदाहरण द्रष्टव्य हैं - उपन्यास का आरम्भ होता है - "आज ६इ आषाढ़। अविनाश घोषालेर जन्म दिन।" अनुवाद में तिथि का उल्लेख नहीं है। अनुवाद का प्रारम्भ होता है - "आज अविनाश घोष बत्तीस वर्ष के हो गये हैं ।" *घोषाल* को अनुवादक ने अपनी इच्छा से *घोष*

बना दिया है। मूल उपन्यास में आए हुए 'घोषाल दिघि' का अनुवाद किया गया है - 'घोषाल नामक तालाब'। 'शाँखा खाड़ू' का अनुवाद 'मामूली जेवर' तथा 'मादुलि' का अनुवाद 'यन्त्र' किया गया है । 'नेकड़े बाघ' को 'सिंह' तथा 'केरोसिन कोम्पानी' को 'क्रोसिन कम्पनी' बना दिया गया है। इस प्रकार के अत्यन्त हास्यास्पद अनुवाद इसमें मिलते हैं। पूर्व उद्धृत परिच्छेद ३३ का अनुवाद इस प्रकार है - "जहाँ पर कुमुद व्यक्तिगत मनुष्य है, वहाँ पर उसका मन जितना ही धिक्कार, घृणा और उदासीनता से भर रहा है, उसकी गृहस्थी कठोर अधिकार द्वारा उसे जितना ही अपमानित करती है, वह अपने चारों ओर उतना ही आवरण तैयार करती है । ऐसा आवरण जिसके द्वारा वह अच्छा और बुरा लगने की सत्यता को लुप्त कर सके, अर्थात् अपने लिए अपनी चेतना को कम कर दे। यह है क्लोरोफार्म का विधान।"

शेषेर कविता (१९२९)

इस उपन्यास के चार अनुवाद की जानकारी मिली है, जिनमें तीन उपलब्ध हैं। *शेष का रहस्य* शीर्षक से कमलाप्रसाद रायशर्मा द्वारा अनूदित यह उपन्यास १९५४ में उदय प्रकाशन मंदिर, वाराणसी से प्रकाशित हुआ। यह अनुवाद उपलब्ध नहीं हो सका।

रवीन्द्र-साहित्य-मंदिर, कलकत्ता से प्रकाशित रवीन्द्र-साहित्य, भाग १२ के अन्तर्गत इस उपन्यास का अनुवाद *आखिरी कविता* शीर्षक से १९४९ में प्रकाशित हुआ। इसके पूर्व यह अनुवाद १९४४ में प्रकाशित हो चुका था। इसका अनुवाद धन्यकुमार जैन ने किया। यह अनुवाद संपूर्ण एवं सुबोध है, किन्तु कहीं-कहीं वाक्य-विन्यास हिन्दी की प्रकृति के विरुद्ध है, जैसे - "अमित के बाप थे दिग्विजयी बैरिस्टर" — " अमित को मैं पसन्द करता हूँ। खासा लड़का है। मैं हूँ नवीन लेखक। संख्या में मेरे पाठक कम हैं, किन्तु योग्यता में उन सबमें श्रेष्ठ है अमित।"

प्रभात प्रकाशन, मथुरा से विपिन बिहारी द्वारा अनूदित यह उपन्यास *अन्तिम कविता* शीर्षक से प्रकाशित हुआ । इसका द्वितीय संस्करण १९५८ में

प्रकाशित हुआ। यह अनुवाद पुनः सत्साहित्य प्रकाशन, दिल्ली से १९८३ में प्रकाशित हुआ। यह एक सुबोध किन्तु अत्यन्त सामान्य अनुवाद है। मूल गद्य में जो सौन्दर्य और आन्तरिक अर्थ निहित है वह अनुवाद में नहीं आ पाया है –

मूल (परिच्छेद-१)

"अमित राय ब्यारिस्टार। इंगरेजि छाँदे राय पदवी 'रॉय' ओ 'रे' रुपान्तर जखन धारण करले तखन तार श्री गेल घुचे किन्तु संख्या हल वृद्धि । एइ कारणे, नामेर असामान्यता कामना करे अमित एमन एकटि बानान बानाले जाते इंगरेजि बन्धु ओ बन्धुनीदेर मुखे तार उच्चारण दाँड़िये गेल - अमिट राये।"

अनुवाद - "श्री अमित बैरिस्टर होकर स्वदेश लौटे। विदेशी सभ्यता ने उनके हृदय पर अधिकार प्राप्त कर लिया था। विदेशी मित्रों के नाम की देखादेखी उन्होंने भी अपने को उन्हीं के अनुकूल बनाने की चेष्टा की। तनिक-सा शब्दों में हेर-फेर करना आवश्यक होगा। 'श्री' की इति हो गयी। 'राय' शब्द के अक्षर विन्यास को उन्होंने इस भाँति बदला कि स्पष्ट 'राय' को 'रे' पढ़ा जाने लगा। इस हेर-फेर के कारण उनके विदेशी मित्र उनको - 'अमिट रे' कहकर पुकारने लगे।" आलोच्य अंश में निहित व्यंग्य अनुवाद में नहीं आ सका है, सामान्य अनुवाद है।

विश्वभारती तथा साहित्य अकादमी के तत्त्वावधान में हिन्द पॉकेट बुक्स ने सरस्वती सीरीज के अंतर्गत इस उपन्यास का अनुवाद *विरह की साँझ* शीर्षक से प्रकाशित किया। इसका अनुवाद रामनाथ सुमन ने किया। अनुवाद संपूर्ण, किन्तु सामान्य है । कहीं-कहीं शाब्दिक अनुवाद होने के कारण, अर्थ स्पष्ट नहीं होता, जैसे - (परिच्छेद १४)

मूल - "विद्यार्जनेर भावना ओ सेइ परिमाणे लघु"

अनुवाद - "शिक्षा की भी कोई खास भावना न थी"

मूल - "चित्रकला से फलाते पारे ना, किन्तु दुइ हाते सेटाके चटकाते पारे"

अनुवाद - "वह चित्रकला को फलनेवाली तो नहीं कर सकता, हाँ, दोनों हाथों से उसे मसल जरूर सकता है।"

दुइ बोन (१९३३)

इस लघु उपन्यास के चार हिन्दी अनुवाद हुए हैं। हजारीप्रसाद द्विवेदी कृत अनुवाद विश्वभारती पत्रिका में १९४६ में प्रकाशित हुआ। विश्वभारती ग्रन्थालय द्वारा यह १९५२ में पुस्तकाकार प्रकाशित हुआ। भाव, भाषा, शब्दावली, वाक्यविन्यास सभी दृष्टियों से यह एक उत्कृष्ट अनुवाद है। इसकी भाषा इतनी प्रवाहमयी है कि यह अनुवाद नहीं प्रतीत होता, एक उदाहरण - "वही चिर-परिचत नौकर महेश है । मूछों के बाल पक गए हैं, सिर के बाल कच्चे ही हैं, पहनावे में मिरजई है, कंधे पर चरखाने का गमछा, और बगल में बाँस की लाठी। माईजी ने पुछवाया है कि बाबू यहाँ हैं या नहीं। माईजी को डर है कि कहीं लौटते समय अँधेरी रात में कुछ दुर्धटना न घट बैठे। साथ में एक लालटेन भी है।" *दो बहनें, पृ. ३*

हिन्दी-ग्रंथागार, कलकत्ता से प्रकाशित रवीन्द्र-साहित्य, भाग १ के अन्तर्गत यह उपन्यास *दो बहन* शीर्षक से प्रकाशित हुआ । प्रकाशन वर्ष नहीं लिखा है, अनुवाद धन्यकुमार जैन ने किया है। यह सुबोध किन्तु सामान्य अनुवाद है ।

हिन्दी-साहित्य-सुमनमाला कार्यालय, बम्बई द्वारा प्रकाशित रवीन्द्र-ग्रंथावली के भाग १ के अन्तर्गत इस उपन्यास का प्रकाशन १९५३ में हुआ । *दो बहनें* शीर्षक से इसका अनुवाद रुपनारायण पाण्डेय ने किया है । यह एक अच्छा अनुवाद है, मूल भाव संपूर्णता के साथ अनुवाद में उपस्थित हैं ।

विश्वभारती तथा साहित्य अकादमी के तत्त्वावधान में रामनाथ सुमन द्वारा अनूदित यह उपन्यास १९८६ में हिन्द पॉकेट बुक्स के सरस्वती सीरीज के अन्तर्गत प्रकाशित हुआ । यह सुबोध किन्तु सामान्य अनुवाद है ।

मालंच (१९३४)

इस उपन्यास के पाँच अनुवादों की जानकारी हुई जिनमें चार अनुवाद उपलब्ध हैं ।

१९४४ में *फुलवाड़ी* शीर्षक से इसका अनुवाद विश्वभारती पत्रिका में प्रकाशित हुआ; अनुवाद मोहनलाल वाजपेयी ने किया। यह अनुवाद विश्वभारती

ग्रन्थालय द्वारा १९५१ में पुस्तकाकार प्रकाशित हुआ। यह एक उत्कृष्ट अनुवाद है। मूल उपन्यास का वर्णनात्मक सौन्दर्य अनुवाद में पूरी तरह विद्यमान है। एक उदाहरण के द्वारा इसे देखा जा सकता है –

मूल (परिच्छेद १)

"पिठेर दिके बालिशगुलो उँचू-करा। नीरजा आध-शोया पड़े आछे रोगशय्याय । पायेर उपरे सादा रेशमेर चादर टाना, जेन तृतीयार फिके ज्योत्स्ना हालका मेघेर तलाय। फ्याकासे तार शाँखेर मतो रंग, ढिले हये पड़छे चुड़ि, रोगा हाते नील शिरार रेखा, घन पद्म चोखेर पल्लवे लेगेछे रोगेर कालिमा।"

अनुवाद "पीठ की तरफ तकिये ऊँचे करके रखे हुए हैं। रोगशय्या पर नीरजा अर्द्धशायित अवस्था में लेटी है । पावों पर सफेद रेशम की चादर खींच दी गई है, मानो हल्के मेघों-तले तृतीया की फीकी चाँदनी हो। पीला हो आया है उसका शंख-जैसा रंग, ढीली हो गई हैं कलाई की चूड़ियाँ, क्षीण हाथों पर नीली नसों की उभरी रेखाएँ स्पष्ट दिखाई दे रही हैं; आँखों के घन पद्म पल्लवों की कोर रोग की कालिमा से घिर आई है।"

हिन्दी-ग्रन्थागार, कलकत्ता से प्रकाशित रवीन्द्र-साहित्य के चौथे भाग में *फुलवाड़ी* शीर्षक से ही यह अनुवाद प्रकाशित हुआ। प्रकाशन वर्ष नहीं लिखा है। इसका अनुवाद धन्यकुमार जैन ने किया । अनुवाद सुबोध किन्तु सामान्य है । भाषा साहित्यिक नहीं है और कहीं-कहीं हिन्दी की प्रकृति के विरुद्ध भी। इस पूरे अनुवाद में वाक्य-विन्यास के संदर्भ में हिन्दी की प्रकृति का एकदम ध्यान नहीं रखा गया है। उपर्युक्त उद्धृत मूल का अनुवाद देखें - "नीरजा रोगशय्या पर अधलेटी हालत में पड़ी है, पीठ के पीछे तल-ऊपर कई तकिये लगाकर ऊँचा कर दिया गया है। पैरों पर सफेद रेशमी चादर पड़ी हुई है, ऐसी लगती है जैसे हलके बादलों के नीचे तीज की रात की फीकी चाँदनी हो। उसका रंग हो गया है शँख जैसा फीका, चूड़ियाँ ढीली पड़ गई हैं, दुबली-पतली कमजोर बाँहों की नीली नसें चमक रही हैं, पलकों की घनी बरुनियों के ऊपर-नीचे छा गई है रोग की कालिमा।"

विपिन बिहारी द्वारा अनूदित यह उपन्यास *उपवन* शीर्षक से प्रभात प्रकाशन, मथुरा से १९५६ में प्रकाशित हुआ। यह अत्यन्त सामान्य अनुवाद है।

मूल भाव अनुवाद में अच्छी प्रकार नहीं आ पाए हैं, यदि आए भी हैं, तो उनमें कोई सौन्दर्य नहीं।

विश्वभारती तथा साहित्य अकादमी के तत्त्वावधान में हिन्द पॉकेट बुक्स द्वारा सरस्वती सीरीज के अन्तर्गत १९८६ में इस उपन्यास का प्रकाशन *मालंच* शीर्षक से हुआ। अनुवादक के रूप में प्रबोधकुमार मजूमदार का नाम छापा गया है; किन्तु वस्तुतः धन्यकुमार जैन द्वारा अनूदित *फुलवाड़ी* को ही *मालंच* शीर्षक से प्रकाशित किया गया है। विश्वभारती तथा साहित्य अकादमी के तत्त्वावधान में प्रकाशित रवीन्द्र-साहित्य के अनुवाद में इस प्रकार की असावधानी नहीं होनी चाहिए थी। अनुकरण भी किया गया है तो भ्रष्ट अनुवाद का।

१९५७ में इस उपन्यास का अनुवाद किताब महल, इलाहाबाद से *मालिनी* शीर्षक से प्रकाशित हुआ था। इसका अनुवाद कृष्णवल्लभ ने किया। यह अनुवाद उपलब्ध नहीं हो सका।

चार अध्याय (१९३४)

इस उपन्यास के सात अनुवाद हुए हैं जिनमें तीन उपलब्ध हैं। विश्वभारती के तत्त्वावधान में इंडियन प्रेस लिमिटेड, इलाहाबाद द्वारा रवीन्द्र-साााहित्य सीरीज के अन्तर्गत धन्यकुमार जैन द्वारा अनूदित *चार अध्याय* प्रकाशित हुआ। इसका दूसरा संस्करण १९५७में प्रकाशित हुआ । अनुवाद सुबोध किन्तु सामान्य है।

हिन्दी-साहित्य-सुमनमाला-कार्यालय, बम्बई से प्रकाशित रवीन्द्र-ग्रंथावली, भाग १ के अन्तर्गत रुपनारायण पाण्डेय द्वारा अनूदित *चार अध्याय* १९५३ में प्रकाशित हुआ। अनुवाद में मूल भाव सहजतापूर्वक आ गए हैं।

विश्वभारती तथा साहित्य अकादमी के तत्त्वावधान में हिन्द पॉकेट बुक्स के सरस्वती सीरीज के अन्तर्गत १९८६ में इसके अनुवाद का प्रकाशन हुआ। मूल अनुवादक के रूप में प्रबोधकुमार मजूमदार का नाम छपा है। यह एक अच्छा अनुवाद है। मूल उपन्यास का वर्णन-सौन्दर्य यहाँ अपनी संपूर्णता में विद्यमान है तथा हिन्दी की प्रकृति का पूरा ध्यान रखा गया है, एक उदाहरण द्रष्टव्य है –

मूल (भूमिका)

"एलार मने पड़े तार जीवनेर प्रथम सूचना विद्रोहेर मध्ये। तार मा मायामयीर छिल बातिकेर धात, ताँर व्यवहारटा विचार-विवेचनार प्रशस्त पथ धरे चलते पारत ना। बेहिसाबी मेजाजेर असंयत झापटाय संसार के तिनि जखन-तखन क्षुब्ध करे तुलतेन, शासन करतेन अन्याय करे, सन्देह करतेन अकारणे । मेये जखन अपराध अस्वीकार करत, फस करे बलतेन, मिथ्ये कथा बलछिस । अथच अविमिश्र सत्यकथा बला मेयेर एकटा व्यसन बललेइ हय । एजन्येइ से शास्ति पेयेछे सबचेये बेशि । सकल रकम अविचारेर विरुद्धे असहिष्णुता तार स्वभावे प्रबल हये उठेछे । तार मार काछे मने हयेछे, एइटेइ स्त्रीधर्मनीतिर विरुद्धे ।"

अनुवाद - "एला को याद आ रहा है कि उसके जीवन का पहला अनुभव विद्रोह के बीच ही हुआ था। उसकी माँ मायामयी सनकी प्रकृति की थीं। उनका व्यवहार अकल और समझ के अनुकूल नहीं हुआ करता था। अपने उद्दंड स्वभाव के बंधनहीन झोंकों से वे अपनी गृहस्थी को प्रायः नाराज करती रहती थीं । अन्याय से लोगों को दबा देतीं और अकारण ही सन्देह करने लगती थीं । लड़की जब किसी आपराध को अस्वीकर करती तो वे चट से कह बैठतीं कि झूठ बोल रही है। उधर लड़की का यह हाल कि उसे बिना किसी मिलावट के सच्ची बात कह देने की आदत-सी थी। इसीलिए उसीको सबसे ज्यादा दण्ड भी मिलता था । सब तरह के अन्याय के विरुद्ध असहनशीलता उसके स्वभाव में प्रबल हो उठी । उसकी माँ के मन में यह बात आ गई कि यह सब स्त्रीधर्म के विरुद्ध है।"

किताब महल, इलाहाबाद से १९५७ में यह उपन्यास *इला दीदी* और अजय प्रेस, इलाहाबाद से *जलजला* शीर्षक से प्रकाशित हुआ । ये अनुवाद उपलब्ध नहीं हो सके ।

नष्टनीड़ (१९०१)

यह रवीन्द्रनाथ की एक लम्बी कहानी है जो गल्पगुच्छ के अन्तर्गत है । हिन्दी में इसे लघु उपन्यास के रूप में ही प्रकाशित किया गया है । इसके सात-आठ अनुवाद हुए हैं ।

हिन्दी-ग्रन्थ-रत्नाकर कार्यालय, बम्बई से *नष्टनीड़* शीर्षक से यह १९४७ में प्रकाशित हुआ। इसका अनुवाद धन्यकुमार जैन ने किया है। यह अनुवाद रवीन्द्र-साहित्य-मन्दिर के रवीन्द्र-साहित्य, भाग १४ में तथा विश्वभारती एवं साहित्य अकादमी के तत्त्वावधान में हिन्द पॉकेट बुक्स द्वारा पुनः प्रकाशित हुआ। यह अनुवाद अच्छा है एवं मूल भाव इसमें अपनी सम्पूर्णता में आ गए हैं।

प्रभात प्रकाशन, मथुरा से विपिन बिहारी द्वारा अनूदित *नष्टनीड़* १९५६ में प्रकाशित हुआ। यह सामान्य अनुवाद है। मूल उपन्यास का सौन्दर्य अनुवाद में बिल्कुल नहीं आ सका है।

यह उपन्यास *कौन किसी का* शीर्षक से नारायण दत्त सहगल एण्ड संस, दिल्ली से १९५९ में प्रकाशित हुआ। अनुवादक का नाम नहीं छापा गया है। उपलब्ध संस्करण तृतीय संस्करण है। अनुवाद सामान्य है तथा प्रामाणिक भी नहीं है। कथा भाग तथा वर्णनों में कहीं-कहीं अनुवाद में अपनो ओर से भी कुछ जोड़ दिया गया है।

यह लघु उपन्यास अन्य प्रकाशनों से *चारुलता* तथा *उजड़ा घर* शीर्षक से प्रकाशित हुआ है। ये अनुवाद उपलब्ध नहीं हो सके।

विश्वभारती तथा साहित्य अकादमी के तत्त्वावधान में हिन्द पॉकेट बुक्स / सरस्वती विहार, दिल्ली द्वारा दो और लघु उपन्यासों *करुणा* तथा *प्रजापति* का अनुवाद १९९० में प्रकाशित हुआ। *करुणा* का अनुवाद रणजीत साहा तथा *प्रजापति* का अनुवाद माहेश्वर ने किया है।

अध्याय ७

रवीन्द्रनाथ की कहानियों के हिन्दी अनुवाद

रवीन्द्रनाथ की कहानियों ने उन्हें विश्व के कहानी-कला के श्रेष्ठतम शिल्पियों में स्थान प्रदान किया है । इन कहानियों में मानवीय संवेदना के साथ-साथ यथार्थ के मार्मिक चित्र मिलते हैं । इनकी कहानियों में आस-पास के वातावरण तथा उन विचारों, भावों तथा समस्याओं की झलक मिलती है, जिन्होंने उनके जीवन में समय-समय पर उनके मन को प्रभावित किया । इनकी प्रारंभिक कहानियों के पोत्र प्रधानतः ऐसे हैं जो उन्हें गाँवों की यात्रा करते समय मिले थे । बाद की कहानियों में मध्यवर्गीय समस्याओं, विशेषतः स्त्रियों की दुर्दशा का वर्णन है ।

हिन्दी में अन्य विधाओं की अपेक्षा रवीन्द्रनाथ की कहानियों का अनुवाद ही पहले हुआ । 'सरस्वती' में *मुक्तिर उपाय* (१९०१), *दृष्टिदान* (१९०२), *राजटीका* (१९०५) तथा *दानप्रतिदान* (१९०६) आदि कहानियों के अनुवाद प्रकाशित हुए । अनुवादकों में थे गिरिजा कुमार घोष (छद्मनाम : पार्वती नन्दन), प्रमथनाथ भट्टाचार्य तथा प्रसिद्ध हिन्दी कहानी 'दुलाईवाली' की लेखिका बंगमहिला । प्रेमचन्द ने रवीन्द्रनाथ की चार कहानियों - *सुभा, विचारक, जीवित ओ मृत* एवं *काबुलिवाला* के अनुवाद अंग्रेजी से उर्दू में किए । ये अंग्रेजी अनुवाद 'न्यू इंडिया' में छपे थे । प्रेमचन्द ने एक पत्र में लिखा है - "कहानी लिखने की प्रेरणा मुझे रवीन्द्रनाथ से मिली । बाद में मैंने अवश्य अपनी शैली का निर्माण किया ।" (चिट्ठी-पत्री २)

हिन्दी में रवीन्द्रनाथ की कहानियों के अनुवाद के लगभग ५० संकलन मिलते हैं । उनकी अधिकांश कहानियों का अनुवाद हो चुका है । अनुवादकों में

प्रमुख रुप से रुपनारायण पाण्डेय, धन्यकुमार जैन, नाथूराम प्रेमी, परिपूर्णानंद वर्मा, राजेश दीक्षित, श्रीकृष्ण गुप्त, रामसिंह तोमर तथा कणिका तोमर के नाम उल्लेखनीय हैं । यहाँ प्रमुख हिन्दी अनुवादों की चर्चा की जा रही है ।

इंडियन प्रेस लिमिटेड, प्रयाग से रुपनारायण पाण्डेय द्वारा अनूदित *गल्पगुच्छ* १९२३ से १९२६ के भीतर चार भागों में प्रकाशित हुआ । इन सभी भागों के बाद में कई संस्करण निकले । प्रथम भाग में नौ, द्वितीय भाग में सतरह, तृतीय भाग में आठ तथा चतुर्थ भाग में तेरह, कुल सैंतालीस कहानियों का अनुवाद प्रकाशित हुआ । अनुवाद सामान्यतः ठीक है, किन्तु कहीं-कहीं वर्णनों को संक्षिप्त कर दिया गया है तथा कहीं-कहीं अनुवादक मूल अर्थ को नहीं समझ पाया है जैसे - 'डांगा' का अर्थ 'डोंगी' किया गया है -

मूल - "जलेर माछ के डांगाय तुलिले जेरकम हय ...." (पोस्टमास्टर)

अनुवाद - "जल की मछली को डोंगी पर डाल देने से उसकी जो दशा हाती है ...."

इसी प्रकार 'आटचाला' का अर्थ 'छप्पर' किया गया है जिससे मूल शब्द की पूरी व्यंजना नहीं होती । कहीं-कहीं अनुवाद में पूरी सतर्कता नहीं बरती गई है -

मूल - "कुठिर गोमस्ता प्रभृति जे-सकल कर्मचारी आछे, ताहादेर फुरसत प्राय नाइ एवं ताहारा भद्रलोकेर सहित मिशिबार उपयुक्त नहे ।"

अनुवाद - "गुमाश्ते वगैरह कुछ रुखी तवियत के और घमण्डी हैं, रहे छोटी जाति के लोग, सो वे हेलमेल के लायक नहीं ।"

यहाँ 'रुखी तवियत' तथा 'घमण्डी' शब्द अनुवादक ने अपनी ओर से जोड़ दिया है । मूल में पूरा क़थन 'गोमस्ता' के लिए है जबकि अनुवाद में 'गुमाश्ते' और 'छोटी जाति' के लोगों के लिए । कहीं-कहीं इस तरह की असावधानी है, अन्यथा इस संग्रह में कहानियों के अच्छे अनुवाद हैं, एक उदाहरण -

मूल - "पल्लीवासिनी कोनो-एक हतभागिनीर अन्यायकारी अत्याचारी स्वामीर दुष्कृतिसकल सविस्तारे वर्णनपूर्वक प्रतिवेशिनी तारा अत्यन्त संक्षेपे निजेर राय प्रकाश करिया कहिले, एमन स्वामीर मुखे आगुन ।" *दीदी*

अनुवाद - "देहात की रहने वाली एक अभागिन के अन्यायकारी अत्याचारी स्वामी के कुकर्मों का विस्तारपूर्वक वर्णन करके पड़ोसिन तारा ने बहुत ही संक्षेप में अपनी राय जाहिर करते हुए कहा, ऐसे स्वामी के मुँह में आग ।"

नाथूराम प्रेमी और रामचन्द्र वर्मा द्वारा अनूदित 'रवीन्द्र-कथाकुंज' का प्रकाशन हिन्दी-ग्रन्थ-रत्नाकर कार्यलय, बम्बई से १९२५ में हुआ । १९४८ में इसका तृतीय संस्करण प्रकाशित हुआ । इस संग्रह में नौ कहानियाँ हैं - *जय पराजय, पड़ोसिन, राजतिलक, समाप्ति, जासूस, दुर्बुद्धि, अतिथि, अध्यापक* तथा *दृष्टिदान* । यह एक उत्कृष्ट अनुवाद है। इसमें रवीन्द्रनाथ की कहानियों की गद्यकाव्यात्मकता तथा मूल भावों को अनुवाद में सुरक्षित रखने का अच्छा प्रयास है । एक उदाहरण -

मूल - "नवेन्दुशेखरेर पिता पूर्णेन्दुशेखर इंगराज राज-सरकारे विख्यात । तिनि एइ भवसमुद्रे केवलमात्र द्रुतवेगे सेलाम-चालना द्वारा रायबाहादुर पदवीर उत्तुंग मरुकूले उत्तीर्ण हइयाछिलेन; आरो दुर्गमतर सम्मानपथेर पाथेय ताँहार छिल, किन्तु पञ्चान्न वत्सर वयःक्रमकाले अनतिदूरवर्ती राजखेताबेर कुहेलिकाच्छन्न गिरिचूड़ार प्रति करुण लोलुप दृष्टि स्थिरनिबद्ध करिया राजानुगृहीत व्यक्ति अकस्मात् खेताबवर्जित-लोके गमन करिलेन एवं ताँहार बहु सेलाम-शिथिल ग्रीवाग्रन्थि श्मशानशय्याय विश्राम लाभ करिल ।"

राजटिका, गल्पगुच्छ, पृ. ३८४

अनुवाद - "नवेन्दुशेखर के पिता पूर्णेन्दुशेखर अंग्रेजी अमलदारी के बहुत ही विख्यात पुरुष थे । वे इस भव-समुद्र में केवल फर्शी सलाम की डाँड़ चला कर 'रायबहादुर' उपाधि के उत्तुंग मरुतट तक पहुँच गये थे । यद्यपि उनके पास और भी दुर्गमतर सम्मान-पथ का पाथेय था, किन्तु पचपन वर्ष की उम्र में बिल्कुल समीपवर्ती उपाधि के कुहरे से ढके हुए गिरिशिखर की ओर करुणलोलुप दृष्टि लगाये हुए यह राजकृपापात्र व्यक्ति एकाएक खिताबवर्जित लोक को चल दिया और उसकी बहु-सलाम शिथिल ग्रीवा श्मशान-शय्या पर विश्राम करने लगी ।"

राजतिलक

धन्यकुमार जैन ने रवीन्द्रनाथ की पचास से अधिक कहानियों

का हिन्दी अनुवाद किया है । विश्वभारती ग्रन्थालय द्वारा प्रकाशित *गल्पगुच्छ* में अठारह कहानियाँ हैं, इसका दूसरा संस्करण १९४७ में प्रकाशित हुआ । हिन्द पॉकेट बुक्स ने १९६८ में *रवीन्द्रनाथ की श्रेष्ठ कहानियाँ* के अन्तर्गत धन्यकुमार जैन कृत सतरह अनुवादों को प्रकाशित किया । इसमें निम्नलिखित कहानियाँ हैं -

एक रात, लल्लाबाबू की वापसी, पोस्टमास्टर, दृष्टिदान, सुभा, काबुलीवाला, छुट्टी, निशीथ में, दुराशा, दुलहिन, कंकाल, सजा, महामाया, वेदान्तप्रभा, हृदयपरिवर्तन, बाहर और भीतर, समाप्ति ।

इसके पूर्व रवीन्द्र-साहित्य-मन्दिर, कलकत्ता से प्रकाशित रवीन्द्र-साहित्य के छः भागों में धन्यकुमार जैन द्वारा अनूदित रवीन्द्रनाथ की कहानियों का प्रकाशन हुआ । ये कहानियाँ इस प्रकार हैं -

भाग २ : शीर्षक - दृष्टिदान : *दृष्टिदान, क्षुधित पाषाण, जीवित और मृत, एक रात, लल्लूबाबू का लौटना, एक बरसाती कहानी, मुक्ति का उपाय, दुलहिन, एक चितवन, प्राणमन* ।

भाग ५ : शीर्षक - समाप्ति : *समाप्ति, जय-पराजय, पोस्टमास्टर, सजा, संस्कार, व्यवधान, रामलाल की मूर्खता, ताराचन्द की करतूत* ।

भाग ६ : शीर्षक - काबुलवाला : *काबुलवाला, छुट्टी, दीदी, भाई-भाई, जासूस, शुभदृष्टि, नीलू, महामाया, कहानीकार, अनधिकार-प्रवेश* ।

भाग ७ : शीर्षक - रासमणि का लड़का : *रासमणि का लड़का, पुत्रयज्ञ, प्रतिहिंसा, समाधान, असंभव, बात, उद्धार, उलटफेर* ।

भाग १५ : शीर्षक - मालिनी : *नयनजोड़ के बाबू, चोरी का धन, स्त्री की चिट्ठी, वैरागिन, मुकुट* ।

भाग १७ : शीर्षक - गन्धारी : *मेघ और धूप, अतिथि, राजतिलक, शेषरात्रि, पड़ोसिन, मेघदूत, बाँसुरी, वाणी, प्रश्न, कृतघ्न, शोक, सत्रह वर्ष, एक दिन* ।

धन्यकुमार जैन के अनुवाद सहज-सुबोध भाषा में सटीक अनुवाद हैं । कहीं-कहीं मूल साहित्यिक सौन्दर्य अनुवाद में नहीं आ पाया है, किन्तु गलत अनुवाद नहीं है । एक उदाहरण द्रष्टव्य है -

मूल - "दुःख केवल ताहाइ नहे, इतिमध्ये विपिन राजार सहित अकृत्रिम अनुरागे आबद्ध हइया पड़ियाछिलेन ; वेतनेर चेये प्रणयटा ताँहार काछे

अनेक वेशि दामि हइया उठियाछिल । किन्तु की अपराधे जे हठात् राजार हृदयटा हाराइलेन, अनेक भावियाओ विपिन ताहा ठिक करिते पारिलेन ना। एवं दीर्घनिश्वास फेलिया ताँहार पुरातन तम्बूराटिते गेलाप पराइया बन्धुहीन वृहत् संसारे बाहिर हइया पड़िलेन ; जाइबार समय राजभृत्य पुँटेके शेष सम्बल दुइटि टाका पुरस्कार दिया गेलेन ।"

सदर ओ अन्दर, गल्पगुच्छ, पृ. ४२४

अनुवाद - "दुःख सिर्फ इस बात की ही नहीं, सबसे बड़ा दुःख तो विपिन के यह बैठ गया है कि वह राजा से अकृत्रिम अनुराग कर बैठा था, और वेतन की अपेक्षा राजा का प्रेम ही उसके लिए बहुत ज्यादा कीमती हो गया था। आखिर किस कसूर पर अचानक इस तरह राजा ने उसे अपने प्रेम में से दूध में से मक्खी की तरह निकालकर बाहर फेंक दिया ? बहुत सोचने-विचारने पर भी उसकी समझ में नहीं आया । अन्त में उसने एक गहरी साँस ली और अपने पुराने तम्बूरे पर गिलाफ चढ़ाकर वह बन्धुहीन विशाल संसार में भटकने निकल पड़ा । जाते वक्त राजभृत्य पूसा को वह अपनी आखिरी पूँजी दो रुपया इनाम में दे गया ।"

बाहर और भीतर, रवीन्द्रनाथ की श्रेष्ठ कहानियाँ, पृ. १७१

विश्वभारती तथा साहित्य अकादमी के तत्त्वावधान में सरस्वती सीरीज के अन्तर्गत हिन्द पॉकेट बुक्स से धन्यकुमार जैन कृत रवीन्द्रनाथ की कहानियों के अनुवाद प्रकाशित हुए । *दृष्टिदान* शीर्षक से १९८७ में कुल चौदह कहानियों का प्रकाशन हुआ । सरस्वती सीरीज के अन्तर्गत हिन्द पॉकेट बुक्स ने *काबुलीवाला* शीर्षक से और बारह कहानियों का अनुवाद प्रकाशित किया । इन कहानियों का अनुवाद प्रबोध कुमार मजूमदार ने किया है जो इसके पूर्व भी हिन्द पॉकेट बुक्स से ही इसी शीर्षक से प्रकाशित हो चुकी थीं । यह अनुवाद सुबोध भाषा में सम्पूर्ण एवं उपयुक्त है । एक उदाहरण द्रष्टव्य है -

मूल - "प्रथम काज आरम्भ करियाइ ओलापुर ग्रामे पोस्टमास्टर के आसिते हय । ग्रामटि अति सामान्य । निकटे एकटि नीलकुठि आछे, ताइ कुठिर साहेब अनेक जोगाड़ करिया एक नूतन पोस्टआपिस स्थापन कराइयाछे ।

आमादेर पोस्टमास्टर कलिकातार छेले । जलेर माछके डांगाय तुलिले

जेरकम हय, एइ गण्डग्रामेर मध्ये आसिया पोस्टमास्टारेरओ सेइ दशा उपस्थित हइयाछे। एकखानि अन्धकार आटचालार मध्ये ताहार आपिस; अदुरे एकटि पानापुकुर एवं ताहार चारि पाड़े जंगल। कुठिर गोमस्ता प्रभृति जेसकल कर्मचारी आछे ताहादेर फुरसत प्राय नाइ एवं ताहारा भद्रलोकेर सहित मिशिवार उपयुक्त नहे।"

पोस्टमास्टर, गल्पगुच्छ, पृ. १९

अनुवाद - "नौकरी लगते ही पोस्टमास्टर को ओलापुर गाँव में आना पड़ा। साधारण-सा गाँव। पास ही एक नीलहे साहब की कोठी है। साहब ने बड़ी कोशिश से यहाँ नया डाकघर खुलवाया है।

हमारे पोस्टमास्टर कलकत्ता के रहने वाले हैं। पानी की मछली को रेत पर डाल देने से उसकी जैसी दशा हो जाती है, इस ठेठ देहात में आकर पोस्टमास्टर की भी वही दशा हुई। एक अंधियारे 'अठचाले' (पाद-टिप्पणी : आठ छप्परों से बनी झोपड़ी) में उनका दफ्तर है, जिसके पास ही एक सेहला-भरा तालाब है और उसके चारों ओर जंगल। कोठी में गुमश्ता आदि जो कर्मचारी हैं, उन्हें किसी से मिलने-जुलने की फुरसत ही नहीं और वे किसी भले आदमी से मिलने के काबिल भी नहीं हैं।"

पोस्टमास्टर

परिपूर्णानन्द वर्मा द्वारा अनूदित *रवीन्द्रनाथ की कहानियाँ* शीर्षक संग्रह मैकमिलन एण्ड कम्पनी से १९५० में प्रकाशित हआ। इसका दूसरा संस्करण १९५६ में निकला। इसमें दस कहानियाँ हैं - *काबुलीवाला, गृह-आगमन, एक था राजा, सेवक की ममता, मास्टर महाशय, सुभा, डाकबाबू, परित्यक्त, रासमणि का पुत्र* तथा *नयनजोड़ के बाबूलोग*। यह अनुवाद संभवतः रवीन्द्रनाथ की कहानियों के अंग्रेजी अनुवाद से किया गया है। अनुवादक ने 'निवेदन' में लिखा है - "विश्ववंद्य रवीन्द्रबाबू भाषा तथा भाव के अति धनी थे। उनकी लेखनी का प्रत्येक शब्द इतना मूल्यवान तथा सार्थक उपयोगिता रखता है कि उसका सटीक अनुवाद तथा अभिव्यक्ति कठिन समस्या है। इसके अतिरिक्त, एक कठिनाई हिन्दी अनुवादक के लिये और होती है - वह है बंगला में मूलतः तथा अंग्रेजी में गौणतः लिखी कहानी को हिन्दी के साँचे में ढालकर देशी आत्मीयता बनाये

रखना । मैंने अनुवाद में चेष्टा तो की है कि हिन्दी भाषी प्रत्येक प्रान्त को, प्रत्येक हिन्दी पाठक को, चाहे वह किसी भी प्रान्त का हो, ये महान कहानियाँ अपने यहाँ की घटनायें प्रतीत हों ।

अनुवाद अक्षरसः नहीं है - पर एक पंक्ति या शब्द को भी न छोड़ने का प्रयास किया गया है । भाषा सरल, मिली-जुली तथा पाठ्यक्रम के योग्य है । पाठक का ज्ञान भी बढ़ेगा तथा शब्दावली भी। मनोरंजन भी होगा।" 'निवेदन' के अनुरुप इस संकलन के अनुवाद संपूर्ण एवं सरल हैं।

राधेश्याम पुरोहित द्वारा अनूदित *रवीन्द्र द्वादशी* का प्रकाशन १९५४ में राजपाल एंड संस, दिल्ली से हुआ। इसमें बारह कहानियाँ हैं। हजारीप्रसाद द्विवेदी ने इसकी 'प्रस्तावना' लिखी है। इसमें रवीन्द्रनाथ के दो-एक कथाकाव्य को भी कहानी का रुप दे दिया गया। कहानियों को कहीं-कहीं संक्षिप्त कर दिया गया है। यह अनुवाद बंगला वाक्यविन्यास तथा शब्दावली से मुक्त नहीं रह सका है। उदाहरणस्वरूप *दुराशा* एवं *दानप्रतिदान* कहानी से कुछ वाक्य देखें –

- दार्जलिंग पहुँचकर देखा वृष्टि से दसों दिशायें आच्छन्न हैं।
- इसी समय थोड़ी दूर पर किसी रमणी कंठ की सकरुण रोदन गुंजन ध्वनि सुनाई पड़ी।
- रोदन-ध्वनि को लक्ष्य करके जा कर देखा।
- शाशिभूषण सहसा कुछ करेंगे ऐसा उनका स्वभाव नहीं है।

साहित्य अकादमी ने रवीन्द्रनाथ की कहानियों के हिन्दी अनुवाद के दो महत्त्वपूर्ण संग्रहों में कुल छियालीस कहानियों को प्रकाशित किया है। पहला संग्रह *रवीन्द्रनाथ की कहानियाँ* शीर्षक से रवीन्द्र-जन्मशती के अवसर पर १९६१ में प्रकाशित किया गया । इस संग्रह की कहानियों का अनुवाद रामसिंह तोमर ने किया । दूसरा संग्रह रवीन्द्रनाथ की एक सौ पचीसवीं जन्मवार्षिकी के उपलक्ष्य में १९९० में प्रकाशित हुआ। इसका अनुवाद कणिका तोमर ने किया । ये दोनों अनुवाद रवीन्द्रनाथ की कहानियों के अनुवाद की दृष्टि से एक आदर्श प्रस्तुत करते हैं । मूल भाव, वर्णनात्मकता, विचारात्मक स्थल तथा रवीन्द्रनाथ के गद्य में भी अन्तर्निहित आन्तरिक सौन्दर्य तथा काव्यात्मकता सबका इन अनुवादों में पूरा ध्यान रखा गया है। वाक्य-विन्यास पूर्णतः हिन्दी की प्रकृति के अनुरुप है,

जिससे इन अनुवादों में एक सहज प्रवाह है ।

रामसिंह तोमर कृत अनुवाद-संग्रह में रवीन्द्रनाथ की कहानियों का विस्तृत 'परिचय' दिया गया है, जिसे सोमनाथ मैत्र ने लिखा है । प्रस्तुत अनुवाद के संबंध में उन्होंने लिखा है "... मुझे इसमें कोई संदेह नहीं कि अनुवाद में भी उनके अमर सौन्दर्य का कुछ भाग पाठक के हृदय का हर्ष के साथ स्पर्श करेगा ...।" इस संग्रह में *पोस्टमास्टर, काबुलीवाला, क्षुधित पाषाण, दृष्टिदान, नष्टनीड़, मास्टर साहब, गुप्तधन, रासमणि का बेटा* आदि इक्कीस कहानियाँ हैं। इस अनुवाद में मूल भाव अपनी संपूर्णता में अत्यंत सहज रूप में अभिव्यक्त हुए हैं। *काबुलीवाला* शीर्षक रवीन्द्रनाथ की प्रसिद्ध कहानी के अनुवाद का एक अंश द्रष्टव्य है –

मूल - "आमार पाँच बछर वयसेर छोटो मेये मिनि एक दण्ड कथा ना कहिया पारे ना। पृथिवीते जन्मग्रहण करिया भाषा शिक्षा करिते से केवल एकटि वत्सर काल व्यय करियाछिल, ताहार पर हइते जतक्षण से जागिया थाके एक मुहूर्त्त मौनभावे नष्ट करे ना। ताहार मा अनेकसमय धमक दिया ताहार मुख बन्ध करिया देय, किन्तु आमि ताहा पारि ना। मिनि चुप करिया थाकिले एमनि अस्वाभाविक देखिते हय जे, से आमार वेशिक्षण सह्य हय ना। एइजन्य आमार संगे ताहार कथोपकथनटा किछु उत्साहेर सहित चले।"

अनुवाद - "मेरी पाँच बरस की छोटी मिनी बिना बोले पलभर भी नहीं रह सकती। संसार में जन्म लेने के बाद भाषा सीखने में उसने केवल एक वर्ष का समय खर्च किया था, उसके बाद से जब तक वह जागती रहती है एक पल भी मौन रहकर नष्ट नहीं करती। उसकी माँ बहुत बार डाँटकर उसका मुँह बन्द कर देती है, किन्तु मैं यह नहीं कर पाता। चुपचाप बैठी मिनी देखने में ऐसी अस्वाभाविक लगती है कि मुझे बहुत देर तक सहन नहीं होता। इसलिये मेरे साथ उसका वार्तालाप कुछ उत्साह के साथ चलता है।"

कणिका तोमर द्वारा अनूदित *रवीन्द्रनाथ की कहानियाँ* (भाग २) के अन्तर्गत *दहेज, मुन्ने की वापसी, छुट्टी, सुभा, दीदी, मान-भंजन, चोरी का धन, लेबोरेटरी* आदि पचीस कहानियाँ हैं। भूदेव चौधुरी ने इसका 'प्राक्कथन' लिखा है, जिसमें उन्होंने रवीन्द्रनाथ के कहानी-साहित्य, विशेषतः संकलित कहानियों

की विशेषताओं का उद्घाटन किया है। प्रस्तुत संकलन केवल रवीन्द्रनाथ की कहानियों के अनुवाद की दृष्टि से ही नहीं, वरन् संपूर्ण रवीन्द्र-साहित्य के अनुवाद की दृष्टि से एक श्रेष्ठ अनुवाद है। भाव, भाषा, शिल्प, प्रवाह, वाक्यविन्यास, प्रतिशब्द, साहित्यिक सौंदर्य सभी दृष्टियों से यह उत्कृष्ट अनुवाद है और इसमें किसी भी प्रकार की खोट निकालने की गुंजाइश नहीं। लम्बे अलंकृत वाक्य हों अथवा सामान्य मर्मस्पर्शी वर्णन सबका इस संग्रह की कहानियों में उपयुक्त अनुवाद हुआ है। एक उदाहरण द्रष्टव्य है –

मूल - "समुद्र हइते वनराजिनीला तटभूमि जेमन रमणीय स्वप्नवत् चित्रवत् मने हय एमन तीरेर उपर उठिया हय ना। वैधव्येर वेष्टन-अन्तराले हेमशशी संसार हइते जेटुकु दूरे पड़ियाछिल, सेइ दूरत्वेर विच्छेद-वशत संसारटा ताहार काछे परपारवर्ती परमरहस्यमय प्रमोदवनेर मतो ठेकित। से जानित ना एइ जगत्यन्त्रटार कलकारखाना अत्यन्त जटिल एवं लौहकठिन - सुखे दुःखे, सम्पदे विपदे, संशये संकटे ओ नैराश्ये परितापे विमिश्रित। ताहार मन हइते, संसारयात्रा कलनादिनी निर्झरिणीर स्वच्छ जलप्रवाहेर मतो सहज, सम्मुखवर्ती सुन्दर पृथिवीर सकल पथगुलिइ प्रशस्त ओ सरल, सुख केवल ताहार वातायनेर बाहिरे एवं तृप्तिहीन आकांक्षा केवल ताहार वक्षपञ्जरवर्ती स्पन्दित परितप्त कोमल हृदयटुकुर अभ्यन्तरे।"

विचारक (द्वितीय परिच्छेद) गल्पगुच्छ, पृष्ठ २५९

अनुवाद - "समुद्र से वनराजि पर्यन्त नीली तटभूमि जैसी रमणीय स्वप्नवत् चित्रवत् लगती है वैसा किनारे पर जाकर नहीं लगता। वैधव्य के वेष्टन अन्तराल में हेमशशी संसार से जितनी दूर हो पड़ी थी, उस दूरत्व के विच्छेद के कारण संसार उसके लिए पर पारवर्ती परम रहस्यमय प्रमोद भवन के समान लगता। वह जानती न थी यह जगत् यंत्र का कल-कारखाना अत्यन्त जटिल और लौह कठिन-दुःख-सुख, विपद-सम्पद, संकट-संशय और नैराश्य-परिताप से मिश्रित है। उसे लगता संसार यात्रा कलनादिनी निर्झरिणी के स्वच्छ जल-प्रवाह के समान सहज, सम्मुखवर्ती सुन्दर पृथ्वी के सभी पथ-प्रशस्त और सरल, सुख केवल उसके वातायन के बाहर और तृप्तिहीन आकाँक्षा तो बस उसके वक्षपञ्जरवर्ती स्पन्दित परितप्त कोमल हृदय के अभ्यन्तर में ही है।"

रवीन्द्रनाथ की कहानियाँ (भाग-२) पृ. १०४

उपर्युक्त अंश में मूल भाव, वर्णन तथा अलंकृत भाषा अनुवाद में अपनी संपूर्णता में अवतरित हैं। इसी प्रकार समान्य वर्णन भी पूर्ण सहजता और प्रवाहमयता के साथ अनूदित हैं। एक उदाहरण –

मूल - "कपाल आमार। मणि कि आमाके किछु करते देय। तोमार गामछा तोयाले निजेर हाते केचे शुकिये राखे। जाने जे, कोथाओ किछु नोंगरा तुमि देखते पार ना। तोमार बाइरेर बैठकखाना यदि एकबार देख तबे देखते पाबे, मणि दुबेला समस्त झेड़े मुछे केमन तक्तके करे रेखे दियेछे। आमि यदि तोमार ए घरे ओके सर्वदा आसते दितुम ता हले कि आर रक्षा थाकत। ओ तो ताइ चाय।"

अनुवाद - "हाये रे, मेरा भाग्य! मणि क्या मुझे कुछ करने देती है। तुम्हारा अँगोछा, तौलिया अपने हाथ से धो कर सुखाकर रखती है। जानती है, तुम कहीं भी कुछ गन्दा देख नहीं सकते। तुम अगर बाहरवाली बैठक को एक बार देख पाते, तो देखते, दोनों समय झाड़-पोंछकर मणि ने कैसा साफ-सुथरा कर रखा है; मैं यदि तुम्हारे इस कमरे में उसे हमेशा आने देती तो फिर क्या खैर थी। वह तो यही चाहती है।"

रवीन्द्रनाथ की कहानियाँ (भाग-२) पृ. १९१

भारती भाषा प्रकाशन, दिल्ली से १९७८ में श्रीकृष्ण गुप्त द्वारा अनूदित कहानियों का प्रकाशन *टैगोर की सवश्रेष्ठ कहानियाँ* शीर्षक से हुआ। इसमें तेईस कहानियाँ हैं। इनमें से पंद्रह कहानियों का अनुवाद *चाँद सितारे* शीर्षक से नारायण दत्त सहगल एंड संस, दिल्ली से प्रकाशित हो चुका था। *चाँद सितारे* का चौथा संस्करण १९५८ में निकला। *टैगोर की सर्वश्रेष्ठ कहानियाँ* में 'अपनी बात' के अन्तर्गत अनुवादक ने लिखा है - "इन चुनी हुई कहानियों में पांडित्य-प्रदर्शन की झलक तो नहीं मिलेगी। क्यों, इसका भी एक कारण है। वह यह कि सरल भाषा में अनूदित होने से सर्वजन-प्रिय होंगी। अर्द्ध-शिक्षित पाठक भी पढ़कर सुगमता से इनका रसास्वादन कर सकेंगे। इसी दृष्टिकोण को लेकर मुझे विश्वास है कि मेरा अनूदित कार्य पूर्ण रूप से सफल होगा।" यह सामान्य अनुवाद होने पर भी संपूर्ण एवं सुबोध है।

प्रभात प्रकाशन, मथुरा से राजेश दीक्षित द्वारा अनूदित कहानियों का प्रकाशन १९५८ से निम्नलिखित सात भागों में हुआ -

१. *पराया* - १४ कहानियाँ
२. *महामाया* - ९ कहानियाँ
३. *काबुलीवाला* - १२ कहानियाँ
४. *मणिहीन* - ७ कहानियाँ
५. *दुर्भाग्यचक्र* - १० कहानियाँ
६. *क्षुधित पाषाण* - १२ कहानियाँ
७. *दृष्टिदान* - ४ कहानियाँ

'दो शब्द' के अन्तर्गत अनुवादक ने लिखा है - "सभी का अनुवाद मूल-बंगला से अक्षरशः किया गया है। मूल भावों एवं शिल्प-सौन्दर्य की रक्षा के लिये संस्कृत-निष्ठा को नहीं त्यागा जा सका, परन्तु इससे अनुवाद की श्री-वृद्धि ही हुई है - यह पढ़कर ही जाना सकेगा।"

यह अनुवाद सुबोध तथा सामान्य है। कहीं-कहीं विचारपूर्ण स्थलों का अनुवाद ठीक नहीं हो पाया है; मूल अर्थ पूरी तरह अभिव्यक्त नहीं हो पाया है तथा प्रवाह नहीं है। वर्णनात्मक स्थल सुबोध हैं, किन्तु गंभीर भावों का ठीक अनुवाद नहीं हो पाया है।

अध्याय ८

रवीन्द्रनाथ की अन्य गद्यविधाओं के हिन्दी अनुवाद

कविता, नाटक, उपन्यास, कहानी के अतिरिक्त रवीन्द्रनाथ के प्रायः सभी प्रमुख निबन्धों, कुछ पत्रों, यात्रा-विवरण, जीवनी, संस्मरण, यहाँ तक कि उनके कुछ व्याख्यानों के भी हिन्दी अनुवाद हुए हैं। इस अध्याय में इन्हीं अनुवादों की चर्चा की जा रही है।

निबंध

साहित्य

साहित्य के संबंध में रवीन्द्रनाथ ने विभिन्न निबंधों में अपने विचार व्यक्त किए हैं जो *प्रचीन साहित्य, साहित्य, साहित्येर पथे* तथा *साहित्येर स्वरूप* ग्रंथ में संकलित हैं। इनमें से अधिकांश निबंधों के हिन्दी अनुवाद हो चुके हैं।

रामदहिन मिश्र ने *प्राचीन साहित्य* का अनुवाद किया जो हिन्दी-ग्रन्थ-रत्नाकर कार्यालय से १९२३ में प्रकाशित हुआ। इसका तृतीय संस्करण १९३३ में प्रकाशित हुआ। इसमें *प्राचीन साहित्य* में संकलित छः निबंधों - *रामायण, कुमारसम्भव और शकुन्तला, शकुन्तला, मेघदूत, कादम्बरी-चित्र* तथा *काव्यों की उपेक्षिताएँ* के अतिरिक्त एक और निबन्ध *धम्मपद* है जो रवीन्द्रनाथ के *भारतवर्ष* शीर्षक ग्रंथ से संकलित है। अनुवाद अच्छा है। अनुवाद की भाषा पूर्णतः साहित्यिक निबन्धों के उपयुक्त है ।

धन्यकुमार जैन तथा हंसकुमार तिवारी ने *साहित्येर पथे* का अनुवाद *साहित्य के पथ पर* शीर्षक से किया जो रवीन्द्र-साहित्य-मंदिर कलकत्ता से रवीन्द्र-साहित्य, भाग २४ में १९५२ में प्रकाशित हुआ। इसमें *साहित्येर पथे* में संकलित एक निबन्ध *साहित्यधर्म* के अतिरिक्त सभी निबन्धों का अनुवाद है, जो

निम्न प्रकार से हैं - *वास्तव, कवि की कैफियत, साहित्य, तथ्य* और *सत्य, सृष्टि, साहित्य में नवीनता, साहित्य-विचार, आधुनिक कविता, साहित्य-तत्त्व* और *साहित्य का तात्पर्य* । अनुवाद सुबोध एवं प्रवाहमय है, एक उदाहरण द्रष्टव्य है –

मूल – "रस जिनिसटा रसिकेर अपेक्षा राखे, केवलमात्र निजेर जोरे निजेके से सप्रमाण करिते पारे ना । संसारे विद्वान, बुद्धिमान, देश-हितैषी, लोकहितैषी प्रभृति नाना प्रकारेर भालो भालो लोक आछेन, किन्तु दमयन्ती जेमन सकल देवता के छाड़िया नलेर गलाय माला दियाछिलेन, तेमनि रसभारती स्वम्वरसभाय आर-सकलकेइ बाद दिया केवल रसिकेर सन्धान करिया थाकेन ।"

वास्तव, 'साहित्येर पथे'

अनुवाद - "रस एक ऐसा पदार्थ है जो रसिक की अपेक्षा रखता है, मात्र अपने ही बूते पर वह अपने अस्तित्व को प्रमाणित नहीं कर सकता । विद्वान, बुद्धिमान, देश-हितैषी, लोकोपकारी आदि अनेक प्रकार के अच्छे लोग संसार में हैं, किन्तु जिस प्रकार दमयन्ती ने देवताओं को छोड़ कर नल ही के गले में माला डाली थी, उसी प्रकार स्वयंवर सभा में 'रस-भारती' और सबों को छोड़ कर रसिकों की ही खोज किया करती हैं ।"

साहित्य के पथ पर, पृ. ८

वंशीधर विद्यालंकार ने रवीन्द्रनाथ के *साहित्य* शीर्षक ग्रंथ का अनुवाद किया जो हिन्दी-ग्रन्थ-रत्नाकर से प्रकाशित हुआ । इसमें बंगला भाषा और साहित्य विषयक दो निबंधों के अतिरिक्त सभी निबन्धों का अनुवाद है - जो इस प्रकार हैं- *साहित्य का तात्पर्य, साहित्य की सामग्री, साहित्य के विचारक, सौन्दर्य-बोध, विश्व-साहित्य, सौन्दर्य और साहित्य, साहित्य-सृष्टि, ऐतिहासिक उपन्यास* तथा *कविजीवनी* । अनुवादक ने अनुवाद के संबंध में लिखा है - "हमने अनुवाद करने में यह प्रयत्न किया है कि एक तो आशय स्पष्ट हो जाय और दूसरे उनकी लेखन-शैली का सौन्दर्य भी बना रहे । एक तो विषय ही गहन है, फिर उसके गम्भीरतम रूप का प्रदर्शन कराया गया है और वह भी ऐसी भाषा में जो कि अनेक व्यंजनाओं और इंगितों से ओतप्रोत है, इसलिए पुस्तक के अनुवाद करने में जो कठिनाइयाँ हो सकती हैं, उनकी सहज में ही कल्पना की जा सकती

है । फिर कई जगह तात्पर्यार्थों में मतभेद भी हो सकता है । इतना होने पर भी पुस्तक के अन्दर 'साहित्य' का जिस तरह सूक्ष्म विवेचन किया गया है, जिस तरह उसके स्वरुप को समझने का प्रयत्न किया गया है, वह इतना सुन्दर और सजीव है कि उसने हमें इस दुस्साहस के लिए विवश कर दिया । आशा है कि इसके लिए पाठक हमें क्षमा करेंगे ।" यह अनुवाद अच्छा है तथा अनुवादक ने पूरा प्रयास किया है कि मूल विचार अनुवाद में यथोपयुक्त रूप से आ सकें । एक उदाहरण द्रष्टव्य है -

मूल - "बाहिरेर जगत् आमादेर मनेर मध्ये प्रवेश करिया आर एकटा जगत् हइया उठितेछे । ताहाते जे केवल बाहिरेर जगतेर रंग आकृति ध्वनि प्रभृति आछे, ताहा नहे; ताहार संगे आमादेर भालो लागा मन्द लागा, आमादेर भय विस्मय, आमादेर सुख्र-दुःख्र जड़ित, ताहा आमादेर हृदयवृत्तिर विचित्र रसे नाना भावे आभासित हइया उठितेछे ।"

साहित्येर तात्पर्य, 'साहित्य'

अनुवाद - "बाह्य जगत् ज्यों ही हमारे मन के अन्दर प्रवेश करता है - एक दूसरा ही जगत् बन जाता है। इस दूसरे जगत् में बाह्य जगत् के रंग, रूप और ध्वनि आदि ही नहीं होते अपितु इसमें व्यक्तिगत रुचि, हमारा अच्छा बुरा लग़ना, हमारा विस्मय और हमारा सुख्र-दुःख्र आदि भी सम्मिलित हो जाता है । बाह्य-संसार हमारी मानसिक भावनाओं के साथ मिलकर अनेक रूपों में प्रकाशित होता है ।"

राधेश्याम पुरोहित ने १९५६ में साहित्य प्रकाशन, दिल्ली से *टैगोर का साहित्य-दर्शन* शीर्षक ग्रंथ प्रकाशित कराया, जिसमें रवीन्द्रनाथ के साहित्य विषयक निबंधों का अनुवाद है । साथ में *डाकघर* और *चंडालिका* का भी अनुवाद है । इसमें निम्नलिखित निबन्ध हैं -

साहित्य का वास्तव, कवि की कैफियत, साहित्य, तथ्य और सत्य, साहित्य का वास्तविक रूप, साहित्य का मूल्य, काव्य और छन्द, साहित्य में आधुनिकता, साहित्य और सभ्यता, साहित्य का उद्देश्य, साहित्य की सामग्री, साहित्य का तात्पर्य । अनुवाद सामान्य तथा संक्षिप्त है ।

धर्म

धर्म, अध्यात्म, साधना विषयक रवीन्द्रनाथ के कई ग्रंथ हैं । ये हैं - *साधना, धर्म, मानुषेर धर्म, शान्तिनिकेतन* । इन सब का हिन्दी में अनुवाद हो चुका है ।

सत्यकाम विद्यालंकार ने *साधना* का अंग्रेजी से हिन्दी अनुवाद किया, जो राजपाल एण्ड सन्स, दिल्ली से प्रकाशित हुआ । इसका तृतीय संस्करण १९६० में निकला । यह एक अच्छा अनुवाद है । अनुवाद में दार्शनिक शब्दावली का यथोचित प्रयोग किया गया है । इसमें निम्नलिखित अध्याय हैं -
व्यक्ति का विश्व से संबंध, आत्मबोध, पाप की समस्या, व्यक्तित्व की सार्थकता, प्रेम-साधना से प्रभु की प्राप्ति, कर्म साधना से प्रभु की प्राप्ति, सौन्दर्य-साधना, अनन्त की साधना ।

धन्यकुमार जैन ने *धर्म* का अनुवाद किया, जो १९५४ में रवीन्द्र-साहित्य-मन्दिर के रवीन्द्र-साहित्य, भाग २५ में प्रकाशित हुआ । इसमें निम्नलिखित निबन्ध हैं -
धर्म का सरल आदर्श, प्राचीन भारत का 'एकः', मनुष्यत्व, दुःख, उत्सव, दिन और रात्रि, प्रार्थना, धर्म-प्रचार, उत्सव का दिन, शांतं शिवमद्वैतम, आनन्द रूप, स्वतन्त्रता का परिणाम, ततः किम्, वर्षशेष तथा *नववर्ष* । यह अनुवाद अच्छा है, इसमें धार्मिक तथा आध्यात्मिक विचारों के अनुकुल भाषा-शैली का प्रयोग किया गया है ।

रघुराज गुप्त ने *मानुषेर धर्म* का अनुवाद मूल बंगला से *मनुष्य का धर्म* शीर्षक से किया, जो सुमित्रा प्रकाशन, कलकत्ता से प्रकाशित हुआ । यह ग्रंथ अंग्रेजी में भी द *रिलिजन ऑफ मैन* शीर्षक से प्रकाशित हुआ है ।

शान्तिनिकेतन शीर्षक ग्रन्थ में रवीन्द्रनाथ के प्रवचनों का संकलन है । जगदीश प्रसाद शर्मा ने इस ग्रन्थ का अनुवाद किया, जो भारती एसोसिएशन पब्लिकेशन्स, गाजियाबाद से १९५८ में प्रकाशित हुआ । यह एक उत्कृष्ट एवं महत्त्वपूर्ण अनुवाद है । अनुवादक ने इसका सारगर्भित 'प्राक्कथन' भी लिखा है । अनुवाद के सम्बन्ध में अनुवादक ने लिखा है - "अनुवाद का कार्य एक अति कठिन कार्य है - और वह भी जब प्रवचन या भाषण हों । भाव की रक्षा प्रमुख

है - फिर प्रवचन का ताल न टूटे और अन्त में शब्दों का जोर भी बना रहे । भाग्यवश बंगला और हिन्दी में साम्य अधिक है और प्रायः उन सज्जनों के लिए, जिनको संस्कृत का भी ज्ञान है, बंगला समझने में सुविधा है । कवि के भाषा पर अधिकार के विषय में मुझे कुछ कहना नहीं है । केवल एक बात जो मुझे भाती है वह यह है कि जो अरबी या फारसी के शब्द बंगला में प्रचलित हैं, उन्हें कठिन संस्कृत के धाराप्रवाह के बीच भी वे प्रयोग किए बिना नहीं रहे । प्रवचन की धारा टूटने नहीं दी । यह अधिकार की महानता है । मैं अपने हिन्दी के साहित्यकारों का ध्यान इस ओर आकर्षित करना चाहता हूँ कि भाषा की अभिवृद्धि और उत्कर्ष के लिए यह नितान्त आवश्यक है कि संकीर्णता छोड़कर जो शब्द भी जनता ने अपना लिये हैं, उनका निधड़क प्रयोग किया जाए । वे भाषा के भूषण बन जायेंगे, जैसे कि कवि की भाषा में *तफात, तागीद, तहबील, राजी-खुशी, मुश्किल* अपनी-अपनी जगह शोभा दे रहे हैं ।" अनुवादक ने इस अनुवाद में रवीन्द्रनाथ के प्रवचनों की भाषा की विशेषता, शब्द-लालित्य तथा प्रवाह का पूरा ध्यान रखा है । मूल अर्थ भी पूरी तरह अभिव्यक्त हो सके हैं । कविपुत्र रथीन्द्रनाथ ठाकुर के देहरादून-प्रवास के समय अनुवादक को अनुवाद के संबंध में उनसे काफी सहायता मिली है, प्राक्कथन में अनुवादक ने इसका उल्लेख किया है ।

समाज

हिन्दी-ग्रन्थ-रत्नाकर कार्यालय, बम्बई के प्रकाशक नाथूराम प्रेमी ने रवीन्द्रनाथ की अन्यान्य गद्य रचनाओं के प्रकाशन का अच्छा प्रयास किया । साहित्य, धर्म, समाज, शिक्षा विषयक सभी रचनाओं का प्रकाशन वहाँ से हुआ । इसी प्रकाशन से रवीन्द्रनाथ के *समाज* का अनुवाद प्रकाशित हुआ । इसका दूसरा संस्करण १९२३ में निकला । बदरीनाथ वर्मा ने इसका अनुवाद किया । यह एक सामान्य अनुवाद है, जिसमें निम्नलिखित निबन्ध हैं - *आचार का अत्याचार, समुद्रयात्रा, विलास की फाँसी, नकल का निकम्मापन, प्राच्य और प्रतीच्य, अयोग्य भक्ति, पूर्व और पश्चिम, चिट्ठी-पत्री* ।

हिन्दी-ग्रन्थ-रत्नाकर कार्यालय से ही महावीर प्रसाद गहमरी द्वारा अनूदित *स्वदेश* का प्रकाशन हुआ । इसका प्रथम संस्करण १९१४ तथा चतुर्थ

संस्करण १९२२ में प्रकाशित हुआ । यह सामान्य अनुवाद है, जिसमें निम्नलिखित निबन्ध हैं -
नया और पुराना, भारतवर्ष का इतिहास, नया वर्ष, पूर्वी और पश्चिमी सभ्यता, ब्राह्मण, समाज-भेद, धर्मबोध का दृष्टान्त, देसी रजवाड़े ।

कमलाप्रसाद रायशर्मा ने भी *स्वदेश* का अनुवाद किया, जो भारतीय प्रकाशन मंडल, वाराणसी से १९५८ में प्रकाशित हुआ । यह अनुवाद उपलब्ध नहीं हो सका ।

शिक्षा

हिन्दी-ग्रन्थ-रत्नाकर कार्यालय, बम्बई से रवीन्द्रनाथ के शिक्षा विषयक निबंध-संकलन *शिक्षा* का अनुवाद १९१७ में प्रकाशित हुआ । इसका अनुवाद नाथूराम प्रेमी ने किया । इसमें निम्नलिखित लेख हैं -
शिक्षा-समस्या, आवरण, शिक्षा का हेरफेर, शिक्षा-संस्कार, छात्रों से सम्भाषण । 'निवेदन' में अनुवादक ने लिखा है "हिन्दी में इस विषय पर प्रकाश डालने वाली पुस्तकों का सर्वथा अभाव है । यह देख कर मैंने रवीन्द्रबाबू के इन निबंधों को हिन्दी में प्रकाशित करने का प्रयत्न किया है । मेरी समझ में ये निबंध अथवा इन निबंधों में प्रकट किये हुए विचार प्रत्येक देशहितैषी और विचारशील पुरुष के कानों तक पहुँच जाने चाहिए और वर्तमान शिक्षा-पद्धति के विरुद्ध में एक बड़ा भारी आन्दोलन शीघ्र ही शुरू किया जाना चाहिए ।" यह अच्छा अनुवाद है। इसमें मूल कथ्य को सरलतापूर्वक अभिव्यक्त किया गया है ।

धन्यकुमार जैन ने भी रवीन्द्रनाथ के शिक्षा विषयक कुछ निबंधों का अनुवाद किया है, जो 'विशाल भारत', कलकत्ता में १९३६ में *शिक्षा कैसी हो* शीर्षक से प्रकाशित हुआ । यह अनुवाद प्राप्त नहीं हो सका ।

सन्तराम वत्स्य का अनुवाद *शिक्षा* शीर्षक से ही सन्मार्ग प्रकाशन, दिल्ली से १९५८ में प्रकाशित हुआ । इसमें निम्नलिखित निबन्ध हैं -
शिक्षा प्रणाली, शिक्षा और परीक्षा, अंग्रेजी की शिक्षा, प्रकृति और बालक । यह सामान्य अनुवाद है । कहीं-कहीं संक्षेप कर दिया गया है ।

विचित्र-प्रबंध

रवीन्द्रनाथ के इस निबंध-संकलन के दो अनुवाद प्रकाशित हुए हैं ।

पहला अनुवाद इंडियन प्रेस लिमिटेड, प्रयाग से १९२४ में प्रकाशित हुआ । अनुवादक का नाम नहीं लिखा है । इसमें यूरोप की यात्रा और पंचभूत सहित १८ निबंधों के अनुवाद हैं । अनुवाद अच्छा है । मूल भाव अनुवाद में पूरी तरह अभिव्यक्त हुए हैं ।

विचित्र-प्रबंध का दूसरा अनुवाद चौधरी एंड सन्स, वाराणसी से प्रकाशित हुआ । इसका दूसरा संस्करण १९५७ में निकला ।

पंचभूत

पंचभूत पहले 'विचित्र प्रबंध' के अन्तर्गत ही प्रकाशित हुआ था । बाद में यह स्वतन्त्र रूप से प्रकाशित हुआ । इसमें विभिन्न विषयों से संबंधित नवीन शैली में लिखित छोटे-छोटे कई लेख हैं । हिन्दी में इसके चार अनुवाद हुए हैं । देवबली सिंह कृत अनुवाद पाठक एण्ड कम्पनी, कलकत्ता से १९२४ में प्रकाशित हुआ । कामताप्रसाद श्रीवास्तव कृत अनुवाद *अपनी दुनिया* शीर्षक से गाँधी ग्रन्थागार, बनारस से प्रकाशित हुआ । १९५१ में इसका दूसरा संस्करण निकला । कमलाप्रसाद रायशर्मा कृत अनुवाद *पंचभूत* शीर्षक से ही विंदेश्वरी प्रसाद बुक-सेलर, वाराणसी से प्रकाशित हुआ । चन्द्रशेखर कृत अनुवाद *पाँच सदस्य* शीर्षक से कल्याणदास एण्ड ब्रदर्स, वाराणसी से १९५६ में प्रकाशित हुआ । ये सभी अनुवाद उपलब्ध नहीं हो सके ।

रवीन्द्रनाथ के निबन्ध

साहित्य अकादमी, दिल्ली से रवीन्द्रनाथ के निबंधों का महत्त्वपूर्ण संकलन *रवीन्द्रनाथ के निबंध* शीर्षक से दो भागों में प्रकाशित (१९६१) हुआ । *रवीन्द्रनाथ के निबंध,* भाग १ में मुख्यतः राजनीति, धर्म और शिक्षा-संबंधी लेखों का संकलन किया गया है। इसके 'निवेदन' में काजी अब्दुल वदूद ने लिखा है - "इन विषयों पर रवीन्द्रनाथ ने जो कुछ लिखा है उसका बहुत ही छोटा अंश प्रस्तुत संग्रह में मिलेगा । जिन निबन्धों को हमें छोड़ देना पड़ा है, उनमें से भी बहुत कुछ ऐसे हैं जो विभिन्न कारणों से अविस्मरणीय हो गये हैं । लेकिन हमें आशा है कि यहाँ संकलित किये गये लेखों से भी रवीन्द्रनाथ की असामान्य मनीषा का यथेष्ट परिचय मिलेगा । एक छोटे से ग्रन्थ के लिए यह लक्ष्य भी

शायद कम ऊँचा नहीं है ।" भाग १ में निम्नलिखित निबन्ध हैं -

प्रथम खंड - महापुरुष चरित : बुद्धदेव, राममोहन राय, विद्यासागर, महात्मा गाँधी ।

द्वितीय खंड - इतिहास : तपोवन, भारतवर्ष में इतिहास की धारा ।

तृतीय खंड - धर्म और दर्शन : ततः किम्, दुःख, कर्मयोग, धर्म का अधिकार, मानव सत्य आदि ।

चतुर्थ खंड - शिक्षा : शिक्षा में हेर-फेर, शिक्षा का मिलन, शिक्षा का विस्तार, विश्वविद्यालय का रूप ।

पंचम खंड - समाज : हिन्दू विश्वविद्यालय, भारतवर्षीय विवाह, नारी ।

षष्ठ खंड - राजनीति, ग्राम-संस्कार, अर्थ-नीति : स्वदेशी समाज, पथ और पाथेय, कर्ता की इच्छा, सत्य का आह्वान, समस्या, ,स्वराज-साधन, रुस के पत्र, सभ्यता का संकट, गाँव का रूप, सहकारिता आदि तेरह निबन्ध ।

रवीन्द्रनाथ के निबन्ध, भाग २ में रवीन्द्रनाथ के साहित्य विषयक निबन्ध संकलित हैं । बुद्धदेव वसु की भूमिका संवलित इस भाग में निम्नलिखित निबन्ध हैं -

प्रथम खंड - आत्म-परिचय : आत्मपरिचय, छेलेबेला, जीवनस्मृति ।

द्वितीय खंड - पत्रधारा : छिन्नपत्र, भानुसिंहेर पत्रावली आदि चार निबन्ध ।

तृतीय खंड - भ्रमण : यूरोपयात्री की डायरी, जापान यात्री, पश्चिम यात्री की डायरी आदि पाँच निबन्ध ।

चतुर्थ खंड - भाषा और साहित्य : बंगला भाषा परिचय, संज्ञा विचार, साहित्य का तात्पर्य, साहित्य की सामग्री, सौन्दर्यबोध, विश्वसाहित्य आदि नौ निबन्ध ।

पंचम खंड - साहित्य के पथ पर : वास्तव, साहित्य विचार आदि पाँच निबंध।

षष्ठ खंड - साहित्य का स्वरूप : काव्य और छन्द, गद्यकाव्य, साहित्य की ऐतिहासिकता आदि तीन निबन्ध ।

सप्तम खंड - प्राचीन साहित्य : रामायण, शकुन्तला, काव्य की उपेक्षिताएँ।

अष्टम खंड - लोक-साहित्य ।

नवम खंड - आधुनिक साहित्य : बंकिमचन्द्र ।

दशम खंड - विचित्र प्रबन्ध : रंगमंच, केकाध्वनि आदि पाँच निबन्ध ।

एकादश खंड - पंचभूत : मन, अपूर्व रामायण, वैज्ञानिक कौतूहल आदि छः निबन्ध ।

साहित्य अकादमी द्वारा प्रकाशित 'रवीन्द्रनाथ के निबन्ध' के भाग १ का अनुवाद विश्वनाथ नरवणे तथा भाग २ का अनुवाद अमृत राय ने किया है । दोनों ही अनुवाद उत्कृष्ट कोटि के हैं । अनुवाद में विषय, भाषा, शैली आदि का पूरा ध्यान रखा गया है । अनुवाद प्रवाहपूर्ण एवं विषयानुरुप हैं । साहित्य अकादमी से दोनों भागों के हिन्दी लिप्यंतर भी प्रकाशित हुए हैं । पहले भाग का लिप्यंतर इन्द्रनाथ चौधुरी तथा दूसरे भाग का लिप्यंतर द्विजराम यादव ने किया है ।

आत्मजीवनी

रवीन्द्रनाथ के कई ऐसे ग्रंथ हैं जिनमें उन्होंने अपने व्यक्तिगत संस्मरण तथा आत्मानुभूति का वर्णन किया है । ये ग्रंथ हैं -
जीवनस्मृति, आत्मपरिचय, आत्मबोध तथा *छेलेबेला* । इनमें *आत्मपरिचय* के अतिरिक्त अन्य सभी ग्रंथों का हिन्दी में अनुवाद हो चुका है ।

धन्यकुमार जैन ने *जीवनस्मृति* तथा *आत्मबोध* का अनुवाद किया जो रवीन्द्र-साहित्य-मन्दिर, कलकत्ता द्वारा रवीन्द्र-साहित्य, भाग १८ में १९५० में प्रकाशित हुए । ये दोनों अनुवाद अच्छे हैं तथा मूल के अनुरूप प्रवाहपूर्ण शैली में सहज भाषा में अनूदित हैं ।

हजारीप्रसाद द्विवेदी ने *छेलेबेला* का अनुवाद *मेरा बचपन* शीर्षक से किया है जो विश्वभारती ग्रंथालय से १९४१ में प्रकाशित हुआ । इसका दूसरा संस्करण १९५० में प्रकाशित हुआ । यह सहज, सुबोध, शिशुपाठ्य भाषा में उत्कृष्ट अनुवाद है । सूरजमल जैन द्वारा अनूदित *जीवनस्मृति* का प्रकाशन मित्र ग्रंथालय, इन्दौर से १९३० में हुआ तथा मेहता फाइन आर्ट प्रेस, बनारस से *मेरी आत्मकथा* का प्रकाशन १९३९ में हुआ ।

पत्र

रवीन्द्रनाथ के पत्रों की संख्या इतनी अधिक है कि अभी तक उनके सभी पत्र प्रकाशित नहीं किए जा सके हैं । रवीन्द्रनाथ के कुछ पत्र *छिन्न-पत्र* शीर्षक से प्रकाशित हैं । इसका अनुवाद इसी शीर्षक से चौधरी एण्ड सन्स, बनारस से १९५८ में प्रकाशित हुआ । अनुवादक का नाम नहीं लिखा है । कुल १४६ पत्र हैं । यह अनुवाद अच्छा नहीं है । अनुवाद में न तो प्रवाह है, न तो शब्दावली का चयन ठीक है और न ही हिन्दी की प्रकृति का ध्यान रखा गया है । एक उदाहरण - "पहनने के कपड़े प्रतिदिन गन्दे होते जा रहे हैं, अव्यवहार्य होते जा रहे हैं, फिर भी कपड़ों का बैग अपने पास नहीं है, यही विचार चित्त में दिन रात जागरूक रहने से किसी भी भले आदमी का आत्मसम्मान दूर हो जाता है । कपड़ों का बैग पास रहने से जिस तरह उन्नत मस्तक किये, तेजस्विता के साथ जनसमाज में विचरण कर सकता था, इस समय उस तरह चलने में असमर्थ हो रहा हूँ । किसी तरह अपने को साधारण की दृष्टि से छिपा रखने की इच्छा हो रही है । यही कपड़ा पहन कर रात को सो रहता हूँ और इसको पहने ही प्रातःकाल सबके सामने प्रकट होता हूँ ।"

पत्र संख्या ३०

रवीन्द्रनाथ के पत्रों का एक दूसरा हिन्दी अनुवाद *मित्र के नाम पत्र* शीर्षक से अंग्रेजी से हुआ है । इसमें सी.एफ. एंड्रूज को लिखित रवीन्द्रनाथ के पत्र हैं । इसका अनुवाद सुरेशचन्द्र शर्मा ने किया है जो १९४९ में शिवलाल अग्रवाल एण्ड कम्पनी लिमिटेड, आगरा से प्रकाशित हुआ । अनुवाद सामान्य है ।

भ्रमण

रवीन्द्रनाथ ने देश-विदेश की यात्रा की तथा पत्रों अथवा डायरी के रूप में इनका विवरण भी प्रस्तुत किया जो *यात्री, जापान यात्री, यूरोप प्रवासीर पत्र, यूरोप यात्रीर डायरी*, तथा *राशियार चिठि* के रूप में प्रकाशित हैं। इनमें से *यात्री, जापान यात्री* तथा *राशियार चिठि* का हिन्दी अनुवाद हो चुका है ।

कमलाप्रसाद रायशर्मा ने *यात्री* का अनुवाद *मुसाफिर* शीर्षक से किया जो विंदेश्वरीप्रसाद प्रकाशन, वाराणसी से प्रकाशित हुआ । चौधरी एण्ड कम्पनी,

वाराणसी से *जापान यात्री* का अनुवाद प्रकाशित हुआ । ये दोनों अनुवाद उपलब्ध नहीं हुए ।

धन्यकुमार जैन द्वारा अनूदित *रूस की चिट्ठी* का प्रकाशन इंडियन प्रेस लिमिटेड, इलाहाबाद से हुआ । १९४७ में इसका दूसरा संस्करण प्रकाशित हुआ । अनुवाद अच्छा है । रवीन्द्रनाथ द्वारा प्रस्तुत वर्णनों का सहज अनुवाद है ।

ज्ञान-विज्ञान

रवीन्द्रनाथ ने प्रकृति, ज्ञान तथा विज्ञान से संबंधित निबन्ध भी लिखे हैं । रवीन्द्रनाथ के *विश्वपरिचय* शीर्षक ग्रंथ में *परमाणुलोक, नक्षत्रलोक, सौरजगत्, ग्रहलोक, भूलोक* शीर्षक लेख हैं । इस ग्रंथ में रवीन्द्रनाथ ने अत्यन्त सहज भाषा में गूढ़ ज्ञान को अभिव्यक्त किया है । हजारीप्रसाद द्विवेदी ने इसका हिन्दी अनुवाद किया जो विश्वभारती ग्रन्थालय से १९३८ में प्रकाशित हुआ । अनुवादकीय वक्तव्य में हजारीप्रसाद द्विवेदी ने अनुवाद के संबंध में दो-एक महत्त्वपूर्ण सवाल उठाए हैं- "विश्वपरिचय बालकों के लिए लिखा गया है, परन्तु प्राप्तवयस्क विद्वानों को भी इसमें कम आनन्द नहीं मिलेगा। अनुवादक को अनुवाद करते समय भाषा की सरलता और उसका माधुर्य दोनों का सामंजस्य करते हुए चलना पड़ा है । कभी-कभी निरुपाय होकर दोनों में से किसी एक का मोह छोड़ना भी पड़ा है । भाषा के माधुर्य का मोह छोड़ने में उसे प्रायः ही कठिनाई में पड़ना पड़ा है ।

एक बात हिन्दी के पाठकों को इसमें नई जान पड़ सकती है । मूल लेखक बंगला में प्रश्नवाचक और विस्मयादिबोधक चिह्नों का प्रयोग बहुत कम करते हैं । उनका कहना है कि अंग्रेजी से यह चिह्न हमें सोच समझ कर ही ग्रहण करना चाहिए । हमारी भाषाओं के *कहाँ, क्या* आदि शब्द अंग्रेजी के 'ह्वेयर', 'ह्विच' आदि जैसे द्वयर्थक नहीं है । उनमें स्वंय प्रश्न का भाव है । इसीलिए अंग्रेजी में जब इन शब्दों के लिए प्रश्नवाचक चिह्न दिए जाते हैं तब तो ठीक है, पर हिन्दी, बंगला आदि भाषाओं में प्रश्न का चिह्न देना निरर्थक है । अनुवाद में भी इस युक्ति को स्वीकार कर लिया गया है ।" इस अनुवाद में भी मूल की तरह गूढ़ वक्तव्य को अत्यन्त सहज रुप में अभिव्यक्त किया गया है ।

उपसंहार

प्रस्तुत अध्ययन से यह निष्कर्ष निकलता है कि रवीन्द्रनाथ की लगभग सभी महत्त्वपूर्ण रचनाओं का हिन्दी अनुवाद हो चुका है, किन्तु इस दिशा में अभी बहुत कार्य बाकी है। प्रारंभ में रवीन्द्र-साहित्य के अनुवाद की दिशा में इंडियन प्रेस, इलाहाबाद की प्रमुख भूमिका रही । किन्तु इंडियन प्रेस से रवीन्द्रनाथ की गद्य रचनाओं, विशेषतः कथा-साहित्य का ही अधिक अनुवाद हुआ । रवीन्द्र-साहित्य के हिन्दी अनुवाद की दृष्टि से हिन्दी-ग्रन्थ-रत्नाकर कार्यालय, बम्बई का भी महत्त्वपूर्ण स्थान है । इंडियन प्रेस के साथ-साथ यहाँ से भी रवीन्द्रनाथ की रचनाओं के अनुवाद छपते रहे, किन्तु यहाँ से भी रवीन्द्रनाथ की गद्य-रचनाओं विशेषतः उपन्यास तथा साहित्य और समाज विषयक निबन्धों का प्रकाशन अधिक हुआ । विश्वभारती पत्रिका तथा विश्वभारती ग्रन्थालय से भी रवीन्द्रनाथ की गद्य-रचनाओं का प्रकाशन ही अधिक हुआ । रवीन्द्र-साहित्य-मन्दिर, कलकत्ता ने सर्वप्रथम हिन्दी में सम्पूर्ण रवीन्द्र-साहित्य को प्रकाशित करने का बीड़ा उठाया । यहाँ से लगभग सम्पूर्ण महत्त्वपूर्ण रवीन्द्र-साहित्य प्रकाशित भी हुआ । किन्तु सम्पूर्ण काव्य-ग्रन्थों का अनुवाद यहाँ से भी प्रकाशित नहीं हो सका । प्रभात प्रकाशन, मथुरा ने रवीन्द्रनाथ की गद्य-रचनाओं पर ही विशेष ध्यान रखा ।

साहित्य अकादमी ने रवीन्द्रनाथ की जन्मशती के उपलक्ष्य में १९६१ में हिन्दी तथा अन्य भारतीय भाषाओं में रवीन्द्र-साहित्य के लिप्यन्तर तथा अनुवाद को प्रकाशित करने का महत्त्वपूर्ण कार्य किया । यहाँ से भी पहले महत्त्वपूर्ण रचनाओं तथा संकलनों का प्रकाशन हुआ । रवीन्द्रनाथ की १२५वीं जयन्ती के अवसर पर विश्वभारती तथा साहित्य अकादमी के तत्त्वावधान में हिन्द पॉकेट बुक्स, दिल्ली द्वारा रवीन्द्रनाथ की कुछ और रचनाओं के हिन्दी अनुवाद प्रकाशित हुए ।

रवीन्द्रनाथ की प्रथम ख्याति *गीतांजलि* तथा नोबेल पुरस्कार के कारण हुई थी । देश-विदेश की सभी भाषाओं की भाँति हिन्दी में भी सर्वप्रथम *गीतांजलि* के अनुवाद की ओर ही अनुवादकों की रुचि अधिक थी, यद्यपि नोबेल पुरस्कार की प्राप्ति के पूर्व ही इंडियन प्रेस, इलाहाबाद से रवीन्द्रनाथ की कुछ कहानियों तथा नाटकों का प्रकाशन हो चुका था । १९१४-१५ से ही धीरे-धीरे रवीन्द्रनाथ की सभी महत्त्वपूर्ण रचनाओं का हिन्दी अनुवाद होने लगा था, किन्तु प्रारम्भिक अनुवादों में सम्पूर्णता तथा सटीक अनुवाद की दृष्टि से सतर्कता नहीं बरती गई थी ।

गीतांजलि के लगभग बीस अनुवाद गद्यात्मक तथा पद्यात्मक रूप में मिलते हैं, किन्तु केवल तीन-चार अनुवाद ही सभी दृष्टियों से उपयुक्त कहे जा सकते हैं । गद्यानुवाद की दृष्टि से सत्यकाम विद्यालंकार तथा पृथ्वीनाथ शास्त्री और पद्यानुवाद की दृष्टि से हंसकुमार तिवारी तथा मुरलीधर श्रीवास्तव के अनुवाद सर्वांगपूर्ण हैं । *गीतांजलि* के अतिरिक्त रवीन्द्रनाथ के अन्य कई महत्त्वपूर्ण काव्य-ग्रन्थ हैं, किन्तु उनमें से सबका हिन्दी अनुवाद नहीं हुआ है । *गीतिमाल्य, गीतालि, मानसी, सोनारतरी, बलाका* इत्यादि काव्य-ग्रन्थों का स्वतन्त्र रूप से तथा सम्पूर्ण अनुवाद आवश्यक है । साहित्य अकादमी ने *रवीन्द्रनाथ की कविताएँ* संकलन के रूप में रवीन्द्रनाथ की सभी महत्त्वपूर्ण कविताओं का प्रकाशन किया, परन्तु सम्पूर्ण काव्यग्रन्थों का प्रकाशन अब तक नहीं हो सका । रवीन्द्र-साहित्य-मन्दिर, कलकत्ता से भी रवीन्द्रनाथ की दो-तीन काव्य-रचनाओं का ही अनुवाद हुआ । यहाँ से प्रकाशित मुंशी अजमेरी द्वारा अनूदित *स्मरण* एक महत्त्वपूर्ण काव्यानुवाद है । यहीं से प्रकाशित श्यामसुन्दर खत्री के काव्यानुवाद भी उपयुक्त हैं ।

रवीन्द्रनाथ के सभी प्रमुख नाटकों के भी हिन्दी अनुवाद हो चुके हैं, किन्तु साहित्य अकादमी द्वारा प्रकाशित नाटक ही महत्त्वपूर्ण हैं ।

मात्रा की दृष्टि से रवीन्द्रनाथ के कथा-साहित्य के हिन्दी अनुवाद ही सर्वाधिक हुए हैं । उनके कई उपन्यासों के एकाधिक अनुवाद के अतिरिक्त कई कहानी संग्रह भी प्रकाशित हैं, किन्तु उपयुक्तता तथा उत्कृष्टता की दृष्टि से साहित्य अकादमी ने स्वयं जिन उपन्यासों तथा कहानियों के अनुवाद प्रकाशित

किए हैं वे ही खरे उतरते हैं । विश्वभारती तथा साहित्य अकादमी के तत्त्वावधान में हिन्द पॉकेट बुक्स (सरस्वती विहार, दिल्ली) द्वारा जो अनुवाद प्रकाशित हैं, वे साहित्यिक दृष्टि से श्रेष्ठ नहीं है । वस्तुतः ये अधिकांश अनुवाद स्वयं हिन्द पॉकेट बुक्स अथवा किसी अन्य प्रकाशन संस्था द्वारा पूर्व प्रकाशित हैं । दो-एक अनुवादों को छोड़ कर पूर्व प्रकाशित अनुवादों को ही कुछ संशोधन के साथ विश्वभारती तथा साहित्य अकादमी के तत्त्वावधान में प्रकाशित कर दिया गया है । पूर्व प्रकाशित अनुवादों को ही पुनः प्रकाशित करना था तो उपलब्ध मानक अनुवादों को ही प्रकाशित करना चाहिए था । जैसे *गोरा* के कई अनुवाद प्रकाशित थे । हिन्द पॉकेट बुक्स ने रामनाथ सुमन का अनुवाद प्रकाशित किया था तथा साहित्य अकादमी ने स.ही. वात्स्यायन 'अज्ञेय' का, किन्तु विश्वभारती तथा साहित्य अकादमी के तत्त्वावधान में हिन्द पॉकेट बुक्स ने रामनाथ सुमन के अनुवाद को ही पुनः प्रकाशित किया। यह अनुवाद सामान्यतः ठीक होने पर भी अनेक भावपूर्ण एवं विचारपूर्ण स्थलों का इसमें अच्छा अनुवाद नहीं हो सका है । वस्तुतः हिन्द पॉकेट बुक्स एक व्यावसायिक संगठन है, उसके द्वारा प्रकाशित उपन्यासों के हिन्दी अनुवादों में सामान्य पाठक तथा विक्रय की दृष्टि से कथांशों को ही विशेष रूप से ध्यान में रखा गया है । यही कारण है कि साहित्य अकादमी द्वारा प्रकाशित अज्ञेय के अनुवाद को पुनः प्रकाशित न कर रामनाथ सुमन के अनुवाद को प्रकाशित किया गया, जबकि विश्वभारती तथा साहित्य अकादमी जैसे संस्थानों के तत्त्वावधान में विशुद्धता तथा साहित्यिक सौन्दर्य का विशेष ध्यान रखते हुए अज्ञेय के अनुवाद को मानक मानना चाहिए था । रवीन्द्रनाथ की १२५वीं जयन्ती के उपलक्ष्य पर विश्वभारती तथा साहित्य अकादमी के तत्त्वावधान में हिन्द पॉकेट बुक्स द्वारा प्रकाशित अन्य उपन्यासों के बारे में भी यही बात कही जा सकती है । जैसे *चोखेर बालि* का *आँख की किरकिरी* के रूप में कई अनुवाद मिलते हैं। इनमें तीन अनुवाद विशेष उल्लेखनीय हैं । हिन्दी-ग्रन्थ- रत्नाकर, बम्बई द्वारा प्रकाशित रूपनारायण पाण्डेय का अनुवाद, रवीन्द्र-साहित्य-मन्दिर कलकत्ता द्वारा प्रकाशित धन्यकुमार जैन का अनुवाद तथा साहित्य अकादमी द्वारा प्रकाशित हंसकुमार तिवारी का अनुवाद । रूपनारायण पाण्डेय का अनुवाद कुछ संक्षिप्त है । धन्यकुमार जैन तथा हंसकुमार तिवारी के

अनुवाद ठीक हैं, सहज किन्तु अत्यन्त मँजी हुई भाषा में रवीन्द्रनाथ के गूढ़ भावों को अभिव्यक्त किया गया है, किन्तु इन दोनों अनुवादों की तुलना करें तो हंसकुमार तिवारी के अनुवाद को मानक रूप में स्वीकार करना होगा, तथापि हिन्द पॉकेट बुक्स ने पूर्व उल्लिखित कारणों से धन्यकुमार जैन के अनुवाद को ही प्रकाशित किया ।

इसी प्रकार रवीन्द्रनाथ की कहानियों के हिन्दी अनुवाद के भी कई संकलन निकले, किन्तु साहित्य अकादमी द्वारा दो भागों में प्रकाशित रवीन्द्रनाथ की कहानियाँ अनुवाद की दृष्टि से श्रेष्ठ हैं । साहित्य अकादमी द्वारा प्रकाशित सभी अनुवादों में अनुवाद विज्ञान का पूरा ध्यान रखा गया है ।

आज सम्पूर्ण रवीन्द्र-साहित्य के हिन्दी अनुवाद की जरूरत है । साहित्य अकादमी ने रवीन्द्रनाथ के उपन्यासों, नाटकों तथा कहानियों के जो अनुवाद प्रकाशित किए हैं, वे मानक अनुवाद हैं । उन्हीं अनुवादों को आदर्श मानकर रवीन्द्रनाथ की बाकी रचनाओं, विशेषतः कविताओं तथा अन्यान्य गद्य रचनाओं का अनुवाद भी आवश्यक है । व्यावसायिक प्रकाशन संस्थाएँ अधिक से अधिक विक्रय की दृष्टि से सामान्य पाठकों को ध्यान में रखते हुए अनुवाद का प्रकाशन करती हैं । इनमें प्रामाणिकता और विशुद्धता का उतना ध्यान नहीं रखा जाता । जैसे प्रभात प्रकाशन, मथुरा द्वारा प्रकाशित अधिकांश अनुवाद निम्न स्तर के हैं । सामान्य पाठकों के लिए भी रवीन्द्र-साहित्य के अनुवाद की जरूरत है, किन्तु उच्च अध्ययन, शोध तथा प्रबुद्ध पाठकों को ध्यान में रखते हुए रवीन्द्रनाथ के सम्पूर्ण साहित्य के प्रामाणिक, विशुद्ध तथा मानक हिन्दी अनुवाद की जरूरत है ।

परिशिष्ट

हिन्दी में अनूदित रवीन्द्र-साहित्य की सूची

ग्रन्थ	अनुवादक	प्रकाशक	प्रकाशन वर्ष
गीतांजलि			
गीतांजलि	काशीनाथ	प्रताप प्रेस, कानपुर	१९१५
गीतांजलि	गिरिधर शर्मा 'नवरत्न'	होल्कर हिन्दी-ग्रंथमाला, बम्बई	१९२४
गीतांजलि	श्रीधर शास्त्री	साहित्य प्रकाशक मंडल, दिल्ली	१९४१
गीतांजलि	सूर्यनारायण चौबे	इंडियन प्रेस, इलाहाबाद	१९४२
गीतांजलि	-	श्रीगाँधी ग्रंथागार, बलिया	१९४५
गीतांजलि	लालधर त्रिपाठी 'प्रवासी'	काशी पुस्तक भवन, वाराणसी	१९४६
गीतांजलि	जीवनलाल प्रेम	हिन्दुस्तानी किताब घर, लाहौर	१९४६
गीतांजलि	भवानीप्रसाद तिवारी	भारत प्रकाशन, जबलपुर	१९४७
गीतांजलि	चन्द्रसेन	गाँधी ग्रन्थागार, वाराणसी	१९४९

गीतांजलि	पृथ्वीनाथ शास्त्री	प्रभात प्रकाशन, मथुरा	१९५३
गीतांजलि	वेदप्रकाश	श्यामलाल हीरालाल, मथुरा	१९५७
गीतांजलि	सत्यकाम विद्यालंकार	राजपाल एंड संस, दिल्ली	१९५९
गीतांजलि	कैलाश कल्पित	प्रयाग प्रकाशन, प्रयाग	१९६०
गीतांजलि	मुरलीधर श्रीवास्तव	कलाकार प्रकाशन, पटना	१९६०
गीतांजलि	-	इंडियन प्रेस, इलाहाबाद	१९६१
गीतांजलि	हंसकुमार तिवारी	मानसरोवर प्रकाशन, गया	१९६१
गीतांजलि	कृष्ण विकल	सुबोध पॉकेट बुक्स, नई दिल्ली	१९८०
गीतांजलि	श्यामलाल	श्रीकृष्ण प्रकाशन, वाराणसी	१९८२
गीतांजलि	सत्यकाम विद्यालंकार	हिन्द पॉकेट बुक्स / सरस्वती विहार, दिल्ली	१९९०
गीतांजलि	-	सुषमा साहित्य मन्दिर, जबलपुर	-
संगीत गीतांजलि (लिप्यंतर)	भीमराव शास्त्री	विश्वभारती, शान्तिनिकेतन	१९२७
गीतांजलि (लिप्यंतर)	-	विश्वभारती ग्रन्थालय, कलकत्ता	१९५७

अन्यान्य कविताएँ :

गार्डनर

भगवान	गिरिधर शर्मा 'नवरत्न'	लक्ष्मी ज्ञान मन्दिर, आगरा	१९२४
माली	सूर्यनारायण चतुर्वेदी	नवलकिशोर प्रेस, लखनऊ	१९३४
माली	-	साहित्य भवन, इलाहाबाद	१९४६
माली	कमलाप्रसाद श्रीवास्तव	राजेन्द्रकुमार एण्ड ब्रदर्स, बलिया (चतुर्थ संस्करण)	१९५९
माली	-	भारतीय प्रकाशन मंडल, वाराणसी	-
माली	-	आदर्श हिन्दी पुस्तकालय	-
दूज का चाँद (क्रेसेंट मून)	रामाज्ञा द्विवेदी 'समीर'	दयाल प्रिन्टिंग वर्क्स, लखनऊ	१९२८
रविबाबू के कुछ गीत	रघुवंशलाल गुप्त	इंडियन प्रेस, इलाहाबाद	१९५०
जनगणमन अधिनायक तथा अन्य कविताएँ	-	रवीन्द्र-साहित्य, भाग ८ रवीन्द्र-साहित्य-मन्दिर, कलकत्ता	१९४८
विदाई-अभिशाप तथा अभिलाष	श्यामसुन्दर खत्री	रवीन्द्र-साहित्य, भाग ११ रवीन्द्र-साहित्य-मन्दिर, कलकत्ता	१९४८
स्मरण	मुंशी अजमेरी	रवीन्द्र-साहित्य, भाग १५ रवीन्द्र-साहित्य-मन्दिर, कलकत्ता	१९४९

गांधारी का आवेदन तथा मेघदूत	श्यामसुन्दर खत्री	रवीन्द्र-साहित्य, भाग १६ रवीन्द्र-साहित्य-मन्दिर, कलकत्ता	१९४९
रोगशय्या, शेषवाणी, आरोग्य, जन्मदिन	धन्यकुमार जैन	रवीन्द्र-साहित्य, भाग २० रवीन्द्र-साहित्य-मन्दिर, कलकत्ता	१९५१
परिशोध, सामान्य क्षति, पुजारिनी	श्यामसुन्दर खत्री	रवीन्द्र-साहित्य, भाग २३ रवीन्द्र-साहित्य-मन्दिर, कलकत्ता	१९५१
रवीन्द्रनाथ की सौ कविताएँ	ब्रजनन्दन भारद्वाज	हिन्दी पुस्तक एजेंसी, कलकत्ता	१९६६
रवीन्द्र रत्नाकर	रघुवंशलाल गुप्त	भारतीय विद्या भवन, बम्बई	१९६७
नैवेद्य	शंकरदेव विद्यालंकार	राजपाल एंड संस, दिल्ली	१९६२
मालाकार	सत्यकाम विद्यालंकार	राजपाल एंड संस, दिल्ली	१९५७
रवीन्द्रनाथ की कविताएँ	हजारीप्रसाद द्विवेदी तथा अन्य	साहित्य अकादमी, दिल्ली	१९६७
रवीन्द्र-संगीत	राधेश्याम पुरोहित	संगीत कार्यालय, हाथरस	१९५८
वनवाणी	युगजीत नवलपुरी	ज्ञानपीठ प्रकाशन लिमिटेड, पटना	१९६५
रवीन्द्रनाथ ठाकुर की शेष कविताएँ	पृथ्वीनाथ शास्त्री	सरस्वती विहार, दिल्ली	१९८४

रवीन्द्रनाथ की चुनी हुई कविताएँ और गीत	भारतभूषण अग्रवाल	सन्मार्ग प्रकाशन, दिल्ली	१९९०
उत्सर्ग	-	ग्रन्थमाला कार्यालय, बाँकीपुर	-
अंतिम कविताएँ	सरजू तिवारी	त्रिपुरा रवीन्द्र परिषद्, अगरतला	१९९१
जन्मदिने	सरजू तिवारी	त्रिपुरा रवीन्द्र परिषद्, अगरतला	१९९२
स्वरवितान (लिप्यंतर)	-	विश्वभारती ग्रंथालय, कलकत्ता	१९५७
कथा (लिप्यंतर)	-	विश्वभारती ग्रंथालय, कलकत्ता	१९४६
एकोत्तरशती (लिप्यंतर)	रामपूजन तिवारी	साहित्य अकादमी, दिल्ली	१९५८
गीतपंचशती (लिप्यंतर)	रामपूजन तिवारी	साहित्य अकादमी, दिल्ली	१९६०
एकविंशती (लिप्यंतर)	हरिशंकर शर्मा	साहित्य अकादमी, दिल्ली	१९६३

नाटक :

प्रकृतिर प्रतिशोध

प्रकृति का प्रतिशोध	धन्यकुमार जैन	रवीन्द्र-साहित्य, भाग २८ रवीन्द्र-साहित्य-मन्दिर, कलकत्ता	१९५६

राजा ओ रानी

राजारानी	रूपनारायण पाण्डेय	इंडियन प्रेस, इलाहाबाद	१९२५

राजारानी	ओमप्रकाश गुप्ता	'मेरे नाटक', नारायण दत्त सहगल एण्ड सन्स, दिल्ली	१९५७

विसर्जन

पशुबलिदान	गोपेश्वर बाबू मेहरा	आगरा	१९२२
नीरजा	-	प्रभात प्रकाशन, मथुरा	
विसर्जन	रामचन्द्र शुक्ल	पुस्तक भंडार, कलकत्ता	१९२४
विसर्जन	मुरारी दास अग्रवाल	चौधरी एण्ड सन्स, वाराणसी	१९२४
विसर्जन	धन्यकुमार जैन	रवीन्द्र-साहित्य, भाग १४ रवीन्द्र-साहित्य-मन्दिर, कलकत्ता	१९४९
विसर्जन	प्रफुल्ल चन्द्र ओझा 'मुक्त'	रवीन्द्रनाथ के नाटक, भाग १, साहित्य अकादमी नई दिल्ली,	१९६६
बलिदान	ओमप्रकाश गुप्ता	'मेरे नाटक', नारायण दत्त सहगल एण्ड सन्स, दिल्ली	१९५७

चित्रांगदा

चित्रांगदा	गोपालराम गहमरी	एम. पी. एण्ड कम्पनी, बम्बई	१८९५
चित्रांगदा	गिरिधर शर्मा 'नवरत्न'	मध्य भारत पुस्तक एजेंसी, इन्दौर	१९१९
चित्रांगदा	मुंशी अजमेरी	साहित्य सदन, चिरगाँव, झाँसी	१९२८

चित्रांगदा	श्यामसुन्दर खत्री	रवीन्द्र-साहित्य,भाग २३ रवीन्द्र-साहित्य-मन्दिर, कलकत्ता	१९५१
चित्रा	ओमप्रकाश गुप्ता	'मेरे नाटक', नारायण दत्त सहगल एंड संस, दिल्ली	१९५७
चित्रांगदा	हंसकुमार तिवारी	रवीन्द्रनाथ के नाटक, भाग १, साहित्य अकादमी, नई दिल्ली,	१९६६
हास्यकौतुक			
हास्यकौतुक	रुपनारायण पाण्डेय	इंडियन प्रेस, इलाहाबाद	१९२३
व्यंग्यकौतुक			
व्यंग्यकौतुक	रुपनारायण पाण्डेय	इंडियन प्रेस, इलाहाबाद	१९२४
व्यंग्यकौतुक	महादेव साहा	किताब महल,इलाहाबाद	१९५६
शारदोत्सव			
शारदोत्सव	राजेश दीक्षित	प्रभात प्रकाशन, मथुरा	१९६५
मुकुट			
मुकुट	जनार्दन झा	इंडियन प्रेस, इलाहाबाद	१९१०
मुकुट	-	चौधरी एण्ड संस, बनारस	१९५६
बैकुंठेर खाता			
बैकुंठ का खाता	-	प्रभात प्रकाशन, दिल्ली	

बैकुंठ का खाता	ओमप्रकाश गुप्ता	'मेरे नाटक', नारायण दत्त सहगल एण्ड सन्स, दिल्ली	१९५७
बैकुंठ का पोथा		रवीन्द्र-साहित्य,भाग १७ रवीन्द्र-साहित्य-मन्दिर, कलकत्ता	१९४९
डाकघर			
डाकघर	प्रभास चन्द्र	इंडियन प्रेस, इलाहाबाद	१९२०
डाकघर		नारायण दत्त सहगल एण्ड सन्स, दिल्ली (चतुर्थ संस्करण)	१९४९
डाकघर	राधेश्याम पुरोहित	साहित्य सदन, कलकत्ता	१९५८
डाकघर	धन्यकुमार जैन	रवीन्द्र-साहित्य, भाग ११ रवीन्द्र-साहित्य-मन्दिर, कलकत्ता	१९४९
डाकघर	प्रफुल्लचन्द्र ओझा 'मुक्त'	रवीन्द्रनाथ के नाटक, भाग २, साहित्य अकादमी, नई दिल्ली,	१९६३
डाकघर	राजेश दीक्षित	प्रभात प्रकाशन, दिल्ली	१९८१
अचलायन			
अचलायन	रुपनारायंण पाण्डेय	गंगा पब्लिशिंग हाउस, लखनऊ	१९२५
मुक्तधारा			
मुक्तधारा	धर्मेन्द्रनाथ शास्त्री	हिन्दी-ग्रन्थ-रत्नाकर, बम्बई	१९२५

मुक्तधारा	रामचरण	प्रकाश पुस्तकालय, कानपुर	१९२५
मुक्तधारा	धन्यकुमार जैन	रवीन्द्र-साहित्य,भाग २८ रवीन्द्र-साहित्य-मन्दिर, कलकत्ता	१९५६
मुक्तधारा	ओमप्रकाश गुप्ता	'मेरे नाटक', नारायण दत्त सहगल एण्ड सन्स, दिल्ली	१९५६
मुक्तधारा	भारतभूषण अग्रवाल	रवीन्द्रनाथ के नाटक, भाग २, साहित्य अकादमी, नई दिल्ली	१९६३
मुक्तधारा	-	प्रभात प्रकाशन, दिल्ली	-
मुक्तधारा	प्रबोधकुमार मजूमदार	हिन्द पॉकेट बुक्स, दिल्ली	१९८९

चिरकुमार सभा

चिरकुमार सभा	नाथूराम प्रेमी	हिन्दी-ग्रंथ-रत्नाकर, बम्बई	१९२८
चिरकुमार सभा	भारतभूषण अग्रवाल	रवीन्द्रनाथ के नाटक, भाग १, साहित्य अकादमी, नई दिल्ली	१९६६
चिरकुमार सभा		प्रभात प्रकाशन, दिल्ली	-

नटीर पूजा

नटी की पूजा	भगवतीप्रसाद चन्दोला	विश्वभारती ग्रंथालय, कलकत्ता	१९३९
नटी की पूजा	-	साहित्यरत्न भंडार, आगरा	१९५३

नटी की पूजा	-	प्रभात प्रकाशन, दिल्ली	-
रक्तकरबी			
लाल कनेर	हजारीप्रसाद द्विवेदी	विश्वभारती ग्रंथालय, कलकत्ता	१९४५
लाल कनेर	हजारीप्रसाद द्विवेदी	राजकमल प्रकाशन, दिल्ली	१९५८
लाल कनेर	हजारीप्रसाद द्विवेदी	साहित्य अकादमी, नई दिल्ली	१९६३
लाल कनेर	राजेश दीक्षित	प्रभात प्रकाशन, मथुरा	१९५८
मालिनी			
मालिनी	धन्यकुमार जैन	रवीन्द्र-साहित्य, भाग १५ रवीन्द्र-साहित्य-मन्दिर, कलकत्ता	१९४९
मालिनी	ओमप्रकाश गुप्ता	'मेरे नाटक', नारायण दत्त सहगल एण्ड सन्स, दिल्ली	१९५७
बाँशरि			
बाँसुरी	धन्यकुमार जैन	रवीन्द्र-साहित्य, भाग १३ रवीन्द्र-साहित्य-मन्दिर, कलकत्ता	१९४९
बाँसुरी	प्रबोधकुमार मजूमदार	हिन्द पॉकेट बुक्स, दिल्ली	१९८९
बाँसुरी	-	प्रभात प्रकाशन,दिल्ली	-

तपती

तपती	धन्यकुमार जैन	रवीन्द्र-साहित्य, भाग १७ रवीन्द्र-साहित्य- मन्दिर, कलकत्ता	१९४९

चण्डालिका

चण्डालिका	रामचन्द्र श्रीवास्तव	यूनिवर्सिटी बुक डिपो, आगरा	१९४०
चण्डालिका	राधेश्याम पुरोहित	बम्बई प्रकाशन प्राइवेट लिमिटेड, बम्बई	-

फाल्गुनी

फाल्गुनी	-	प्रभात प्रकाशन, दिल्ली	-
नाट्यसप्तक (लिप्यंतर)	रामपूजन तिवारी	साहित्य अकादमी, दिल्ली	१९६३

उपन्यास :

बउ-ठाकुरानीर हाट

विचित्र वधू-रहस्य	जनार्दन झा	इंडियन प्रेस, इलाहाबाद	१९१२
ठकुरानी बहू का बाजार	कालीप्रसाद शुक्ल	काशी पुस्तक भंडार, वाराणसी	१९४४
ठकुरानी बहू का बाजार	विपिन बिहारी	प्रभात प्रकाशन, मथुरा	१९५३
ठकुरानी बहू का बाजार	-	राजपाल एंड संस, दिल्ली	१९५५
बहू-रानी की हाट	धन्यकुमार जैन	रवीन्द्र-साहित्य, भाग २७ रवीन्द्र-साहित्य-मंदिर, कलकत्ता	१९५६
बहूरानी	श्यामू सन्यासी	हिन्द पॉकेट बुक्स, दिल्ली	१९६०

बहूरानी	रणजीत साहा	हिन्द पॉकेट बुक्स, दिल्ली (विश्वभारती तथा साहित्य अकादमी के तत्त्वावधान में)	१९८६
बहूरानी	-	आदर्श हिन्दी पुस्तकालय, इलाहाबाद	-

राजर्षि

राजर्षि	जनार्दन झा	इंडियन प्रेस, इलाहाबाद	१९१०
राजर्षि	शिवप्रसाद गुप्त	कल्याणदास एंड संस, बनारस	१९५१
राजर्षि	भुवनेश्वर झा	कुमार प्रकाशन, वाराणसी	१९५९
राजसंन्यासी	कृष्णवल्लभ	किताब महल, इलाहाबाद	१९६०
राजर्षि	-	गाँधी ग्रंथागार, वाराणसी	१९६०
राजर्षि	-	बिहार प्रकाशन मंदिर, पटना	-
राजर्षि	सुरेन्द्रपाल सिंह	हिन्दी साहित्य भंडार, इलाहाबाद	-
राजर्षि	कैलाशनाथ ओझा	सत्साहित्य प्रकाशन, दिल्ली	१९८३
राजर्षि	धन्यकुमार जैन सम्पा. राजेन्द्र झा	हिन्द पॉकेट बुक्स, दिल्ली (विश्वभारती तथा साहित्य अकादमी के तत्त्वावधान में)	१९८७

चोखेर बालि

आँख की किरकिरी	रुपनारायण पाण्डेय	हिन्दी-ग्रंथ-रत्नाकर, बम्बई (आठवाँ संस्करण)	१९१३ १९४९
आँख की किरकिरी	-	इंडियन प्रेस, इलाहाबाद,	१९१९

आँख की किरकिरी	कमलाप्रसाद रायशर्मा	हिन्दी पुस्तकालय, वाराणसी (पाँचवाँ संस्करण)	१९५३
आँख की किरकिरी	धन्यकुमार जैन	रवीन्द्र-साहित्य,भाग२१-२२ रवीन्द्र-साहित्य-मंदिर, कलकत्ता	१९५१
आँख की किरकिरी	धन्यकुमार जैन	हिन्द पॉकेट बुक्स, दिल्ली (विश्वभारती तथा साहित्य अकादमी के तत्त्वावधान में)	१९८६
आँख की किरकिरी	धनप्रकाश अग्रवाल	हिन्दी साहित्य भंडार, इलाहाबाद	१९५९
आँख की किरकिरी	-	आदर्श हिन्दी पुस्तकालय, इलाहाबाद.	-
आँख की किरकिरी	-	चिंगारी प्रकाशन, बनारस	-
आँख की किरकिरी	-	गाँधी ग्रंथागार, बनारस	-
आँख की किरकिरी	-	हिन्दी प्रचारक पुस्तकालय, बनारस	-
आँख की किरकिरी	-	काशी पुस्तक मन्दिर, बनारस	-
आँख की किरकिरी	आर. पी. शर्मा	चिंगारी प्रकाशन, बनारस	-
आँख की किरकिरी	हंसकुमार तिवारी	साहित्य अकादमी, नई दिल्ली	१९६१
चोखेर बालि (लिप्यंतर)	मनोरमा वाजपेयी	साहित्य अकादमी, नई दिल्ली	१९६१

नौकाडुबि

आश्चर्य घटना	जनार्दन झा	इंडियन प्रेस, प्रयाग	१९१३

मिलन	राजेश्वर गुरु	ज्ञान मंदिर, जबलपुर	१९४६
नावदुर्घटना	श्रीकृष्ण वर्मा	हिन्दी पुस्तकालय, वाराणसी, द्वितीय संस्करण	१९४८
		(तृतीय संस्करण)	१९५१
नौकाडूबी	कुमार	चिंगारी प्रेस, वाराणसी	-
उलझन	धन्यकुमार जैन	रवीन्द्र-साहित्य, भाग ९-१० रवीन्द्र-साहित्य-मंदिर, कलकत्ता	१९४८
नावदुर्घटना	-	सन्मार्ग प्रकाशन, दिल्ली	१९७२
नावदुर्घटना	रमेश दीक्षित	भारती भाषा प्रकाशन, दिल्ली	१९७९
नावदुर्घटना	धनप्रकाश अग्रवाल	हिन्दी साहित्य भंडार, इलाहाबाद	-
नौकाडूबी	-	बिहार प्रकाशन, पटना	-
नावदुर्घटना	-	गाँधी ग्रंथागार, वाराणसी	-
नावदुर्घटना	-	काशी पुस्तक भंडार, वाराणसी	-
नौकाडूबी	रणजीत साहा	हिन्द पॉकेट बुक्स, दिल्ली (विश्वभारती तथा साहित्य अकादमी के तत्त्वावधान में)	१९८६
गोरा			
गोरा	रूपनारायण पाण्डेय	प्रकाश पुस्तकालय, कानपुर	१९२४
गौरमोहन	रूपनारायण पाण्डेय	इंडियन प्रेस, इलाहाबाद	१९२९
गोरा	देवनारायण द्विवेदी	श्रीनाथ ब्रदर्स, वाराणसी	१९४२

गोरा	सूर्यदेव त्रिपाठी	आदर्श हिन्दी पुस्तकालय, इलाहाबाद (द्वितीय संस्करण)	१९५०
गोरा	धन्यकुमार जैन	रवीन्द्र-साहित्य, भाग २९-३०, रवीन्द्र-साहित्य-मंदिर,कलकत्ता	-
गोरा	राजेश दीक्षित	प्रभात प्रकाशन, मथुरा	१९५३
गोरा	कमलाप्रसाद रायशर्मा	उदयप्रकाश मंदिर, वाराणसी	१९५४
गोरा	सुरेन्द्र शर्मा	सन्मार्ग प्रकाशन, दिल्ली	१९५८
गोरा	स.ही. वात्स्यायन 'अज्ञेय'	साहित्य अकादमी, नई दिल्ली	१९६१
गोरा	रमेश दीक्षित	सन्मार्ग प्रकाशन, दिल्ली	१९६९
गोरा	संतोष	साहित्य भंडार, मथुरा	१९६९
गोरा	रामनाथ सुमन	हिन्द पॉकेट बुक्स, दिल्ली	-
गोरा	रामनाथ सुमन सम्पा. राजेन्द्र झा	हिन्द पॉकेट बुक्स, दिल्ली (विश्वभारती तथा साहित्य अकादमी के तत्त्वावधान में)	१९८८
गोरा (लिप्यंतर)	कणिका तोमर	साहित्य अकादमी, दिल्ली	१९६१
घरे-बाइरे			
घर और बाहर	रघुकुल तिलक	प्रकाश पुस्तकालय, कानपुर	१९२३
घर और बाहर	रमेश दीक्षित	सन्मार्ग प्रकाशन, दिल्ली	१९६९
घर और बाहर	-	गाँधी ग्रंथागार, बनारस	-
घर और बाहर	जगत शंखधर	सरस्वती प्रेस, बनारस	-
घर और बाहर	सुरेन्द्रपाल सिंह	कला प्रेस, इलाहाबाद	

घर और बाहर	माहेश्वर	हिन्द पॉकेट बुक्स, दिल्ली (विश्वभारती तथा साहित्य अकादमी के तत्त्वावधान में)	१९८६

चतुरंग

चतुरंग	मोहनलाल वाजपेयी	विश्वभारती ग्रंथालय, कलकत्ता	१९४५
चतुरंग	-	साहित्य रत्न भंडार, आगरा	१९५३
बड़े चाचाजी	प्रकाश अग्रवाल	पुष्पी कार्यालय, इलाहाबाद	१९५७
चतुरंग	कृष्णवल्लभ	किताब महल, इलाहाबाद	१९५७
चतुरंग	राजेश दीक्षित	प्रभात प्रकाशन, दिल्ली	१९६५
चतुरंग	-	जनता पुस्तक मंदिर, बनारस	-
बड़े चाचाजी	कमलाप्रसाद रायशर्मा	चौधरी एंड संस, वाराणसी	-
बड़े चाचाजी	जयकृष्ण शुक्ल	अजय प्रेस, इलाहाबाद	-
चतुरंग	धन्यकुमार जैन	हिन्द पॉकेट बुक्स, दिल्ली (विश्वभारती तथा साहित्य अकादमी के तत्त्वावधान में)	१९८८

योगायोग

योगायोग	धन्यकुमार जैन	इंडियन प्रेस, इलाहाबाद	१९२९
योगायोग	धन्यकुमार जैन	हिन्द पॉकेट बुक्स, दिल्ली (विश्वभारती तथा साहित्य अकादमी के तत्त्वावधान में)	१९८६
कुमुदनी	धन्यकुमार जैन	विशालभारत पुस्तकालय, कलकत्ता	१९३०
कुमुदनी	धन्यकुमार जैन	साहित्यभवन, इलाहाबाद	१९४६
कुमुदनी	प्रकाशचन्द्र श्रीवास्तव	राजेन्द्र कुमार एंड ब्रदर्स, बलिया	१९५५

त्याग का मूल्य	रायगोविंद मिश्र	गाँधी ग्रंथागार, वाराणसी	१९५५
योगायोग	इलाचन्द्र जोशी	साहित्य अकादमी, दिल्ली	१९६१
कुमुदनी	रमेश दीक्षित	सन्मार्ग प्रकाशन,दिल्ली	१९७२
त्याग का मूल्य	रमेश दीक्षित	सन्मार्ग प्रकाशन,दिल्ली	१९७२
कुमुदनी	सतीशकुमार अग्रवाल	हिन्दी साहित्य भंडार, इलाहाबाद	-
त्याग का मूल्य	सतीशकुमार अग्रवाल	हिन्दी साहित्य भंडार, इलाहाबाद (अन्य संस्करण)	-
कुमुदनी	-	साहित्य सेवक कार्यालय, बनारस	-
कुमुदनी	सुरेन्द्रपाल सिंह	हिन्दी साहित्य भंडार, इलाहाबाद	-
त्याग का मूल्य	-	आदर्श हिन्दी पुस्तकालय	-
योगायोग (लिप्यंतर)	कणिका विश्वास	साहित्य अकादमी, दिल्ली	१९६३
शेषेर कविता			
आखिरी कविता	धन्यकुमार जैन	द बुक एम्पोरियम लिमिटेड, कलकत्ता	-
आखिरी कविता	धन्यकुमार जैन	रवीन्द्र-साहित्य,भाग १२ रवीन्द्र-साहित्य-मंदिर, कलकत्ता	१९४९
शेष का रहस्य	कमलाप्रसाद रायशर्मा	उदय प्रकाशन मंदिर, वाराणसी	१९५४

अंतिम कविता	विपिन बिहारी	प्रभात प्रकाशन, मथुरा (द्वितीय संस्करण)	१९५८
अंतिम कविता	विपिन बिहारी	सत्साहित्य प्रकाशन, दिल्ली	१९८३
जुदाई की शाम	रामनाथ सुमन	हिन्द पॉकेट बुक्स, दिल्ली	१९६०
विरह की साँझ	रामनाथ सुमन	हिन्द पॉकेट बुक्स, दिल्ली (विश्वभारती तथा साहित्य अकादमी के तत्त्वावधान में)	१९८६
आखिरी कविता	-	भारतीय प्रकाशन मंडल, बनारस	-

दुइ बोन

दो बहनें	हजारीप्रसाद द्विवेदी	विश्वभारती, ग्रंथालय, कलकत्ता	१९५२
दो बहनें	रूपनारायण पाण्डेय	रवीन्द्र-ग्रंथावली, भाग १ हिन्दी-साहित्य-सुमनमाला कार्यालय, बम्बई	१९५३
दो बहनें	धन्यकुमार जैन	रवीन्द्र-साहित्य, भाग १ रवीन्द्र-साहित्य-मंदिर, कलकत्ता	-
दो बहनें	-	साहित्यरत्न भंडार, आगरा	१९५३
दो बहनें	रामनाथ सुमन	हिन्द पॉकेट बुक्स, दिल्ली	१९६१
दो बहनें	रामनाथ सुमन	हिन्द पॉकेट बुक्स, दिल्ली (विश्वभारती तथा साहित्य अकादमी के तत्त्वावधान में)	१९८६
दो बहनें	सुभाष मुखर्जी	चिंगारी प्रेस, बनारस	-

मालञ्च

फुलवाड़ी	मोहनलाल वाजपेयी	विश्वभारती ग्रंथालय, कलकत्ता	१९५१
फुलवाड़ी	-	साहित्यरत्न भंडार, आगरा	१९५३
उपवन	विपिन बिहारी	प्रभात प्रकाशन, मथुरा	१९५६
फुलवाड़ी	धन्यकुमार जैन	रवीन्द्र-साहित्य,भाग ४ रवीन्द्र-साहित्य-मंदिर,कलकत्ता	१९४७
मालिनी	कृष्ण वल्लभ	किताब महल, इलाहाबाद	१९५७
मालंच	प्रबोधकुमार मजूमदार	हिन्द पॉकेट बुक्स, दिल्ली (विश्वभारती तथा साहित्य अकादमी के तत्त्वावधान में)	१९८६

चार अध्याय

चार अध्याय	धन्यकुमार जैन	प्रवासी प्रेस, कलकत्ता	१९३६
चार अध्याय	धन्यकुमार जैन	के. एम. सांतरा, कलकत्ता	१९३७
चार अध्याय	धन्यकुमार जैन	इंडियन प्रेस, इलाहाबाद (द्वितीय संस्करण)	१९४७
चार अध्याय	रूपनारायण पाण्डेय	हिन्दी साहित्य-सुमनमाला कार्यालय, बम्बई	१९५३
जलजला	-	आदर्श हिन्दी पुस्तकालय, इलाहाबाद	-
चार अध्याय	कृष्णचन्द्र आचार्य	श्यामलाल हीरालाल, मथुरा	-
इला दीदी	कृष्ण वल्लभ	किताब महल, इलाहाबाद	१९५७
जलजला	लावण्यप्रभा राय	अजय प्रेस, इलाहाबाद	-

चार अध्याय	प्रबोधकुमार मजूमदार	हिन्द पॉकेट बुक्स, दिल्ली (विश्वभारती तथा साहित्य अकादमी के तत्त्वावधान में)	१९८६

नष्टनीड़

उजड़ा घर	कमलाप्रसाद रायशर्मा	चौधरी एण्ड संस, बनारस	१९४०
नष्टनीड़	धन्यकुमार जैन	हिन्दी-ग्रन्थ-रत्नाकर कार्यालय, बम्बई	१९४७
नष्टनीड़	धन्यकुमार जैन	रवीन्द्र-साहित्य, भाग १४ रवीन्द्र-साहित्य-मंदिर, कलकत्ता	१९४९
उजड़ा घर	धन्यकुमार जैन	हिन्द पॉकेट बुक्स, दिल्ली (विश्वभारती तथा साहित्य अकादमी के तत्त्वावधान में)	१९८६
कौन किसी का	-	नारायण दत्त सहगल एण्ड सन्स, दिल्ली	१९५०
नष्टनीड़	विपिन बिहारी	प्रभात प्रकाशन, मथुरा (द्वितीय संस्करण)	१९५६
नष्टनीड़	विपिन बिहारी	सत्साहित्य प्रकाशन, दिल्ली	१९८२
चारुलता	कृष्णवल्लभ	किताब महल, इलाहाबाद	१९५७
चारुलता	धनप्रकाश अग्रवाल	गौतम पुस्तकालय, इलाहाबाद	-
चारुलता	प्रेम अग्रवाल	सुरेन्द्र एण्ड कम्पनी, इलाहाबाद	-
उजड़ा घर	-	अग्रवाल एण्ड कम्पनी, इलाहाबाद	-

चारुलता	प्रेमेन्द्र गांगुली	श्यामलाल हीरालाल, मथुरा	-
कौन किसी का	-	पुष्पी कार्यालय, इलाहाबाद	-
चारुलता (नाट्यरुपान्तर)	कमलेश्वर	शब्दकार, दिल्ली	१९७५

कहानी :

गल्पगुच्छ	नाथूराम प्रेमी	हिन्दी-ग्रन्थ-रत्नाकर, बम्बई	१९२३
गल्पगुच्छ (प्रथम भाग)	रुपनारायण पाण्डेय	इंडियन प्रेस, इलाहाबाद (चतुर्थ संस्करण)	१९२९
गल्पगुच्छ (द्वितीय भाग)	रुपनारायण पाण्डेय	इंडियन प्रेस, इलाहाबाद (द्वितीय संस्करण)	१९२७
गल्पगुच्छ (तृतीय भाग)	रुपनारायण पाण्डेय	इंडियन प्रेस, इलाहाबाद (प्रथम संस्करण)	१९२६
गल्पगुच्छ (चतुर्थ भाग)	रुपनारायण पाण्डेय	इंडियन प्रेस, इलाहाबाद (प्रथम संस्करण)	१९२६
गल्पगुच्छ	धन्यकुमार जैन	विश्वभारती ग्रन्थालय, कलकत्ता (द्वितीय संस्करण)	१९४७
रवीन्द्र-कथा-कुंज	नाथूराम प्रेमी और रामचन्द्र वर्मा	हिन्दी-ग्रन्थ-रत्नाकर, बम्बई (तृतीय संस्करण)	१९२५ १९४८
रवीन्द्रनाथ की कहानियाँ	परिपूर्णानन्द वर्मा	मैकमिलन एण्ड कम्पनी, दिल्ली	१९५०
रवीन्द्रनाथ की लघु कथाएँ	राधेश्याम पुरोहित	आदर्श पुस्तक भंडार, कलकत्ता	१९५३
रवीन्द्र द्वादशी	राधेश्याम पुरोहित	राजपाल एण्ड संस, दिल्ली	१९५४

रवीन्द्र गल्पांजलि	आनन्दी प्रसाद मिश्र	गुप्ता ब्रदर्स, मुरादाबाद	१९५७
मेरी बाल कहानियाँ	सिंहासन राय 'सिद्धेश'	शिवकुमार राय, कलकत्ता	१९६०
रवीन्द्रनाथ की चुनी हुई कहानियाँ	उमेश चन्द्र मिश्र	इंडियन प्रेस, इलाहाबाद	१९६०
गल्पसल्प	कमलाप्रसाद रायशर्मा	राजेन्द्र ग्रन्थागार, दिल्ली	१९६०
रवीन्द्र चतुर्दशी	-	जवाहर पुस्तकालय, मथुरा	१९६०
रवीन्द्रनाथ की कहानियाँ	रामसिंह तोमर	साहित्य अकादमी, दिल्ली	१९६१
रवीन्द्रनाथ की कहानियाँ,भाग २	कणिका तोमर	साहित्य अकादमी, दिल्ली	१९९०
रवीन्द्र :श्रेष्ठ गल्प	ओंकार शरद	राजरंजना प्रकाशन, इलाहाबाद	१९६२
रवीन्द्रनाथ टैगोर की सर्वश्रेष्ठ कहानियाँ	श्रीकृष्ण गुप्त	भारती भाषा प्रकाशन, दिल्ली	१९७८
रवीन्द्रनाथ की श्रेष्ठ कहानियाँ	प्रभुनन्दन गुप्त	श्यामलाल हीरालाल, मथुरा	-
रवीन्द्रनाथ की श्रेष्ठ कहानियाँ	धन्यकुमार जैन	हिन्द पॉकेट बुक्स,दिल्ली	१९६८
दृष्टिदान	धन्यकुमार जैन	रवीन्द्र-साहित्य, भाग २ रवीन्द्र-साहित्य-मंदिर, कलकत्ता	-

समाप्ति	धन्यकुमार जैन	रवीन्द्र-साहित्य, भाग ५ रवीन्द्र-साहित्य-मंदिर, कलकत्ता	१९४५
काबुलीवाला	धन्यकुमार जैन	रवीन्द्र-साहित्य, भाग ६ रवीन्द्र-साहित्य-मंदिर, कलकत्ता	१९४८
रासमणि का लड़का	धन्यकुमार जैन	रवीन्द्र-साहित्य, भाग ७ रवीन्द्र-साहित्य-मंदिर, कलकत्ता	१९४८
पाँच कहानियाँ	धन्यकुमार जैन	रवीन्द्र-साहित्य, भाग १५ रवीन्द्र-साहित्य-मंदिर, कलकत्ता	१९४९
बारह कहानियाँ	धन्यकुमार जैन	रवीन्द्र-साहित्य, भाग १६ रवीन्द्र-साहित्य-मंदिर, कलकत्ता	१९४९
पराया	राजेश दीक्षित	प्रभात प्रकाशन, मथुरा	१९५८
महामाया	राजेश दीक्षित	प्रभात प्रकाशन, मथुरा	१९५८
काबुलीवाला	राजेश दीक्षित	प्रभात प्रकाशन, मथुरा	१९५८
मणिहीन	राजेश दीक्षित	प्रभात प्रकाशन, मथुरा	१९५८
दुर्भाग्यचक्र	राजेश दीक्षित	प्रभात प्रकाशन, मथुरा	१९५८
क्षुधित पाषाण	राजेश दीक्षित	प्रभात प्रकाशन, मथुरा	१९५८
दृष्टिदान	राजेश दीक्षित	प्रभात प्रकाशन, मथुरा	१९५८
चाँद सितारे	श्रीकृष्ण गुप्त	नारायणदत्त सहगल एण्ड संस, दिल्ली (चतुर्थ संस्करण)	१९५८
शशांक	-	किताब महल, इलाहाबाद	१९५६
अपरिचित	कृष्णवल्लभ	किताब महल, इलाहाबाद	१९६०
काबुलीवाला	प्रबोधकुमार मजूमदार	हिन्द पॉकेट बुक्स, दिल्ली	१९६०

काबुलीवाला	प्रबोधकुमार मजूमदार	हिन्द पॉकेट बुक्स, दिल्ली (विश्वभारती तथा साहित्य अकादमी के तत्त्वावधान में)	१९८६
दृष्टिदान	धन्यकुमार जैन	हिन्द पॉकेट बुक्स, दिल्ली, (विश्वभारती तथा साहित्य अकादमी के तत्त्वावधान में)	१९८६
क्षुधित पाषाण	धन्यकुमार जैन	हिन्द पॉकेट बुक्स, दिल्ली, (विश्वभारती तथा साहित्य अकादमी के तत्त्वावधान में)	१९८६
कंकाल	प्रेमेन्द्र गांगुली	श्यामलाल हीरालाल, मथुरा	-
मास्टर साहब	-	इंडियन प्रेस, इलाहाबाद	१९२६
मास्टर साहब	-	भारतीय प्रकाशन मंडल, बनारस	-
मास्टर साहब	-	चौधरी एण्ड सन्स, बनारस	-
मास्टर साहब	-	राष्ट्रभाषा मुद्रणालय, बनारस	१९५६
मास्टर साहब	राजेश दीक्षित	सत्साहित्य प्रकाशन, दिल्ली	१९८४
मास्टर साहब	धन्यकुमार जैन	रवीन्द्र-साहित्य,भाग २६ रवीन्द्र-साहित्य-मंदिर,कलकत्ता	१९५५
स्वर्णमृग	धन्यकुमार जैन	हिन्द पॉकेट बुक्स, दिल्ली, (विश्वभारती तथा साहित्य अकादमी के तत्त्वावधान में)	१९९०

निबंध :

साहित्य विषयक निबंध

प्राचीन साहित्य	रामदहिन मिश्र	हिन्दी-ग्रन्थ-रत्नाकर कार्यालय, बम्बई	१९२३

साहित्य	वंशीधर विद्यालंकार	हिन्दी-ग्रन्थ-रत्नाकर कार्यालय, बम्बई (द्वितीय संस्करण)	१९४९
साहित्य के पथ पर	धन्यकुमार जैन, हंसकुमार तिवारी	रवीन्द्र-साहित्य, भाग २४ रवीन्द्र-साहित्य-मंदिर,कलकत्ता	१९५२
टैगोर का साहित्य दर्शन	राधेश्याम पुरोहित	साहित्य प्रकाशन, दिल्ली	१९५६

ललित निबंध

विचित्र प्रबंध	-	इंडियन प्रेस लिमिटेड, इलाहाबाद	१९२४
विचित्र प्रबंध	-	चौधरी एण्ड संस,वाराणसी (द्वितीय संस्करण)	१९५७
पंचभूत	देवबली सिंह	पाठक एण्ड कम्पनी, कलकत्ता	१९२४
अपनी दुनिया	कामताप्रसाद श्रीवास्तव	गाँधी ग्रन्थागार, बनारस	१९५१
पाँच सदस्य	चन्द्रशेखर	कल्याणदास एण्ड ब्रदर्स, वाराणसी (तृतीय संस्करण)	१९५६
पंचभूत	कमलाप्रसाद रायशर्मा	विन्देश्वरी प्रसाद बुकसेलर्स, वाराणसी	-

धर्म-अध्यात्म विषयक निबंध

मनुष्य का धर्म	रघुराज गुप्त	सुमित्रा प्रकाशन, कलकत्ता	१९५२
धर्म	धन्यकुमार जैन	रवीन्द्र-साहित्य, भाग २५ रवीन्द्र-साहित्य-मंदिर, कलकत्ता	१९५४
शान्तिनिकेतन	जगदीश प्रसाद शर्मा	भारती ऐसोसिएशन पब्लिकेशंस,गाजियाबाद	१९५८
साधना	सत्यकाम विद्यालंकार	राजपाल एण्ड संस, दिल्ली	१९६०